国家社会科学基金2014年度教育学青年课题"中国少年儿童组织百年历程探究"（COA140120）

儿童教育的另一种制度化设计

少年儿童组织发展历程探析

吴小玮 / 著

图书在版编目(CIP)数据

儿童教育的另一种制度化设计：少年儿童组织发展历程探析/吴小玮著. —北京：北京大学出版社，2021.7
ISBN 978-7-301-32419-6

Ⅰ.①儿…　Ⅱ.①吴…　Ⅲ.①少年儿童组织－研究－中国　Ⅳ.①D432.5

中国版本图书馆 CIP 数据核字(2021)第 169018 号

书　　　名	儿童教育的另一种制度化设计：少年儿童组织发展历程探析 ERTONG JIAOYU DE LINGYIZHONG ZHIDUHUA SHEJI: SHAONIAN ERTONG ZUZHI FAZHAN LICHENG TANXI
著作责任者	吴小玮　著
策划编辑	周　丹
责任编辑	周　丹
标准书号	ISBN 978-7-301-32419-6
出版发行	北京大学出版社
地　　　址	北京市海淀区成府路 205 号　100871
网　　　址	http://www.pup.cn　新浪微博：@北京大学出版社
电子邮箱	编辑部 zyjy@pup.cn　总编室 zpup@pup.cn
电　　　话	邮购部 010-62752015　发行部 010-62750672　编辑部 010-62704142
印　刷　者	北京虎彩文化传播有限公司
经　销　者	新华书店
	720 毫米×1020 毫米　16 开本　11.5 印张　278 千字 2021 年 7 月第 1 版　2024 年 6 月第 2 次印刷
定　　　价	48.00 元

未经许可，不得以任何方式复制或抄袭本书之部分或全部内容。
版权所有，侵权必究
举报电话：010-62752024　电子邮箱：fd@pup.cn
图书如有印装质量问题，请与出版部联系，电话：010-62756370

前　　言

　　20世纪被称作是"儿童学习运动与有组织的青年运动的时代","组织生活"逐渐成为许多少年儿童生活中的一部分。2012年以来,随着中国教育学一级学科下设"少年儿童组织与思想意识教育"二级学科,国内学界广泛采用"少年儿童组织"的专业术语,并融合多学科理论对少年儿童组织的概念、形式、活动、功能等主题进行探讨。"树木"和"森林"都需要见到,学界关于少年儿童组织诞生兴起的历史背景、中国少年儿童组织发展历程等问题的"宏观叙事"还不够充分。近现代中国对于"儿童的发现"与西方社会是不同的,近现代中国关于"儿童的组织"也有着独特的轨迹和特点。这种轨迹和特点不完全由成人或者政府的意志所左右,更非完全地效法别国。

　　本书是国家社会科学基金2014年度教育学青年课题"中国少年儿童组织百年历程探究"(COA140120)的研究成果之一。书中将少年儿童组织界定为"儿童教育的另一种制度化设计",并聚焦20世纪上半叶中国红色少儿组织和中华人民共和国成立以来蓬勃发展的少年先锋队进行研究,以展现中国少年儿童组织的整体发展历程。基于历史的回顾,我们可以看到,成人基于时代和社会需要构建了某种少年儿童组织形式,希望促进儿童的社会化尤其是政治社会化过程。但需要注意的是,在成人和儿童之间,在政治权力和少年儿童组织之间,并不只存在单一的"上施下效"模式。因此,在不同历史时期,少年儿童所历经的"组织生活"非常丰富,有待于学界进行更深入的描绘和分析。此外,近现代中国的少年儿童组织尽管作为区别于学校的另一种制度化设计,却又与学校教育密不可分,甚至写入了学校课程表当中,其与学校教育的区分、融合等问题都值得思考。

吴小玮
2021年5月

目　　录

绪论　另一种"儿童的发现" ……………………………………（1）

第一章　红色发端：把少年儿童组织起来 ………………………（15）
　第一节　亟待解决的"问题" …………………………………（15）
　第二节　最早的红色少儿组织 …………………………………（20）
　第三节　劳动童子团运动 ………………………………………（24）
　第四节　儿童运动的"改造" …………………………………（36）

第二章　星火燎原：共产主义的"深入童心" …………………（43）
　第一节　"红小鬼"与"皮安尼尔" …………………………（43）
　第二节　"团体的生活很热闹" ………………………………（54）
　第三节　"大人救国小孩也要救国" …………………………（63）
　第四节　"儿童是国家的小主人" ……………………………（75）

第三章　立章建制：少先队组织的广泛建立 ……………………（81）
　第一节　"建队""更名"与"立章" …………………………（81）
　第二节　从"小丽"入队难到"全童入队" …………………（92）
　第三节　"翻来覆去老一套"？ ………………………………（98）

第四章　拨乱反正：少先队组织的动荡和复苏 …………………（107）
　第一节　"红小兵"取代少先队 ………………………………（107）
　第二节　组织机构的恢复与健全 ………………………………（110）
　第三节　道德风尚能不能竞赛？ ………………………………（118）

第五章　继往开来：少先队组织的发展和改革 …………………（121）
　第一节　少先队组织的持续建设 ………………………………（121）
　第二节　少先队教育的系统探索 ………………………………（129）

第三节　少先队改革的全面启动 …………………………………… (146)
结语　儿童教育的另一种制度化设计 …………………………………… (155)
参考文献 ………………………………………………………………… (165)
后记 ……………………………………………………………………… (173)

图表目录

图 2-1　苏区共产主义儿童运动的组织系统(1932 年) ……………(47)

图 2-2　苏区少年先锋队的组织系统(1932 年) ……………………(48)

图 2-3　《时刻准备着》创刊号封面(1933 年) ………………………(53)

图 2-4　列宁小学儿童俱乐部组织结构(1934 年) …………………(58)

图 5-1　少先队体验教育实施步骤 …………………………………(142)

表 1-1　安源劳动童子军组织人数(1924 年) ………………………(24)

表 2-1　江西部分地区共产儿童团、少年先锋队数目统计(1932 年 8 月)………(49)

表 3-1　全国中小学学生数和少年儿童队队员数(1950 年 9 月) …(84)

表 3-2　"十七年"时期少先队队章修订简况 ………………………(86)

表 3-3　关于小丽入队问题的讨论文章 ……………………………(93)

表 3-4　关于小丽入队问题的社论 …………………………………(94)

表 3-5　中小学校少先队员数和少先队辅导员数(1952—1955 年) ……(95)

表 3-6　"十七年"时期中国少先队的主要活动 ……………………(100)

表 4-1　少先队"恢复时期"队章修订简况 …………………………(113)

表 4-2　少先队"恢复时期"的主题活动 ……………………………(118)

表 5-1　"人与人的关系"维度实施体验教育的内容和要求(小学一至三年级)…(143)

表 5-2　体验教育的形式与方法 ……………………………………(144)

表 5-3　中小学综合实践活动之"职业体验及其他活动"推荐主题汇总 ……(151)

表 6-1　少先队组织文化标识分类 …………………………………(158)

表 6-2　少先队组织标志的象征类型 ………………………………(159)

绪论　另一种"儿童的发现"

一、从"发现儿童"说起

早在17世纪末,洛克就在《教育漫话》中阐述"孩提时代"的特殊性和重要性。到了18世纪,卢梭在《爱弥儿》中写道:"在万物的秩序中,人类有它的地位;在人生的秩序中,童年有它的地位;应当把成人看作成人,把孩子看作孩子。"①卢梭的"发现儿童",被认为是对中世纪以来无视"童年""孩子"这一社会现象的批判和启蒙。20世纪,阿利埃斯所撰写的《儿童的世纪:旧制度下的儿童与家庭生活》被誉为"儿童史和家庭史的奠基之作"。阿利埃斯也认为,在中世纪社会,"儿童观念并不存在"②。正如他在第一章"生命的年龄"末尾所形容的:"那是没有儿童、没有少年、没有老人的时代,那是属于'年轻成年人'的时代。"③这本奠基之作的第二章被命名为"发现儿童","约在13世纪,出现了几种类型的孩子形象,这些类型似乎有点接近现代人对儿童的感觉"④。

近些年来,"发现儿童""儿童的发现"早已成为国内外研究者的"共识"和"常识",由此衍生出大量以此作为主题或标题的文字论述,本书绪论的标题也不例外。

中国社会对于"儿童的发现"与西方社会是不同的。有学者在研究中国儿童文学的时候提及了南方春节的一项庆祝活动——"人日飘色"。每到正月初七即"人日"这一天,浩浩荡荡的庆祝队伍中还有几个高高站立像是"飘"在空中的儿童。这古老的仪式说明我们这个民族除了人所共知的"祖先崇拜"之外,还有另外一种"先童崇拜",只是一直没引起我们学者的关注。⑤ 如果我们去研究"人日飘色"这一民俗活动或中国的"先童崇拜",可以追溯得相当久远,比如"飘色"是否起源于河南安阳曲沟一带民众欢送孔子的歌舞,再比如"夫项橐生七岁而为孔子师"。近代中国,周作人更提出"我们不可不废去祖先崇拜改为自己崇拜、子孙崇拜"⑥的观点。再回到"人日飘色",这项民俗活动给予前述学者的启示在于:"与传统文化价值取向相颉颃的儿童文学,与中国的成人文学相比,恰恰有着自己独特的、奇异的历史走

---

① 卢梭.爱弥儿(上)[M].李平沤,译.北京:人民教育出版社,1985:67.
② 菲力浦·阿利埃斯.儿童的世纪:旧制度下的儿童和家庭生活[M].沈坚,朱晓罕,译.北京:北京大学出版社,2013:192.
③ 同②:52.
④ 同②:53.
⑤ 谭元亨.中国儿童文学:天赋身份的背离[M].广州:广东高等教育出版社,2017:3.
⑥ 仲密.祖先崇拜[N].每周评论,1919-02-23(3).

向。"于是,这位学者兼顾"成人文学"和"外国儿童文学"两个"可以比较的坐标参照系统",研究"中国儿童文学自身的轨迹、特点"。① 从古至今,特别是近现代中国对于"儿童的发现""儿童的组织"必然也有其自身的轨迹和特点。这种轨迹和特点不完全由成人或者政府的意志所左右,更非完全地效法别国。

先来看中国古代的"儿童"。无论是文字、画作、器物,都不乏关于"儿童"的相关记载或描绘。正所谓"子子孙孙,卑尔炽昌",儿童尤其是男童的地位很高,但这种地位更多地在于其对于成人、家庭和家族起到延续血脉、传宗接代的意义。儿童往往被看作是"私有物品",家长对儿童身体健康的态度持着"相当功能性的取向":"儿童健康出了一般性的毛病,只要不影响其正常活动,尤其是求学或生产的活动,即常置之不理。即使影响儿童本身的体力状况,多半不以为憾。所谓罗振玉'羸弱多病,不为嬉戏'。汤化龙'体弱而强于心,无嬉戏之失'。反映的其实是成人的价值观。"②戴震曾在《孟子字义疏证》中谴责:"尊者以理责卑,长者以理责幼,贵者以理责贱,虽失,谓之顺;卑者、幼者、贱者以理争之,虽得,谓之逆。"③长者即便有过失,幼者也不能据理力争,这样的"长幼有序"似乎有助于家庭、家族和社会的稳定,但古代幼者作为"人"的独立地位和价值难免有所遮蔽。正如熊秉真所揭示的:"在中文意涵中,相对父母和地位高的人,他永远是一个儿子,或晚辈'小子'。在中国过去社会中,没有结婚的人,结婚后还没有生育的人,以及奴婢仆人甚或异族外邦、言语风俗隔阂的人等社会地位卑贱,以致没有把他当做成人对待,永远像孩子一样,相对于所有真正的社会成员——人——须如同子女对长辈一般。这种'社会意涵'的'子'或'童',一如父母健在时的子女,永远是孩子。"④

自氏族公社末期,"孝"即成为道德教育的重要内容,政治统治和伦理道德紧密联系起来。在中国教育的发展历程中,朱熹将儿童视作"圣贤坯璞",极为强调"小学"教育,也关注到"玩物适情";王守仁则归纳出"乐嬉游而惮拘检"的"童子之情"。毫无疑问,这些主张代表着先贤们对"儿童"的关注,蕴含着对于"儿童"和儿童教育的理性思考。但概而观之,中国古代生活判断"好孩子"的标准一般是至孝、稳重等"宛如成人"的品质⑤,即便是21世纪的今日,许多中国家长仍希望一个孩子能够足够"懂事",这也是典型的"成人的价值观"。至于儿童与国家、政治的关系,关于"童谣"的记载和研究可以揭示一二。王充说:"世间童谣,非童所为,气导之也。"当代学者认为,这里的"气"要理解为"对社会意识、社会文化总体背景条件的概括"⑥。正如有论者在系统研究中国传统童谣后提出:"将童谣与天命捆绑在了一起,使得

---

① 谭元亨.中国儿童文学:天赋身份的背离[M].广州:广东高等教育出版社,2017:4.
② 熊秉真.安恙:近世中国儿童的疾病与健康[M].台北:联经出版公司,1999:338.
③ 戴震.孟子字义疏证[M].北京:中华书局,2008:10.
④ 熊秉真.童年忆往:中国孩子的历史[M].桂林:广西师范大学出版社,2008:17.
⑤ "神童"则主要是"智意所及,有过成人",参见《中国学前教育史》编写组.中国学前教育史资料选[G].2版.北京:人民教育出版社,2002:75-77.
⑥ 王子今.秦汉儿童的世界[M].北京:中华书局,2018:633.

传统童谣从一开始就呈现出一种异样的面貌,彻底背离了儿童自身的生活,并赋予其传唱主体一种莫测的力量,使本来与兴亡大事毫不相干的黄口小儿成为诡谲动荡政局的预言家。"①儿童是童谣的传唱主体,他们口中的"预言""莫测的力量",都是成人有意为之、刻意赋予的,但我们也可以说,早在西周时期,成人就别有用心地将"儿童"视为可操纵的一股政治力量。

继而是近代中国对于"儿童的发现"。无论是别有用心之举,还是仅将"儿童"视为是家长、家庭、家族的一员,说明成人没有充分认识到儿童、国家与社会之间的关系:"彼以儿童属于家族而不知外有社会,以儿童属于祖先而不知上之有民族,以是之民为国后盾,虽闭关之世犹或不可,况在今乎。"② 19世纪下半叶以降,民族危机严重,救亡图存成为时人的迫切要求,儿童得以被彻底"发现",也被赋予艰难但更为崇高的使命。1898年,严复翻译的《天演论》在知识界广泛流传并引起轰动,未来的社会一定要优于当下的社会,国家、民族的兴衰依赖年轻一代身心的健全发展。受到进化论强调的"生存斗争、直线发展"思想的指引,近代知识分子纷纷撰文提倡:少年儿童是国家民族的希望所在。1900年,梁启超发表《少年中国说》一文,直接颠覆了成人与儿童的传统关系,把人生价值的砝码明显地偏向了儿童:"老年人如夕照,少年人如朝阳",进而提出"少年强则国强,少年独立则国独立"的口号。③ 清末资产阶级革命派创办的《童子世界》直接赋予儿童以关乎国家存亡的重要使命,"然则二十世纪中国之存亡,实系于吾童子之手矣"④。

国家民族危难的外在刺激,以及社会文化思想的内在进步,让"儿童"的意义破天荒地得到了知识分子的重视,社会各股力量逐步开始了对儿童的关注、动员和组织,儿童将被赋予相应的政治身份和历史使命。1903年11月1日,《中国白话报》创刊号出版,发刊辞中申明专为儿童读者开辟歌谣专栏,因为歌谣是"儿童文学中易唱易记易于流传的形式",也说明"革命党人很重视作为宣传手段之一的儿童文学"。⑤ 辛亥革命后,军阀混战、列强割据,中国的知识分子掀起了更新思想的新文化运动,在这场运动中,知识分子们对儿童的独特生命特质再次展开深入思考,发出解放、尊重和关注儿童的呼声。1918年,鲁迅在《新青年》上发表文章,号召整个社会关注儿童的教育,"所有小孩,只是他父母福气的材料,并非将来的'人'的萌芽","生了孩子,还要想怎样教育,才能使这生下来的孩子,将来成一个完全的人"⑥。周作人也认为,"祖先为子孙而生存,所以父母理应爱重子女,子女也就应该爱敬父母"⑦,父母、祖辈与子女之间的感情是相互的,地位更是对等的。随后,

---

① 张梦倩.中国传统童谣研究——在教育世界的边缘[M].太原:山西教育出版社,2012:26.
② 钱理群.周作人传[M].北京:北京十月文艺出版社,1990:169.
③ 任公.少年中国说(附中国少年论)[J]清议报.1900(35):2249-2256.
④ 简平.上海少年儿童报刊简史[M].上海:少年儿童出版社,2010:18.
⑤ 胡从经.晚清儿童文学钩沉[M].上海:少年儿童出版社,1982:108.
⑥ 唐俟.随感录·二十五[J].新青年,1918,5(3):291-292.
⑦ 周作人.人的文学[J].新青年,1918,5(6):582.

鲁迅明确提出"以孩子为本位"的观点："孩子的世界,与成人截然不同；倘不先行理解,一味蛮做,便大碍于孩子的发达。所以一切设施,都应该以孩子为本位。"① 周作人提出"儿童期"的概念,"儿童在生理心理上,虽然和大人有点不同,但他仍是完全的个人,有他自己的内外两面的生活。儿童期的十几年的生活,一面固然是成人生活的准备,但一面也自有独立的意义和价值……"②。

"由文学革命引发的思想解放潮流,为教育的改革提供了思想养料。"③晚清教育改革时,清政府仿效日本学制设置蒙学堂,其宗旨"在培养儿童使有浅近之知识,并调护其身体"④,儿童受蒙学教育后直接升入小学堂,"授以道德知识及一切有益身体之事"⑤。民国时期,基于儿童期的独立、儿童本位论的提出,中国社会出现以儿童命名的节日"四四儿童节"⑥、以"儿童"对研究对象的论著⑦、《小朋友》《新儿童》《小孩报》等以"儿童"为阅读对象的报刊。教育界人士更立足于儿童身心发展需求进行改革,引入不少西方的儿童教育方式,如举办供儿童共同游戏锻炼脑力或体力的茶会,翻译童话等读物供儿童发挥想象力,等等。⑧ 这些改革举措中,非常具有代表意义的是儿童有了正式的"组织"和"组织生活"。

正如张倩仪所言："儿童没有玩伴,发展会出现问题。"⑨无论是山水之间"携手伴友放纸鸢",还是京都幼子"结伴呼群,遨游于天街经坛灯月之下",孩童总是喜爱与小伙伴一起游戏活动。古代典籍中不乏关于"儿童游戏集团"的记录,比如《汉书》卷四九《晁错传》中有"幼则同游,长则共事",陶谦"缀帛为幡,乘竹马为戏,邑中儿童皆随之"。⑩ 但成人兼顾社会需求以及"结伴呼群"的"小儿情志"而专门设计和组建正式的少年儿童组织,却要推迟到比"发现儿童"还要晚的19世纪末20世纪初。

二、儿童的"组织生活"

阿利埃斯在论述儿童的学校生活时还写道："最早主张儿童现代观念和主张

---

① 唐俟.我们现在怎样做父亲[J].新青年,1919,6(6):559.
② 周作人.周作人自编文集:儿童的文学[M].石家庄:河北教育出版社,2001:38-39.
③ 孙培青.中国教育史[M].上海:华东师范大学出版社,2009:424.
④ 朱有瓛.中国近代学制史料(第二辑上册)[G].上海:华东师范大学出版社,1987:157.
⑤ 同④:163.
⑥ 《中国学前教育史》编写组.中国学前教育史资料选[G].2版.北京:人民教育出版社,2002:341.
⑦ 关于"儿童"话题的研究也会收录在"青少年"主题之下,比如:彬然.儿童节谈儿童解放[C]//陈鹤琴.青年运动与青年改造.上海:上海文汇报馆,1947:21-22.
⑧ 周叙琪.一九一〇～一九二〇年代都会新妇女生活风貌——以《妇女杂志》为分析实例[M].台北:台湾大学出版委员会,1996:226.
⑨ 张倩仪.再见童年——消逝的人文世界最后回眸[M].北京:世界图书出版公司,2012:228.
⑩ 王子今.秦汉儿童的世界[M].北京:中华书局,2018:202.

现代学校制度的是相同的人,都热衷于教育事业。"①当儿童期被视为一个有别于成年的时期,儿童生活逐步与成人生活高度分离,这种高度分离的重要表现之一在于,儿童到了学龄后进入学校这一制度化设计的机构学习,学校生活和家庭生活共同构成了儿童生活中极其重要的组成部分。② 也正是由于成人对于儿童的持续关注和积极动员,专为他们而设计的团体或组织继学校制度后得以出现并且蓬勃发展。20世纪被称作是"儿童学习运动与有组织的青年运动的时代"③,英国的童子军、德国的"游鸟运动"④、意大利的巴里拉少年团⑤、日本的少年团、苏联的十月儿童团和革命少年先锋队等少年儿童组织(以下简称少儿组织)陆续诞生。"组织生活"逐渐成为20世纪以来许多少年儿童生活当中的一部分。

儿童的社会化发展受到生物因素和社会因素的双重制约。遗传因素是社会化的潜在基础和自然前提,而社会环境在人的社会化过程中起着决定性作用。教育社会学的理论认为,在现代社会中,家庭、学校、同辈群体和大众媒介四种社会化主体在个体一生的社会化过程中始终发挥着重要的影响作用,同辈群体是儿童社会化历程中不可或缺的一部分。儿童在成长过程中,需要来自长辈和家庭的照料、陪伴和教导,需要有符合其身心发展阶段的玩具、书籍等物质和精神"食粮"。随着儿童年龄的日益增长,家庭的影响力逐渐减少,同龄人特别是同伴集体的影响力量则逐渐增加。不少成人为儿童精心设计少儿组织,让儿童更好地接受和理解相应的文化知识、行为方式、价值观念,加快他们的社会化进程。"如童子军,附属于政党的'少先队',天主教或基督教青年联盟等。这些青少年组织在文化适应过程中占有重要地位。"⑥

1959年,美国社会心理学家赫伯特·海曼首次对政治社会化进行了综合研究,认为个体在亲身生活中早就全面了解了各种政治态度,除个别情况以外,成年人的政治态度一般不会一变再变。"假如说这种看法是正确的,那就意味着儿童的

---

① 菲力浦·阿利埃斯.儿童的世纪:旧制度下的儿童和家庭生活[M].沈坚,朱晓罕,译.北京:北京大学出版社,2013:225.
② 沼田裕之.教育的现代化使儿童失去了什么:西欧与东亚经验的比较[C]//马克·贝磊.比较教育学:传统、挑战和新范式.上海:华东师范大学出版社,2007:238-240.
③ 柯林·黑伍德.孩子的历史:从中世纪到现代的儿童与童年[M].黄煜文,译.台北:麦田出版,2004:47.
④ 又称"候鸟协会"。在德国,最早的青少年自发组织是"游鸟运动",1896年由德国柏林市郊的基督里兹古中学的学生发起,集体到野外露营,"游鸟运动"以奔向自然为目标,于1904年订立了正式规章。1913年,12个游鸟组织联合召开德意志青年大会。1926年,"游鸟运动"与德国童子军运动结合而消失。参见段镇.少先队学[M].上海:上海人民出版社,2008:68.
⑤ 取自18世纪意大利热那亚一位爱国儿童的姓名——卑拉索·巴里拉。1846年12月,奥地利侵犯热那亚,未满14岁的巴里拉,借一块黄石之力,把奥地利的一名将领击毙,极大地鼓舞了热那亚人民击退外侵。"故今日的巴里拉少年团,所以名为巴里拉,无非把巴里拉的爱国精神,灌输到少年的脑海中去。"参见钱崇惠.意大利巴里拉少年团之概述[J].文化月刊,1934,1(14):95.
⑥ 莫里斯·迪韦尔热.政治社会学——政治学要素[M].杨祖功,王大东,译.北京:华夏出版社,1987:89.

政治社会化比对成年人进行的宣传更为重要,而且不管政府、政党、压力集团等花费多大力气,对成年人的宣传毕竟只能取得有限的结果。"①实际上,在政治社会化形成系统的理论研究成果之前,政党、政府乃至各类社会力量早已认识到少年儿童运动以及组建少儿组织的重要性。20世纪初,世界各地涌现的少儿组织便是力证。

童年社会学强调童年和童年研究的"全新研究范式",其代表特征之一是强调"童年是一种社会建构","每个社会和时代都有解读儿童和对待儿童的独特方式。这些方式与政治、经济、文化、民俗和舆论都有密切关系"。② 少儿组织可以视作20世纪开启的"对待儿童的独特方式",从不同的历史时期、地理位置、思想文化或社会阶层考察,"儿童"的意义和个体的"童年"往往是不同的,甚至同一历史时期当中,儿童身处相同的、不同的少儿组织当中,其"组织生活"乃至日常生活都会有或多或少的差异,这种童年的多样性和丰富性在很大程度上是由不同的政治文化和社会阶层所决定的。

相较"社会建构的儿童","社会结构化儿童"的分析范式则认为,"儿童"是所有社会中都存在的共同特征,也是所有社会结构的固有组成部分。"'童年'意味着生活在一个特定区域的儿童——无论是以时间、空间、经济还是其他相关标准来划分的区域——具有一些共同的特征,这些特征总体上是和社会的制度结构相关的,它们不会被历史进程中的偶发事件所改变,也不会随着有关儿童的讨论的变化而变化。"③如果我们把"儿童"和"童年"视为固定的社会类别,考察与儿童教育、儿童生活,以及整个社会思想文化都联系密切的少儿组织,可以相对稳定地把握、归纳儿童的身心发展特征和规律,并据此分析少儿组织诞生的缘由、存在的价值、发挥的功能等。

三、相关研究的述评

中国古代的人们早已注意到儿童期生理和心理发展的特殊性,教育家提出"圣贤坯璞""童子之情",医学家则根据儿童身心的发展分出不同阶段,比如隋朝的巢元方在《诸病源候总论》里提出:"年六岁以上为小儿,十八岁以上为少年。"还有将儿童分为"婴儿、孩儿、小儿或龆、龀、稚等阶段"。④ 中国传统社会的"儿童"及相关概念,有着非常丰富且复杂的社会文化内涵。熊秉真指出,"中文中常用的'儿童''孩子''子''童''幼',其涵义最少可以由三个层面理解",其一,"人生阶段的起始,

---

① 莫里斯·迪韦尔热.政治社会学——政治学要素[M].杨祖功,王大东,译.北京:华夏出版社,1987:89.

② 王瑞贤,王慧兰.训规的客体/神宠的诗人:投射成人矛盾的儿童论述[C]//张盈堃.儿童/童年研究的理论与实务.台北:学富文化事业有限公司,2009:11.

③ 艾莉森·詹姆斯,克里斯·简克斯,艾伦·普劳特.童年论[M].何芳,译.上海:上海社会科学院出版社,2014:2.

④ 丁祖荫.儿童心理学[M].济南:山东教育出版社,1984:2.

也是狭义年龄、身材均小、从刚出生几个月到几岁的'孩子'";其二,"代表的是一个'社会地位'或角色,不只是年幼的孩子,而是如五伦中'父子'中的'子'";其三,孩子般的精神特质即"'抽象意涵'的儿童,近乎'童心稚情'的意思"。① 具体到秦汉"小儿"称谓,就至少有"与'大人'形成年龄层别的对应""亲昵""轻蔑""人道未成"这好几种意涵和社会地位——"称成年人'小儿',或表示亲昵,或表示轻蔑,透露出'小儿'称谓的复杂涵义。而通过'小儿'蔑称,可以发现当时通常社会意识中未成年人的地位"。② 如前所述,新文化运动后,知识分子发出解放、尊重和关注儿童的呼声,周作人认为"儿童期"具有独立的意义和价值,可以视作具有"民主""科学"乃至"现代性"的儿童观念。

"儿童这个观念,从古至今是随着社会的政治、经济、法律、教育、卫生、文学艺术的发展,随着社会的文明、进步而不断变化的,有着外延逐步收缩、内涵不断丰富的趋势。"③ 上溯至古典时代和希腊化时代的雅典,"城邦国家中的儿童",哪怕是"从出生到4岁左右的不同年龄段还利用不同的数字进行细分"④,但柏拉图谈论"儿童"主要是阐释如何培养出最为优秀的公民。在具有"现代性"的联合国《儿童权利公约》当中,"儿童"指的是"18岁以下的任何人",即我们现在常说的"未成年人"。发展心理学把个体自出生到十七八岁的时期称为"儿童期",这是从一般智力测验的分数不再随年龄而增长所做的估计。⑤ 20世纪80年代以来,关于"儿童""童年"的概念界定或理论探讨尤其丰富,社会学领域一度出现了"童年问题的社会学再发现""童年社会学的研究兴趣回潮"。⑥ 将少年和儿童"并举",即"少年儿童"的表述,也一直频繁地出现在语言交流甚至是学术研究当中。⑦ 依据身心发展阶段来看,"从出生到一岁为乳儿期;一岁至三岁为婴儿期或先学前期;三岁至六七岁为幼儿期或学前期;六七岁至十一二岁为小学儿童期或学龄初期;十一二岁至十四五岁为少年期或学龄中期;十四五岁至十七八岁为青年初期或学龄晚期"⑧。通常少年期以前称儿童,儿童是身心处于未成熟阶段的个体;少年期是儿童向青年过渡

---

① 熊秉真.童年忆往:中国孩子的历史[M].桂林:广西师范大学出版社,2008:17.
② 王子今.秦汉儿童的世界[M].北京:中华书局,2018:537-551.
③ 陆克俭.发现与解放——中国近代进步儿童观研究[M].武汉:华中科技大学出版社,2015:5.
④ 艾格勒·贝奇,多米尼克·朱利亚.西方儿童史(上卷:从古代到17世纪)[M].申华明,译.北京:商务印书馆,2016:36.
⑤ 顾明远.教育大辞典(上)[M].增订合编本.上海:上海教育出版社,1998:319.
⑥ "30年前,主流社会学对儿童问题的研究几乎是一片空白。如今,情形大不相同。大量专著、文集以及报纸文章探讨理论问题,报道关于儿童及童年的社会学实证研究成果,数量与日俱增;社会学导论中童年社会化内容所占比重明显增多;童年社会学研究杂志创刊;国内、国际上童年社会学研究学会业已创立;世界各地大学纷纷开设童年社会学课程。"参见威廉·A.科萨罗.童年社会学[M].4版.张蓝予,译.哈尔滨:黑龙江教育出版社,2016:5.
⑦ 有研究提到,教育学所指的儿童大多指就读小学和幼儿园的孩童,初中生和高中生已经是青少年,若直呼一群初、高中生是"儿童",肯定招来白眼或抗议。参见王瑞贤,王慧兰:训规的客体/神宠的诗人:投射成人矛盾的儿童论述[C]//张盈堃.儿童/童年研究的理论与实务.台北:学富文化事业有限公司,2009:8.
⑧ 同⑤:316.

的时期,少年是"十一二岁至十四五岁年龄段的人","是长身体、长知识、长智慧、立志向、初步形成人生观和世界观的关键时期"。①

呈现以上关于少年期和儿童期的界定,其一是表明少年和儿童是有特定生理、心理特征的一类群体,这决定他们需要一种与成年人有所不同并适应其特定身心发展特点的生活方式;其二是由于当代中国的少年先锋队(以下简称少先队)的少先队员年龄横跨儿童期和少年期两个阶段,少先队的组织对象正是"少年儿童";其三,具体到教育学的学科研究,中国教育学一级学科下设"少年儿童组织与思想意识教育"二级学科。故而,本书使用"少年儿童组织"的概念,也同步借鉴"少年""儿童"等主题的研究成果。

再看"少年儿童组织"的概念界定。当代中国的少先队研究者提出,"儿童组织是儿童们的社会联合体,是由成人创建和指导的,以儿童为主体的,有特定目标、共同活动、共同规范和组织机构、形式、层级、分工和组织领导的儿童社会团体。它是现代社会总系统组织的带有未来性、准备性的社会基础单位",这一定义"来自对所有儿童组织这个特定社会实体作历史的和现状的考察,对各类儿童组织现象进行综合的抽象概括"。②伴随着近年来"少年儿童组织与思想意识教育"二级学科的建设,相关的学科教材陆续出版,当中对少儿组织给出了科学和严谨的概念界定:"少年儿童组织是由成人指导,以少年儿童为主体,有特定目标、共同活动和组织规范的少年儿童社会团体。它是现代社会中相对独立和自主的少年儿童群众团体。它具备组织的基本要素和属性,如组织的目标、制度性、成员等。"这一概念界定特别与面向少年儿童的兴趣沙龙、夏令营以及儿童福利组织、儿童权益组织等进行了区分:"广义的儿童组织还可以包含少年儿童的兴趣沙龙、夏令营等非正式或临时组织。从研究角度,这些非正式的儿童组织不属于本学科研究的范畴;以成人为主要成员、以服务和维护少年儿童权益为目的的组织,如'救助儿童会'等福利组织、儿童权益组织等,也不是本学科所指的少年儿童组织。"③结合以上概念界定不难发现,少儿组织与学生会这一"面向中等和高等学校学生的群众团体"④也有着明显区别。

少先队作为"少年儿童学习中国特色社会主义和共产主义的学校"⑤,具备目标、章程制度、组织架构、人员、活动等一系列组织要素和属性,这些组织要素特别是少先队开展活动运用的形式、内容、方法、途径等,与少年儿童的教育和生活存在着千丝万缕的联系,可谓是近现代中国最具代表性的少儿组织。研究这一少儿组织及其"前身"即北伐战争时期的劳动童子团、土地革命时期的少年先锋队和共产

---

① 顾明远.教育大辞典(上)[M].增订合编本.上海:上海教育出版社,1998:1344.
② 段镇.少先队学[M].上海:上海人民出版社,2008:63-65.
③ 檀传宝.少年儿童组织与思想意识教育基本理论[M].北京:教育科学出版社,2015:8.
④ 顾明远.教育大辞典(下)[M].增订合编本.上海:上海教育出版社,1998:1806.
⑤ 中国少年先锋队章程[J].中国共青团,2020(15):20.

主义儿童团、抗日战争时期的抗日儿童团等红色少儿组织的历史,可以明晰当代中国少先队组织的红色基因和光荣传统,展现中国少儿组织的整体发展历程,进而揭示近现代中国儿童教育的发展变迁。归纳不同时期红色少儿组织在组织、教育儿童上的历史经验,特别是分析1949年以来少先队的组织建设和活动开展,能够展现少儿组织发挥教育功能的内在机制。2012年以来,教育部将少先队活动列为"国家规定的必修的活动课"①,对于少先队发展历程的反思能为其后的少先队组织建设、活动开展提供相应的历史借鉴。

《中国少年儿童运动史》一书将中国少年儿童运动的起始时间界定为1921年7月②。书中追溯1921—1990年中国共产党领导下的少年儿童运动产生、发展的历史过程,正如书中所言:"在中国少年儿童运动史上,出现过许多名称不一、形式各异的少年儿童组织……因此,中国少年儿童运动史,又是研究少年儿童组织产生、发展壮大、开展活动、不断沿革的历史。"③《中国少年儿童运动史话》一书描述自1922年安源儿童团建立到1984年少年儿童运动的历史,并探讨了中国儿童革命组织的传统和1949年以后少先队的工作经验。④《上海少先队发展史》一书详细记录了自1925年中国共产党上海地下党建立劳动童子团开始至2008年底的83年中,上海少年儿童在中国共产党和中国共产主义青年团(以下简称共青团)的带领下参与革命、建设和社会实践活动的历史。⑤ 由于中国少年儿童运动的历史是"整个少年儿童工作和活动的历史",中国少儿组织的发展和逻辑不够清晰;在具体追溯少先队发展历史的大量论文和著作中,其写作方式主要是依据社会形态和年代更替进行历史分期,并记述少先队的组织工作和活动开展,对少儿组织、儿童教育的理论探讨有待深入。

20世纪50年代,伴随着少先队组织的广泛建立,国内陆续出现一些对少先队工作经验和少先队辅导员工作经验进行总结介绍的文字。⑥ 同时也大量译介苏联少年先锋队工作经验的作品,涉及苏联少年先锋队队会、歌曲、游戏、体育运动、艺

---

① 教育部关于加强中小学少先队活动的通知[EB/OL].(2012-09-03)[2020-11-18]http://old.moe.gov.cn/publicfiles/business/htmlfiles/moe/s7054/201406/xxgk_170642.html.
② 郑洸,吴芸红.中国少年儿童运动史[M].天津:天津人民出版社,1992:10.
③ 同②:11.
④ 团中央少先队工作委员会,中国少年先锋队工作学会.中国少年儿童运动史话[M].北京:中国少年儿童出版社,1989.
⑤ 共青团上海市委员会,少先队上海市工作委员会.上海少先队发展史[M].上海:上海教育出版社,2009.
⑥ 参见共青团中央学校、少年队工作部.准备着继承先锋事业:少年先锋队工作经验之一[M].北京:中国青年出版社,1958;共青团北京市委少年儿童部.少先队辅导员怎样工作:北京市少先队辅导员工作经验[M].北京:北京出版社,1959;中国青年出版社.少先队工作的三个典型经验[M].北京:中国青年出版社,1966.

术教育,以及辅导员工作开展等多项主题。① 凯洛夫等编著的《共产主义教育的理论与实践》中,第四编"学校中的共青团组织和少先队组织"记录了苏联少年先锋队组织及其工作经验②；其主编的《教育学》中,介绍了苏联少年先锋队组织的活动和工作,并进一步论述了"儿童和青年的共产主义组织在教育系统中的意义"即"学生集体中的先锋队的作用"③。此外,克鲁普斯卡娅、苏霍姆林斯基和马卡连柯等教育家关于共产主义教育、集体主义教育的论述,也成为中国少先队组织建设的思想来源；苏霍姆林斯基和马卡连柯关于劳动教育和纪律教育的研究,都是少先队活动开展的理论依据。

改革开放以来,关于少先队工作和少先队活动的"工具书"如百科全书、指导手册、辞典、工作方法指导、活动集锦等大量涌现。一些少先队工作者编著《少先队组织教育概论》《少先队工作方法论》《少先队教育学》等著作,这些论著对少先队工作的相关理论进行了一定程度的总结和探讨；④列入"少先队学科丛书"的《少先队学》《少先队管理学》《少先队活动教育学》《国际视野下童军组织比较研究》则显示着少先队工作者进行"少先队学科化建设"的尝试。⑤ 随着"少年儿童组织与思想意识教育"二级学科的建设,国内学界开始采用"少年儿童组织"的专业术语,融合多学科理论对少儿组织的活动、组织、方法等主题进行探讨,出版了《少年儿童组织与思想意识教育基本理论》《少年儿童组织与思想意识教育活动方法》《少年儿童组织认同研究》《少年儿童组织与思想意识教育概论》⑥等学科教材或专著。

---

① 参见教育资料丛刊社.小学校的少年儿童队[M].北京：新华书店,1950；斯吐金涅兹基,雅可夫列夫.苏联少先队游戏集[M].李煜,译.长春：东北教育社,1951；马克西莫夫.少先队的体育运动[M].易成蹊等,译.上海：北新书局,1953；庄枫,方文.苏联少先队歌集[M].上海：真理书店,1953；雅哥夫列夫.论班主任和共青团及少先队辅导员协同工作的原则[M].冯可大,译.北京：中国青年出版社,1954；布鲁斯尼奇金娜.校长与少先队组织[M].杨任之,张景明,卫道治,译.北京：五十年代出版社,1954；瓦莉娜.少先队歌集(俄华对照)[M].上海：真理书店,1954；伏米契夫.苏联少先队组织中的艺术教育[M].丁由,金初高,译.北京：中国青年出版社,1955；雅柯甫列夫,契列甫柯夫.怎样指导少先队开展体育活动[M].仇标,译.上海：少年儿童出版社,1956；斯特洛叶夫.谈谈少先队队会[M].北京：中国青年出版社,1957；霍梯罗夫斯卡娅.做一个优秀的少先队员：少先队队会谈话参考材料[M].北京：中国青年出版社,1957；雅柯甫列夫.初中游戏体育教师和少先队辅导员参考书[M].廖淑静,译.北京：人民教育出版社,1957.

② 凯洛夫,等.共产主义教育的理论与实践(下集)[M].方清仪,译.南京,上海：正风出版社,1953：294-318.

③ 伊·阿·凯洛夫.教育学[M].陈侠,等译.北京：人民教育出版社,1957：377-418.

④ 参见段镇.少先队教育学[M].上海：上海教育出版社,1985；张先翱.少先队工作方法论[M].北京：中国少年儿童出版社,2003；吴云清.少先队组织教育概论[M].北京：中国少年儿童出版社,2006.

⑤ 参见段镇.少先队学[M].上海：上海人民出版社,2008；赵国强.少先队管理学[M].上海：上海人民出版社,2014；杨江丁,陆非文.少先队活动教育学[M].上海：上海人民出版社,2014；赵国强,林频.国际视野下童军组织比较研究[M].上海：上海人民出版社,2015.

⑥ 参见檀传宝.少年儿童组织与思想意识教育基本理论[M].北京：教育科学出版社,2015；陆士桢.少年儿童组织与思想意识教育活动方法[M].北京：教育科学出版社,2015；姜金栋.少年儿童组织认同研究[M].成都：西南财经大学出版社,2016；李宏伟.少年儿童组织与思想意识教育概论[M].北京：首都师范大学出版社,2019.

以下主要列举对笔者带来较多启发的几项研究：关于少先队历史的追溯，除了上述中国少年儿童运动史的研究成果外，魏兆鹏提出，1922年成立的安源儿童团是中国少年儿童运动的发端，①苏维埃区域的共产主义儿童团由劳动童子团组织发展、转变而来②。吴媛媛的博士学位论文基于"阶级革命儿童观"的诞生，详述了不同历史时期里，苏维埃区域、抗日根据地、解放区的儿童运动政策及具体进程，认为"儿童运动是一所改造现实的学校"。③ 陈映芳指出，在苏联、中国等社会主义国家，少年先锋队是儿童的先进组织，人们的儿童观中普遍地给孩子赋予健康、纯洁、乐观、向上、面向未来等的意义。不仅如此，他们还被赋予了种种神圣的意义，少年先锋队的队员肩负着共产主义的使命，他们必须具备对国家——社会的顺从、奉献的社会性格。④ 程天君在《教育在仪式中进行："接班人"的日常锻造》中以"政治面貌的授礼""政治长跑的设计""政治行动的操演"三重仪式揭示接班人的日常锻造过程与机理，当中涉及对少先队章程、少先队组织和少先队仪式等组织要素的分析。⑤ 张放强调少先队组织文化中"荣誉性"的建构，进而考察1949—1955年少先队荣誉文化的形成过程和具体步骤。⑥ 傅金兰以"儿童政治身份的赋予"为主线对一所小学的少先队进行田野考察，"细描"学校少先队仪式、少先队代表大会等常规政治活动、少先队小干部的选拔和培养等过程，揭示儿童对学校政治教育的冲突、妥协、困惑等"心路历程"。⑦

四、本书的主要内容

本书主要遵循教育史研究的基本方法，追溯少先队的"前身"即中国红色少儿组织的发端、发展，以及中华人民共和国成立后少先队的广泛建立和蓬勃发展，以展现中国少儿组织整体发展历程及内在逻辑。"中国教育史是教育科学的重要分支学科，它运用历史唯物主义的观点方法，研究中国自古至今教育制度和教育思想发生、发展和演变的过程，总结不同历史阶段教育的经验、教训及其特点，做出科学的评价，探求教育发展的客观规律。"⑧在教育史的研究过程中，历史的方法与逻辑的方法是相互渗透于认识过程当中。"逻辑的方法对历史事实经过抽象概括，抛弃细节，抓住主流；抛弃偶然，抓住必然；抛弃曲折和偏差，抓住基本方向和基本线

---

① 魏兆鹏.中国少年儿童运动史上限的认定[J].中国青年政治学院学报,1993(3):22-23.
② 魏兆鹏.从劳动童子团向共产儿童团的转变[J].中国青年政治学院学报,1992(3):31-34.
③ 吴媛媛.红星照耀童年——1927—1949中国共产党领导下的儿童运动研究[D].南京:南京师范大学,2014:165.
④ 陈映芳.图像中的孩子——社会学的分析[M].济南:山东画报出版社,2003:24.
⑤ 程天君."接班人"的诞生:学校中的政治仪式考察[M].南京:南京师范大学出版社,2008:135-173.
⑥ 张放.中国少先队荣誉文化形成的历史考察(1949—1955)[J].中共党史研究,2014(11):24-34.
⑦ 傅金兰.儿童政治身份的赋予——对一所小学少先队的田野考察[D].南京:南京师范大学,2016.
⑧ 孙培青.中国教育史[M].上海:华东师范大学出版社,2009:前言1.

索。"① 具体到对少儿组织特别是少先队组织要素的分析,还会运用到一些童年社会学、政治社会学、组织社会学及道德教育等学科或研究领域的概念、理论和原理,以期对少儿组织的结构、活动和功能进行相对深入的分析。

中国少儿组织诞生发展的百余年历程,与社会变迁尤其是儿童观、儿童教育的发展和变革交织在一起。儿童观和儿童教育理论的发展变革催生了中国少儿组织的诞生发展;中国少儿组织的发展历程在实践上又成为中国教育现代化进程的一部分。民国初年,教育界曾引入、调适与改造西方童子军,尝试构建适宜中国儿童的组织形式和训练方式,可以视为儿童教育领域上的一项重要尝试。之后,南京国民政府领导和组织童子军,但囿于时势和教育发展水平,这一组织惠及的少年儿童有限,其发展历程和训练活动都呈现出"童"与"军"的悖论。② 中国共产党自诞生起便关心着工农阶级下一代的切身利益,从教育、健康、限制劳动时间等方面提出了许多保护少年儿童的主张,并在推进共产主义儿童运动的过程中创建了若干红色少儿组织。从红色发端到星火燎原,这些红色少儿组织的历史成为中国少先队的光荣队史,在组织结构、组织文化、组织活动等层面影响着1949年后少先队的发展历程。最典型的便是"时刻准备着"这一光荣口号。肇自1902年,列宁在《怎么办?我们运动中的迫切问题》中向俄国的革命者发出"准备好""时刻准备着"的伟大号召,工人们对于"时刻准备着"印象很深,"认为把它作为革命接班人的口号是最恰当的了"③。1922年苏联革命少年先锋队成立后,"时刻准备着"被确定为其呼号。这一蕴涵着共产主义理想的呼号在传入中国后,成为劳动童子团团歌的名称④,共产主义儿童团的口号及"我国第一个共产主义的儿童刊物"⑤的名称,更构成当代中国少先队呼号与回答中的核心话语。早在新民主主义革命时期,"时刻准备着"就已蕴涵着中国少年儿童所要承担的光荣角色、责任和使命——共产主义接班人。

中华人民共和国成立后,少先队传承着红色基因,延续着光荣传统,与学校组织共同培养着一代又一代的接班人。时至今日,少先队组织成为学校、家庭和社会教育的重要依靠,也是儿童教育事业的重要组成部分。以往的中国少年儿童运动史、少先队发展史著作,一般依据编年史方式全面介绍1949年前中国少年儿童运动的全貌,以及1949年后在全国范围内具有影响力的少先队活动。本书主要选择不同历史时期若干具有代表性的少先队活动,期待在一定程度上再现不同时代背景下的"红领巾生活",并对若干具有典型性的少先队活动做一些探讨。所谓具有

---

① 吴泽.史学概论[M].合肥:安徽教育出版社,1985:153.
② 吴小玮."童"与"军"的悖论——民国童子军发展历程探析[J].华东师范大学学报(教育科学版),2014(2):111-115.
③ 共产儿童团的机关刊物——《时刻准备着》[EB/OL].(2007-04-16)[2021-05-02]. http://www.gqt.org.cn/zhuanti/695/gqt_tuanshi/gqt_ghlc/gqtysxd/sxd_ydsh/2.
④ 郑洸,吴芸红.中国少年儿童运动史[M].天津:天津人民出版社,1992:50.
⑤ 吴广川,韩振东,陈凌云.少先队工作辞典[M].长春:吉林人民出版社,1989:41.

典型性的少先队活动包括：一是能够归纳少儿组织开展活动的经验和规律的少先队活动,例如"小五年计划"和少先队员"学习雷锋"活动；二是能够紧密结合教育理论进行探讨的少先队活动,例如少先队榜样教育活动、少先队体验教育活动及少先队"人人争戴新风尚小红花"活动所延伸出的"道德风尚能不能竞赛"的讨论等。

本书最后提出,当代中国儿童最早在少先队组织中获得接班人的身份,"红领巾生活"影响着接班人的政治社会化进程。经由长期的组织建设和活动经验积累,少先队的制度设计已相对完备,少先队改革的"远景路线"主要在于践行集体教育理论,将少先队教育自下而上、由远及近地融入儿童的日常生活,让最广大的少年儿童明了"时刻准备着"这一历史悠久且无比光荣的口号和使命。

第一章 红色发端:把少年儿童组织起来①

在早期中国共产党人的视野中,城镇中的童工苦儿既是中国社会亟待解决的"问题",更是革故鼎新的一股重要力量。列宁很早即提出:"儿童的组织——这是培养共产主义者的好办法。"②这深刻影响着中国少年儿童运动尤其是红色少儿组织的发展历程。1922年,中国共产党在酝酿安源路矿工人罢工的进程中创建了"第一个少年儿童革命组织"③——安源儿童团,这是中国共产党领导下的少年儿童运动的发端。伴随第一次国内革命战争的深入,中国共产党和共青团关于少年儿童运动的构想逐步成熟,第一次国共合作也在客观上"创造了开展少年儿童工作的有利条件"④,劳动童子团运动逐步兴起。值得一提的是,《劳动童子团简章》是"中国革命少年儿童运动的第一个正式的章程"⑤,更为之后的红色少儿组织尤其是中国少先队谱写了光荣的红色基因。第一次国内革命战争失败后,劳动童子团运动遭受挫折。20世纪30年代初期,根据少共国际执委决议和国际儿童局来信的精神,中国共青团领导的儿童运动进行了转变,其性质被明确为共产主义儿童运动;其首要的基本任务便是以共产主义精神教育少年儿童。在苏维埃区域(以下简称苏区),开始建立统一的共产主义儿童团(以下简称共产儿童团),劳动童子团逐渐向共产儿童团转变。⑥

第一节 亟待解决的"问题"

1866年,马克思在为国际工人协会日内瓦代表大会撰写的指示文件中专门论述了"妇女和儿童的劳动",提出少年儿童的教育可以分为智育、体育和技术教

---

① "男女老少齐发动,这是中国共产党领导中国革命的基本路线方针之一,把少年儿童组织起来,也是党的群众路线的体现。"参见郑洸,吴芸红.中国少年儿童运动史[M].天津:天津人民出版社,1992:21.
② 郑洸,吴芸红.中国少年儿童运动史[M].天津:天津人民出版社,1992:58.
③ 同②:21.
④ 同②:29.
⑤ 同②:35.
⑥ 魏兆鹏.从劳动童子团向共产儿童团的转变[J].中国青年政治学院学报,1992(3):31-34.

育。① 次年,在德国汉堡出版的《资本论》中,马克思进一步揭露了资本主义大机器生产对妇女儿童的压榨:

> 就机器使肌肉力成为多余的东西来说,机器成了一种使用没有肌肉力或身体发育不成熟而四肢比较灵活的工人的手段。因此,资本主义使用机器的第一个口号是妇女劳动和儿童劳动!这样一来,这种代替劳动和工人的有力手段,就立即变成了这样一种手段,它使工人家庭全体成员不分男女老少都受资本的直接统治,从而使雇佣工人人数增加。为资本家进行的强制劳动,不仅夺去了儿童游戏的时间,而且夺去了家庭本身通常需要的、在家庭范围内从事的自由劳动的时间。②

当代西方学术界探讨现代"儿童"概念的议题之一便是童工制度,"童工制度的废除与否被认为是儿童的经济价值与情感价值之间的一种角逐"③。西方经济社会学研究的经典作品曾对"儿童"劳动之经济价值进行解构和质疑,强调经济上"无用"而情感上"无价"的孩子,探讨"儿童"的情感价值。④ 然而早在19世纪,马克思就已在著述中分析童工制度内在的剥削本质,并强调儿童的游戏和自由劳动是儿童及其所在家庭应有的权利,对于儿童的成长、家庭的幸福以及整个社会的稳定和进步都具有极其重要的意义。

马克思对于"劳动儿童"的发现和关注,既重视了"儿童"的地位和权益,更论述了"劳动"包括儿童劳动、劳动教育的重要价值,进而发展出"人的全面发展"理论。18世纪,西方启蒙思想家曾倡导人性的自由全面发展,近代以来的教育理论也不乏"人的全面发展"的价值取向。但需要注意的是,卢梭代表小生产者的利益,强调"教育的最大秘诀是:使身体锻炼和思想锻炼互相调剂"⑤;裴斯泰洛齐倡导"发展儿童道德、智慧和身体各方面的能力"⑥;康德强调"平均地发展他的各种自然禀赋";赫尔巴特主张培养"平衡的多方面兴趣",保证"一切能力的和谐发展"。⑦ 卢梭和裴斯泰洛齐强调教育与生产劳动的结合,明显夸大了手工业者的劳动方式,忽视社会大生产对社会发展的推动作用;康德和赫尔巴特则是从个体身心素养都应得到培育的角度,强调人性不应"片面发展",理应"和谐发展"。与西方资产阶级教育家迥然不同,马克思明确提出:

---

① 马克思.临时中央委员会就若干问题给代表们的指示[M]//马克思,恩格斯.马克思恩格斯论工会.刘潇然,译.北京:工人出版社,1958:109-111.
② 马克思.资本论(第一卷)[M].中共中央马克思恩格斯列宁斯大林著作编译局,译.北京:人民出版社,1975:433.
③ 徐兰君.儿童与战争:国族、教育及大众文化[M].北京:北京大学出版社,2015:58.
④ 维维安娜·泽利泽.给无价的孩子定价:变迁中的儿童社会价值[M].王水雄,等译.上海:华东师范大学出版社,2018.
⑤ 卢梭.爱弥儿论教育(上卷)[M].李平沤,译.北京:商务印书馆,1978:303.
⑥ 张焕庭.西方资产阶级教育论著选[C].北京:人民教育出版社,1964:206.
⑦ 陈桂生.人的全面发展理论与现时代[M].上海:华东师范大学出版社,2012:226.

> 从工厂制度萌发出了未来教育的幼芽,未来教育对所有已满一定年龄的儿童来说,就是生产劳动同智育和体育相结合,它不仅是提高社会生产的一种方法,而且是造就全面发展的人的唯一方法。①

基于对人类社会生产方式变迁的历史考察,马克思提出"生产劳动同智育和体育相结合"的教育方法及"人的全面发展"学说。"马克思正由于超越人性论的狭窄眼界,从劳动发展史中发现了打开社会史的钥匙,才能制约个人的片面发展的诸种因素、人的片面发展的历史过程与社会根源,以及全面发展的个人代替片面发展的个人的历史必然性加以论证。"②马克思在论述儿童、劳动、教育等主题时所发表的真知灼见,让儿童的劳动保护、工人子女的教育都成为无产阶级极力争取并为之奋斗的光荣使命,这深刻影响着中国早期共产党人的思想与实践。

再来看20世纪早期中国少年儿童尤其是童工的生活境遇。自开埠通商以来,中国自给自足的自然经济、封闭的家庭生活受到商品经济的猛烈冲击,资本主义因素迅速扩张,中外资本家为了榨取更多的利润,开始在工厂中雇用童工。③ 这些工厂中的童工及孤儿、学徒、儿童小贩等街市贫苦孩童,本就生活在城市的最底层,却还要忍受来自成人世界的剥削和压迫。1924年,李大钊在苏联见到工人儿童的幸福生活后,曾撰写《上海的童工问题》一文,这篇文章刊载在次年4月出版的《中国工人》杂志上,详细描述了上海童工的"黑暗生活"。文中提及,上海公共租界工部局④曾组织相关委员会,花费一年的时间调查和研究上海的童工。调查结果显示,上海雇佣童工的大小工厂合计275个,其中190家工厂为华人营办。所有工厂中有童工173272人,其中12岁以上的男工44741人,女工105921人;12岁以下的男童工4475人,女童工18135人。至于儿童的身体状况,"中国乡下儿童的身体尚好,至于都市儿童的身体,都在西方各国所指定的健康标准以下,许多均有结核性的病症,流行极多,而以上海为尤甚;上海工人在身体上精神上都受极重的损伤,而童工为尤烈"。⑤ "一个小孩可当两个成人",童工被佣于店铺、小工厂、家庭工业、洗衣房、建筑业及大工厂等,期限依惯例为五年,大多得不到报酬或报酬极少:

---

① 中共中央马克思恩格斯列宁斯大林著作编译局.马克思恩格斯选集第二卷[C].北京:人民出版社,2012:230.
② 陈桂生.人的全面发展理论与现时代[M].上海:华东师范大学出版社,2012:227.
③ 有文章将童工分为四种:在产业中的童工;在街道上的童工;在家庭中的童工;在农业中的童工。参见徐白.扩大共产主义的儿童运动[G]//中国共产主义青年团中央委员会办公厅.中国青年运动历史资料1930(1月—6月).内部发行,1959:474.
④ 李大钊在原文称之为"上海的外人自治会"。参见守常.上海的童工问题[G]//中国新民主主义青年团中央委员会办公厅.中国青年运动历史资料1915—1924.内部发行,1957:496.
⑤ 守常.上海的童工问题[G]//中国新民主主义青年团中央委员会办公厅.中国青年运动历史资料1915—1924.内部发行,1957:499.

> 很多的不过六岁的童工,在大工厂里作工,十二小时内,仅给他们一小时的工夫去吃饭。他们大都是站立着作工,分日夜两班换班,直到一星期终了的时候,继停一班。工钱只按工日给与,一天的工钱,至多不过二角。工作场所的卫生设备极坏。那些儿童,多由包工者由乡间招来,一个月只给他们的父母银二元,而包工者则一个月由工厂主得到银四元。那些儿童们的衣食住,均极惨苦,而不得一钱。①

李大钊在文中详细列举了日本、英国、美国、法国、意大利、葡萄牙、瑞典、比利时等国家在上海所开办 275 个工厂中雇用童工的详细数字,以及童工受剥削受欺压的悲惨生活状况,并揭露了这些国家禁用和保护童工条例的虚伪性,呼吁"为保护(上海)十七万三千二百七十二人(童工)的利益,和免除他们的损害,非赖上海的劳工团体不可,为帮助他们智能的发育,娱养的得益,非赖上海献身于无产同胞的青年团体不可"②。1929 年 4 月 1 日,《列宁青年》上刊发的《为解放童工而战斗》一文中提及,中国工厂童工不少于 80 万人,与学徒合计至少有 300 万人以上,并且"最近一两年来,各地厂家以童工女工代替成年工人的过程十分显著,所以童工数量显然是在增加的"③。不仅是生活上的困苦,少年儿童"更觉不能读书识字之苦":

> 在乡村城市中,虽有许多学校,但如无十元在手,就不得其门而入。"学校重地,闲人免进"的虎头牌,吓退了我们贫苦的儿童,使我们只知白的纸黑的字,被人欺骗也不晓得。劳动儿童本性活泼,喜欢娱乐,但无正当娱乐场所可得。不得已流于玩弄砖头、瓦片、吸烟、赌博、互相打架等坏习惯的游戏了。④

中国最早的马克思主义者和共产主义者们敏锐地关注到这些少年儿童的悲惨境遇,少年儿童尤其是童工的权益特别是受教育权利成为他们迫切希望解决的问题。1919 年 9 月 1 日,毛泽东为他在长沙发起的"问题研究会"起草《问题研究会章程》⑤,与儿童权益密切相关的"公共育儿院设置问题""公共蒙养院设置问题""私生儿待遇问题"及"小儿劳作问题"都被作为具有"研究价值"的问题列入其中。⑥

---

① 守常.上海的童工问题[G]//中国新民主主义青年团中央委员会办公厅.中国青年运动历史资料 1915—1924.内部发行,1957:499-500.
② 同①:496-502.
③ 少峰.为解放童工而战斗[G]//中国共产主义青年团中央委员会办公厅.中国青年运动历史资料 1929(1月—6月).内部发行,1958:373-374.
④ 劳动童子团代表大会宣言(1927.2)[G]//广东省档案馆,广东青运史研究委员会,广东省教育厅体卫处.广东青少年军体教育历史资料(1919—1949).广州:广东省供销学校印刷厂,1994:92-93.
⑤ 郑家亨.统计大辞典[M].北京:中国统计出版社,1995:1189.
⑥ 问题研究会章程[G]//中共一大会址纪念馆.中共一大代表早期文稿选编(1917.11—1923.7)上册.上海:上海人民出版社,2011:806-807.

同年9月15日,李大钊于《少年中国》第1卷第3期上发表《"少年中国"的"少年运动"》一文,定义由"物质和精神两面改造而成的'少年中国'":

> 精神改造的运动,就是本着人道主义的精神,宣传"互助""博爱"的道理,改造现代堕落的人心,使人人都把"人"的面目拿出来对他的同胞……
>
> 物质改造的运动,就是本着勤工主义的精神,创造一种"劳工神圣"的组织,改造现代游惰本位、掠夺主义的经济制度,把那劳工的生活,从这种制度下解放出来,使人人都须作工,作工的人都吃饭。因为经济组织没有改变,精神的改造很难成功……①

与物质和精神双重改造的运动相呼应,李大钊向"少年中国的少年"发出呼吁:"少年中国"的"少年运动"是"灵肉一致改造的运动,是打破知识阶级的运动,是加入劳工团体的运动,是以村落为基础建立小组织的运动,是以世界为家庭扩充大联合的运动"。② 无独有偶,1920年10月的《劳动者》发刊词③《劳动者呵!》中也写到,"劳动运动的第一种过程"是"改进生活景况的运动",而"工人子弟怎样要求教育?妇孺劳动者怎样要求保护?"即属于这第一种过程。④

文字呼吁的同时,中国的共产党人也关注着俄国儿童事业的发展状况。1920年11月,《共产党》月刊在上海创刊,其"世界消息"栏目刊发《新俄之儿童教育》,简短介绍了莫斯科的"儿童之日";⑤次年的《俄罗斯的儿童问题》一文,则介绍了俄罗斯解决儿童的食物、健康、体育和防疫问题的经验。⑥

1921年7月,中国共产党第一次全国代表大会于上海召开。承续对童工问题的关注,初创的中国共产党在领导工人运动的同时,也着手开展以少年儿童为组织基础的社会活动。是年8月发布的《中国劳动组合书记部宣言》⑦中,就有较多的笔

---

① 李大钊.李大钊散文[M].上海:上海科学技术文献出版社,2013:91-92.
② 同①:94.
③ 新闻史学界普遍认为,1920年创刊的《劳动者》周刊是广州共产主义小组的机关刊。但也有学者基于该刊编辑和撰稿人的回忆、刊物内容及一些历史学家的研究成果,提出该刊实为当时在广州的几位无政府主义者所有,与陈独秀领导成立的广州共产主义小组并无关联。参见艾红红,段然.《劳动者》周刊不是广州共产主义小组的刊物[J].新闻春秋,2014,(4):4-8.
④ 刘宏权,刘洪泽.中国百年期刊发刊词600篇(上)[G].北京:解放军出版社,1996:202-204..
⑤ 新俄之儿童教育[G]//全国图书馆文献缩微复制中心.中国共产党早期刊物汇编(三).北京:全国图书馆文献缩微复制中心,2005:408.
⑥ 海参威.俄罗斯的儿童问题[G]//全国图书馆文献缩微复制中心.中国共产党早期刊物汇编(三).北京:全国图书馆文献缩微复制中心,2005:445-446.
⑦ 一些史料集中,《中国劳动组合书记部宣言》的标注时间为1921年7月7日,笔者标注8月的原因在于:"中国劳动组合书记部成立的日期,尚待进一步查考。这是书记部宣告成立的宣言,刊登于1921年7月7日出版的'共产党'月刊第六号上,但是没有写明发布宣言的时间。据较可靠的材料证明,'共产党'月刊第六号并不是七月七日出版的,其实际出版日期大约在九月中旬。另据'劳动周刊'第十四号出版的日期推算和结合其他资料估计,书记部成立时间约在一九二一年八月中旬。"参见魏宏运.中国现代史资料选编[G].哈尔滨:黑龙江人民出版社,1981:332.

触揭露劳工及童工饱受资本家压迫的"痛苦工作状况",继而断言他们终将团结奋起,与资本家展开斗争:

> 还有千万的小孩子们,不分日夜,到纺织等工厂里去作工,工作时间多半是每天十二个钟头起码。他们的康健是牺牲在这剥夺制度之下,他们定不能得受教育的机会。他们从极年幼的时候,就变成了本国或外国资本家的富源开发者并变成了资本家的新式奴隶。这种痛苦的工作状况,加在这班男女工人和童工的身上,一定会迫着他们自己团结起来,向着他们的东家——剥夺者——为有力的奋斗,这是我们敢断言的。①

《中国劳动组合书记部宣言》继而倡导劳动者们不分地域、不分性别、不分年龄,组织成"一个有力的团体",用这样的组织力量与资本家斗争,谋地位之改良:

> 但是劳动者没有组织,或是只有公所和无意义的工会组织,自然这种团结是不能够自卫,也自然是无反抗的能力。而且劳动者把他们自己分成什么宁波帮、广东帮、江北帮等是不行的。这是把自己分裂的办法,怎样能拿着这种团体来和资本家奋斗呢?我们只有把一个产业底下的劳动者,不分地域,不分男女老少,都组织起来,做成一个产业组合。因为这样一个团体才能算是一个有力的团体,要这样的组织法。劳动者才能用他们的组织力,做奋斗事业,谋改良他们的地位呢。②

在此,从早期马克思主义者对童工问题的关注,到早期共产党人指出童工群体中所蕴藏的革命要求,提议将他们纳入广大劳动者组织中,启发、号召他们以产业联合的形式奋起反抗资本家的压迫,中国红色少儿组织的萌芽已渐露端倪。之后,无论在文件宣言还是斗争实践中,少儿组织都占据着重要的一席之位,并发挥着强大的影响力,进而真切地影响着新民主主义革命及整个中国社会发展的进程。

第二节 最早的红色少儿组织

中国的第一个红色少儿组织正是在工人运动中应运而生的。1922年,在湖南、江西边界的安源路矿,中国共产党在组织工人运动的同时创建了第一个少年儿童革命组织——安源儿童团,其最早期的组织成员是在矿区工作的童工。这些小

---

① 中国劳动组合书记部宣言[G]//中共中央党史研究室,中央档案馆.中国共产党第一次全国代表大会档案文献选编.北京:中共党史出版社,2015:32.
② 同①:32.

矿工们白天在矿区劳作,不能进入工人子弟学校读书,繁重的劳动和苦难的生活使得他们更易于接受革命思想的影响。据最早加入安源儿童团的王耀南回忆:"一九二二年四月末,老矿工刘振海大叔把我们七八个小伙伴聚集在一起,叫我们组织起来,成立了安源路矿的第一个儿童团。从此,我们这些童工,除了上工干活之外,又增加了新的任务……"①。作为最早的红色少儿组织,其三条纪律简明扼要:保守秘密,不许打架,完成任务。② 之后,安源路矿工人子弟学校里读书的工人子女也开始加入安源儿童团当中。在工人运动中建立起来的安源儿童团,它的主要活动是组织少年儿童在力所能及的范围内参加罢工斗争:一是为筹建工人俱乐部出力;二是跟随父兄参加罢工斗争。③

安源路矿工人罢工胜利后,安源路矿的共产党组织和工人俱乐部高度重视工人及其子弟的教育工作。1922年1月,安源路矿仅有1所路矿工人补习学校暨国民学校,学校学生约30余名,"采用复式单级的编制,学科很是简单,校舍狭隘,多感困难"。④ 次年增至3所工人子弟学校及工人补习学校,并有《安源路矿工人子弟学校简章》,教育目的为"培养基础知识,陶冶社会完人",依照"新学制初级小学办理",入学手续、修业期限等做出详细规定,学校课程设有公民,国语(读法、作法、写法),算数,常识(故事、谈话),艺术(工艺、美术),音乐,体育等课以及缝纫、早操、自习。⑤ 其教学法的规定颇具"进步主义"色彩:

> 以儿童为中心,因材施教,须令学生完全了解为教学进程的步趋提倡自动作业,增加他们的学习兴味,每日上午下午到校后自习一小时课外儿童读物——小朋友、儿童世界、少年、小弟弟、小妹妹、儿童画报……甚多,本期平均各校阅至三百五十多册,一校方面,年龄大的女生加教缝纫,以适应其职业知识上的需要。⑥

以儿童为中心、因材施教、学习兴趣等表述,自动作业、课外阅读等任务,以及这份学校简章中"后备的劳动者""社会的支柱""服务的精神"等话语,"废除学期试

---

① 参见王耀南.坎坷的路[M].北京:战士出版社,1983:2.也有论者认为,安源儿童团成立于1922年的提法值得商榷。且据安源路矿工人俱乐部《教育委员会报告》(1923年8月至1924年11月)记载:安源儿童团成立时的正式名称是"劳动童子军"。参见黄洋.中国最早的红色儿童团——安源儿童团研究[J].萍乡高等专科学校学报,2013(1):5-9.关于中国少年儿童运动史研究的著作、文章,以及中国少年先锋队队史均一直沿用1922年安源儿童团成立之说;且王耀南作为历史亲历者,其回忆录提及"七八个小伙伴聚集在一起……成立了安源路矿的第一个儿童组织"。笔者推测应此是安源儿童团最早的面貌,其成立缘起于工人运动,而安源路矿罢工胜利数年后所成立的劳动童子军,虽有着正式名称和更为正式的组织,但只是安源儿童团的后续组织,不可完全等同为之前的安源儿童团。
② 郑洸,吴芸红.中国少年儿童运动史[M].天津:天津人民出版社,1992:24.
③ 同②:24-25.
④ 蔡增准.教育股报告[G]//中共萍乡市委《安源路矿工人运动》编纂组.安源路矿工人运动(上册).北京:中共党史资料出版社,1991:171.
⑤ 同④:174-180.
⑥ 同④:179.

验"的评价方式,都是当时乃至今日中国仍积极提倡的教学方法、教育理念,从中可见安源路矿工人子弟学校办学的用心设计。

1924年,安源路矿工人子弟学校开始组建劳动童子军,可以视作是安源儿童团进一步的延续和发展。如前所述,民国初年的教育界曾进行调适与改造西方童子军的尝试。1910年,《月报》刊登名为"中国宜创设童子军"的文章,文中提及拟翻译刊登英国童子军书籍,这或许是国内对于西方童子军组织的最早关注:

> 近年以来,各国学堂培植子弟,不但有各种科学,兼有训练成兵之妙法。以致各等学生,有文德兼有武德。何为武德。顺从命令一也。识见决断二也。耐心劳苦三也。勇敢有谋四也。爱国心切五也。有此五德。故各国教会中人,即本此意创设一会,名曰童子军。……望我国教内外人士,见此书之后,亦群起创设此军,训练幼童有尚武精神。中国之强可立待,又何至使外人独有此秘密术也哉。[①]

尚武浪潮之下,中国知识分子注意到西式童子军训练,但仅仅将之视作"训练成兵之妙法",训练幼童"武德"和尚武精神的"秘密术"。根据英文报纸《字林西报》记载,1911年的上海已经出现由西童组成的"上海贝登堡童子军"[②],在学校以外的时间为男孩们提供"卓越的训练",使他们"成长为自信而独立的男性"[③]。这是中国最早出现的童子军组织。由中国少年儿童组织的童子军,即真正意义上的中国童子军则诞生于1912年的武昌文华书院,创办者为严家麟,其最初名称为童子义勇队。[④] 之后,童子军组织开始在各地流行,如《申报》记载:"近来教育界发现一种特殊之现象,有童子军、童子团、童子体育会等名目繁多,聚多数小数年龄之儿童研究体育,甚至有十岁以下之儿亦参与其间蹒跚学步。"[⑤]20世纪20年代,不少教育行政部门与民间教育人士协力提倡童子军事业,各地的中小学校和教会学校纷纷组建童子军并联合成会。

安源路矿工会教育股于1924年编写的《小学国语教科书》中,第十三课为《童子军》:

> 童子军是训练一般童子,叫他成为一种独立有作有为的人,内中的编制法

---

① 中国宜创设童子军[J].月报,1910,36(8):5-6.

② The concert to be given by the 1st Shanghai Troop of Baden-Powell's Boy Scouts[N]. The North-China Daily News,1913-03-10(7).

③ SHANGHAI BADEN-POWELL SCOUTS[N]. The North-China Daily News,1912-12-06(5).

④ 吴耀麟.青年训练之理论与实际[M].上海:商务印书馆,1947:25.当下学界有论者不赞同严家麟为中国童子军创始者的说法,"严只是受校方委托来具体负责童子军事务,是校方首先意识到了在华开展童子军教育的重要性";"官方确定严家麟为创始人,多是出于中国长期受外国势力压迫而迸发出的一种强烈的民族自尊情感"。参见孙玉芹.民国童子军研究中存在的两个问题[J].安庆师范学院学报(社会科学版),2011,30(1):64-65.但笔者认为,依据严家麟自述,其是自发组织童子军,且在民国时期,人们就已经公认严家麟为中国童子军创始者。

⑤ 儿童且缓尚武[N].申报,1912-07-26(7).

和课程条规,可以大概说一说:

　　童子军的编制,九个人算一队,两队算一团,每队有个队长,每团有个团长,团长上面,更设立一总团长带领着。

　　童子军的课程,分正课和补充课两种。正课是每人准要学习,有初级、本级、优级的分别;补充课是听各人随意选习的,门类很杂,变动很多。

　　……

　　童子军能帮补正项教育教不到的地方,能除去不好的脾气,养成好的德性,从英国的贝登保开创了这个法子,各国都要照着他做,到如今差不多传播到全地球了,此后一般好青年,眼看着少有糟蹋的啦。①

从这篇课文中可以看出,作者对英国贝登堡创建的童子军所持的是赞赏态度,也极为肯定童子军训练的价值。正缘于此,安源路矿工人子弟学校借鉴已在中国有所发展的童子军,为工人子弟成立相似的组织——劳动童子军,只是,童子军前加上了"劳动"二字:

　　限于经费,虽不能如资产阶级,或洋奴式的童子军之设备完全,而精神则有以过之!②

迥异于"资产阶级"或"洋奴式"的童子军,这支由工人子弟组织而成的劳动童子军,其宗旨为"训练工人子弟,养成其活泼勇敢的精神及有规律的行动"③,此乃"精神则有以过之"。在《中国劳动组合书记部宣言》中,儿童被作为广大劳动者组织中的一员,那么顾名思义,劳动童子军必然也是劳动者们的组织之一,是工人运动的一个组成部分。

依据1924年安源路矿工会教育委员会的报告,安源劳动童子军设有"童子军军长""童子军军务会",其组织管理依次为:安源路矿工人俱乐部教育委员会委员长—工人学校校长—童子军军长—总队长—队长—队员。④ 如表1-1所示,1924年的上学期已组织1支安源劳动童子军团,分布在3所安源路矿工人子弟学校。与童子军以小队为基本单位略有不同,安源劳动童子军以校为单位设队,在队下设排,计有3队8排64名,平均8人一排,其人数与童子军小队6—9人的编制相近。

---

　　① 安源路矿工会教育股.小学国语教科书(1924)[G]//中共萍乡市委《安源路矿工人运动》编纂组.安源路矿工人运动(上册).北京:中共党史资料出版社,1991:783.
　　② 刘义.教育委员会报告(1923年8月间到1924年11月)[G]//中共萍乡市委《安源路矿工人运动》编纂组.安源路矿工人运动(上册).北京:中共党史资料出版社,1991:343.
　　③ 同②:343.
　　④ 同②:338-341.

表1-1　安源劳动童子军组织人数(1924年)①

队次	名额	排数	常驻学校
第一队	24名	3排	第一校
第二队	24名	3排	第二校
第三队	16名	2排	第三校
共3队	共64名	共8排	分驻3校

1924年后,安源路矿工人子弟学校的700余名学生"大多数加入了劳动童子军(团)"②,日常活动主要是参加工人俱乐部活动、国耻纪念活动、节日活动,举办游艺会、体育歌唱比赛、成绩展览会以及排演新剧等。③ 1925年10月,安源路矿工人运动遭受挫折,"儿童运动也归于摧残殆尽";直到1926年10月,"安源儿童团又复成立"。④ 1927年,蒋介石在上海发动"四·一二"反革命暴动后,安源路矿工人运动的成果包括安源劳动童子团⑤再次遭到摧残。"轰轰烈烈的大革命失败了,但是工人们的革命热情并未减退,矿工们积极响应党的号召,和一部分农民自卫军组成中国工农革命军第一军第一师第二团,参加了秋收起义。"⑥最早的安源儿童团团员王耀南,便在这支队伍的爆破队担任副队长,随后走上井冈山,成长为一名光荣的红军战士。⑦

第三节　劳动童子团运动

一、"争得本身的利益"

在组织领导工农运动的同时,中国共产党关心着工农阶级下一代的切身利益,

---

① 刘义.教育委员会报告(1923年8月间到1924年11月)[G]//中共萍乡市委《安源路矿工人运动》编纂组.安源路矿工人运动(上册).北京:中共党史资料出版社,1991:343.

② 参见郑洸,吴芸红.中国少年儿童运动史[M].天津:天津人民出版社,1992:26;《中国青年运动历史资料1926—1927》中《民国十五年中国学生运动概况》一文中则保持"安源儿童团"的称呼,参见民国十五年中国学生运动概况[G]//中国新民主主义青年团中央委员会办公厅.中国青年运动历史资料1926—1927.内部发行,1957:334.

③ 郑洸,吴芸红.中国少年儿童运动史[M].天津:天津人民出版社,1992:26-27.

④ 民国十五年中国学生运动概况[G]//中国新民主主义青年团中央委员会办公厅.中国青年运动历史资料1926—1927.内部发行,1957:334.

⑤ 1926年的《儿童运动决议案》中提出儿童组织的名称为"劳动童子团"或"儿童团",故而1927年的称谓是"安源劳动童子团"而非"安源劳动童子军"。此外,第一次国共合作破裂后,用"劳动童子团"的称谓更能与国民党组织领导的"党童子军"相区分。

⑥ 最早的劳动童子团[EB/OL].(2007-04-16)[2021-05-05]. http://www.gqt.org.cn/695/gqt_tuanshi/gqt_ghlc/gqtysxd/sxd_ydsh/200704/t20070416_18554.htm.

⑦ 王耀南.坎坷的路[M].北京:战士出版社,1983:5.

从教育、健康、限制劳动时间等方面提出保护少年儿童尤其是童工的主张。1922年4月1日,中国社会主义青年团机关刊物《先驱》上刊载《关于中国少年运动的纲要》,当中提出,中国少年运动必须具有"群众的性质","教育少年男女工人和学生使他们有革命的精神,这样他们才可在这个战争中果敢地前进",运动的组织对象"须纯是少年,参加的人要在二十五岁以下";运动的事业则是"纯粹的少年事业",即"以革命的态度,来保护和发展少年工人农人及少年知识阶级的利益"。① 因此,社会主义青年团的事业应具有政治教育的性质,以教育社会主义青年团组织内外的少年群众"参加普通革命性质的运动",相应的方式有:

> 在团内应当时常分组研究和演讲,团员们应格外努力做科学的革命训练;在团外应当时常用激烈的议论,做口头的和文字的(如小册子、定期刊物、报纸等)宣传。②

无论是分组研究和演讲,或是运用口头语言及书面文字进行宣传,这些方式在面向社会大众特别是少年儿童的政治教育活动中被充分使用。"从文化教育入手,传播革命思想影响,进而发展革命组织,这是党在初创时期采取的一种有效方法。"③这份《关于中国少年运动的纲要》同样考虑到少年的经济利益保护,提出若干保护少年工人的主张:

> 现在要做的是要使少年工人劳动得着一定的保护和规定。为了这个事业,社会主义青年团需要和工会亲密地接近。禁止"夜工""越龄作工",每天做六小时或八小时以上的作工,并增加工钱——社会主义青年团应为少年工人要求这些。还应要求:将学徒的待遇改良,并为学徒结一种有利的契约。④

1922年5月,中国社会主义青年团第一次全国代表大会通过《中国社会主义青年团纲领》,当中明确提出"禁止十二岁以下的青年作工";《青年工人农人生活状况改良的决议案》中也有保护童工的若干主张。⑤ 1923年,中国社会主义青年团第二次全国代表大会上通过的《青年工人运动决议案》,继续着对于童工利益的关注。⑥ 1925年,中国社会主义青年团改名为中国共产主义青年团,中国共产主义青年团第三次全国代表大会上通过《经济斗争决议案》,当中发出更为详细的提倡:

> 二、十八岁以下之童工,工作时间每日至多六小时;绝对禁止使用童工做

---

① 关于中国少年运动的纲要[G]//孙晓梅.中国近现代女性学术丛刊续编9第28册.北京:线装书局,2015:62-63.
② 同①:62.
③ 郑洸,吴芸红.中国少年儿童运动史[M].天津:天津人民出版社,1992:23.
④ 同①:63.
⑤ 中国新民主主义青年团中央委员会办公厅.中国青年运动历史资料1915—1924[G].内部发行,1957:129-130,136.
⑥ 同⑤:363-364.

夜工及其他有害健康,或力有不及的工作;

三、禁止使用十三岁以下之童工,要求国家或厂主供给贫苦儿童的教养费用;

四、废除包工制、工头制、个人合同制;

五、废除学徒制,在学徒制未能废除之前,缩短学徒期限,禁止使用学徒为私人服务,学徒应与普通工人一律待遇;

……

九、改良工厂及店铺中童工、学徒的卫生条件;

……①

基于对少年工人特别是童工、学徒等群体切身利益的持久关注和深切关怀,中国共产党与共青团关于少年儿童运动的构想逐渐成熟。

二、"有章可循"

据中国少年儿童运动史著作记载,1924年后的数年里,中国共产党在上海、武汉、天津、唐山、广东、湖南、江西、海南岛等地先后建立了劳动童子团。② 1925年,林根在《两年来的中国青年运动》中提及童工的生活境况:

中国青年工人的数量极多,生活极苦,童工及青年女工之生活尤为悲惨,他们的身体尚未发育完成,而且正是需要受教育的时候,故不能过长时间和过劳苦的工作,因此,青年工人的经济争斗和教育运动是他们当前极重大的工作了。③

在这段文字中,童工被包括在青年工人群体当中,还未见到关于"儿童"的专门论述。但在1926年的《C.Y.工作报告》中,"团应特别注意下列工作"有六项,其中之一是"发展儿童团及体育团的工作"。④ 报告中随后列出"儿童运动"部分的工作情况,当中称,对童工运动"缺少经验,无大发展,直到最近一两个月内,在工作青年化口号之下,各地亦开始注意此项工作之实际进行"。⑤ 报告中提到:

现有儿童团体组织者如上海1200人,天津60人,唐山40人,济南150人,广东300人,安源70人,长沙50人,四川300人。其他各地均着手进行,

---

① 经济斗争决议案[G]//中国新民主主义青年团中央委员会办公厅.中国青年运动历史资料 1925.内部发行,1957:40-41.

② 中央少队工作委员会,中国少年先锋队工作学会.中国少年儿童运动史话[M].北京:中国少年儿童出版社,1989:2.

③ 林根.两年来的中国青年运动[G]//中国新民主主义青年团中央委员会办公厅.中国青年运动历史资料 1925.内部发行,1957:354.

④ C.Y.工作报告[G]//中国新民主主义青年团中央委员会办公厅.中国青年运动历史资料 1926—1927.内部发行,1957:374.

⑤ 同④:381.

第一章　红色发端：把少年儿童组织起来

广东于三月内可发展到 2000 人以上，现全团已有童子团人数约在 2300 人上下。①

由以上数据可见，仅上海一地的参与者就占了一半以上，这应是由于上海地区的童工最多；而安源不足百人的数字，应是 1925 年 10 月安源路矿工人运动遭受挫折直到 1926 年"安源儿童团又复成立"的原因。

报告中将儿童运动对象暂定为童工及工人子弟、街市儿童和农村儿童三类，但随即写到目前能着手进行的"尚仅限于童工及工人子弟"。值得注意的是这段就当时"童子团组织"做出的比较和反思：

> 中国工人子弟，年及五六岁，即在工厂中工作，他们的生活极苦，每日工作时间总在十二时以上，因此童子团组织容易变成经济斗争的组织而与工会冲突。这恐与西欧童子军组织略有不同的地方，因西欧禁止使用十二岁以内的童工，儿童团内的份子多系工厂以外之工人子弟。因中国童子团就系工厂内作工的儿童所组织，所以儿童团不得由我们指挥，须隶属于工会管理，并由工会指挥，团在内起团组作用。此又与俄国儿童团组织受团直接指挥不同。儿童团团员既多是工会会员，所以中央决定对于一切经济及政治斗争均以工会会员名义参加，童子团则为纯粹文化教育机关的组织，因单独斗争则容易引起与工会的冲突，有如童工工会之性质。②

这段文字点明童工的困苦生活，继而开始考虑"童子团组织"的性质，其与工会之间的隶属关系，其与共青团之间的关系。兼有分析当前童子团组织与西方童子军组织、俄国儿童团组织的迥异之处，报告撰写者继而写到：

> 国民党中央青年部，最近亦决定进行童子军组织的工作，并有组织全国统一的童子军之倾向。我们对于国民党组织童子军的策略，表示赞成，但不使他有全国统一的组织并防止他们在工人群众中发展。另一方面我们利用国民党名义到学生群众中发生童子军组织，尤注意到基督教势力下童子军中去活动，同时我们在各工人区域赶紧发展童子团组织。③

这样的表述，说明报告撰写者们对于世界儿童运动以及当时国内外的少儿组织均有关注，经由比较权衡后，采取现阶段儿童运动对象主要聚焦于童工及工人子弟的工作策略。报告关于儿童运动工作还做出这样的预测：

> 对于儿童团工作，本团极缺少经验，但我们预料这种工作在中国很有发展的可能，惟使这种工作发展迅速，各地必须有专人负责，因此须有专门预算，务

---

① C.Y.工作报告[G]//中国新民主主义青年团中央委员会办公厅.中国青年运动历史资料 1926—1927.内部发行，1957：381.
② 同①：381.
③ 同①：382.

望国际设法多供给我们此项工作的经验与指导。①

历史早已证明,正由于对于"这种工作"的理性判断和不断重视,少年儿童的革命力量被充分发掘,共产主义少年儿童运动和红色少儿组织在中国得以蓬勃发展。

1926年7月,中国共产主义青年团中央委员会(以下简称共青团中央)召开三届三次扩大会议,会上发布《儿童运动决议案》。这份决议案首先点明儿童运动的意义所在:

> 现在正在生长的青年男女儿童,即是三五年后社会上活动的中心力量。教育这些儿童,养成他们勇敢牺牲的精神和团体生活的习惯,经过他们去影响现代社会的生活,训练他们成为将来继承斗争的战士,是共产主义青年团极重要的使命。②

在分析中国儿童尤其是童工、贫苦失学儿童、穷苦农民子弟这些"幼年贫苦儿童"的生活状况后,这份决议案强调:

> 帝国主义者和资产阶级看出此种儿童的重要,已开始注意这些儿童的训练与组织,基督教青年会以及中国官私立和教会学校多有童子军的组织,并开始在工人中活动。国民党中央青年部亦有进行组织童子军的计划,我们若不及早注意这些贫苦儿的组织与教育,使其在我们影响之下参加各种解放的斗争,则必为我们将来革命工作的极大损失!③

不仅由于帝国主义、资产阶级包括国民党等各方力量都已经关注到"儿童的训练与组织",当时正值北伐战争动员阶段,中国共产党和共青团需要积极组织广大群众包括少年儿童投入反帝反封建斗争当中。决议案中将进行儿童运动的对象明确为三种:工厂童工及工人子弟、乡村农民子弟、小学学生及街市穷苦儿童。依据各地区工农运动开展情况,可以运用不同的运动策略:

> 各产业区域,如上海、汉口、天津、唐山、香港等处的本团组织,应开始或扩大在工厂童工的工人子弟中的活动。广东、湖南及其他农民运动较有基础的地域,则须同时进行农村儿童及小学学生中的工作。城市贫苦儿童运动,于可能范围内,亦应酌量进行。各地国民党青年部所组织之儿童团体,本团亦需设法取得其指导地位。④

---

① C.Y.工作报告[G]//中国新民主主义青年团中央委员会办公厅.中国青年运动历史资料 1926—1927.内部发行,1957:382.
② 儿童运动决议案[G]//中国新民主主义青年团中央委员会办公厅.中国青年运动历史资料 1926—1927.内部发行,1957:216.
③ 同②:217.
④ 同②:217.

在"儿童运动组织原则及其工作内容"部分,则明确了少儿组织的形式、名称、口号和组织原则等:

> 儿童组织形式可用"劳动童子团"或"儿童团"等名称组织之。以后组织须以简单而适合儿童的心理,能结合广大儿童群众,且不致引起与成年组织冲突为原则,万不能用严密集中等去限制儿童组织的发展。在有工会、农会或学生会地方的儿童组织,须隶属于这些团体之下,定名为××团体劳动童子团或儿童团,并且公开受该所属团体的指挥(如无可隶属之团体则可另定名目)。此种儿童团体吸收团员条件也不宜过严。服装不必要求一致,惟须有一红蓝色的领结,旗帜形式暂由各地自定,惟口号则统一为"预备好!"①

名正而言顺,劳动童子团或儿童团逐步成为红色少儿组织的正式名称,这是史料中多见到"安源劳动童子团""安源儿童团"的称谓却少见"安源劳动童子军"的缘由之一。儿童团的含义有"先驱者之意"。② 根据记载,苏联于1922年组织10到16岁儿童成立革命少年先锋队后,又于1923年组织8到10岁的儿童成立十月儿童团,并将之交由革命少年先锋队领导。这两个少儿组织的工作"注重学习共产主义,参加'有益社会的劳动',以及初步的军事训练等","在一切共产主义团体中,超过某种限度的年龄,得仍为某团体的分子。这样一来,少数青年团团员仍然可以做少年先锋队的领袖,而少年先锋队队员亦可以充当'十月儿童团'的领袖"。③ 1924年列宁去世之后,"儿童团的组织改名为'列宁儿童团'"并在苏联学校中广泛建立。④ 来自苏联共产主义运动的影响,或许正是1926年中国共青团将中国红色少儿组织命名为"劳动童子团"或"儿童团"的主要原因。

与《儿童运动决议案》的文件名称相符合,"儿童的心理""广大儿童群众""儿童团体"等语词反复出现,说明这一时期,少年儿童工作尤其是少年儿童运动被视为一项专门的工作任务。在儿童运动的工作内容上,这份决议案说明劳动儿童团或童子团的一切组织与教育工作"须立在阶级的和革命的观点上",但兼顾现实社会环境,"不必树立旗帜鲜明的阶级色彩"以求公开发展,特别指出如何运用适应儿童心理的方法开展工作:

> 儿童团或劳动童子军须以适合儿童心理之游戏、唱歌、开会、运动等各种娱乐方法去淘养儿童团体生活的习惯,启发他们的阶级觉悟,要他们具有勇敢奋斗刻苦耐劳的活泼进取的精神。⑤

---

① 儿童运动决议案[G]//中国新民主主义青年团中央委员会办公厅.中国青年运动历史资料1926—1927.内部发行,1957:218.
② 索柯洛夫.苏联学校教育讲座[M].小英,译.北京:生活·读书·新知三联书店,1950:47.
③ BUELL RAYMOND LESLIE.欧洲新政府[M].王宗武,译.上海:商务印书馆,1925:212.
④ 同②:48.
⑤ 同①:218.

最后是明确共青团与儿童运动的关系:

> 本团应当为儿童运动的实际领导者,但本团指导须经过儿童团体所属的机关,在儿童团体内吸收进步分子为同志组织团组,主持内部工作。至若本团是否应向儿童团体公开或半公开,须酌量当地情形而定,各级执行机关须酌量当地情形而定,各级执行机关须设专人管理此项工作。中央应于短期内规定一童子团简章以供各地参考。

1926年《儿童运动决议案》的出台,直接推动着中国少年儿童运动向前发展,特别是劳动童子团在各地的建立。

随后,共青团中央正式发布《劳动童子团简章》,规定劳动童子团的宗旨、团员、组织、名称、会议、操练、团礼、制服、经费、纪律、口号。先来看劳动童子团组织的宗旨:

> 本团以养成劳动儿童团体生活的习惯、勇敢牺牲的精神,替劳动阶级服务为宗旨。①

劳动童子团组织无论是名称或宗旨都强调劳动,有着更为鲜明的组织性质,更有着至关重要的价值——"劳动儿童若无教育娱乐改善生活,不但儿童本身受害,就社会人类后代与社会文化进展上,亦有莫大的关系"②。

相较于1926年《儿童运动决议案》中关于劳动童子团组织的若干规定,《劳动童子团简章》有更为细致和鲜明的组织要素:

> 7. 团礼　以右手五指并拢举至额,表示敬礼。团员相遇或当举行庆祝、哀悼礼时,均须举手敬礼。
>
> 8. 制服　仿旧式童子军制服形式,惟领须红色。
>
> ……
>
> 11. 口号　准备着打倒帝国主义!
> 　　　　准备着打倒军阀!
> 　　　　准备着做全世界的主人!③

中国少年儿童运动史的著作中认为,这份《劳动童子团简章》是"由共青团中央发布的第一个革命儿童组织的章程,也是中国革命少年儿童运动的第一个正式的章程","为以后革命儿童组织乃至今日的中国少年先锋队组织的章程奠定了基

---

① 劳动童子团简章[G]//中国新民主主义青年团中央委员会办公厅.中国青年运动历史资料1926—1927.内部发行,1957:387-388.

② 劳动童子团代表大会宣言(1927.2)[G]//广东省档案馆,广东青运史研究委员会,广东省教育厅体卫处.广东青少年军体教育历史资料(1919—1949).广州:广东省供销学校印刷厂,1994:93.

③ 同①:388.

础"。① 笔者认为,所谓奠定基础,除了少儿组织章程要素的逐步充实,更在于为之后的革命少儿组织尤其是中国少先队谱写了光荣的红色基因。最典型的标志至少有三:一是劳动童子团的团礼与当代中国少先队"右手五指并拢,高举头上"的队礼相近,可谓是"五指礼"的雏形。二是服饰上由1926年《儿童运动决议案》中"惟须有一红蓝色的领结"的规定过渡到"领须红色",这是红领巾的雏形。1927年在潮梅海陆丰第一次劳动童子团代表大会筹备处印发的《劳动儿童团简章》中,明确提出"必须佩戴红领巾于颈上为号"。② 红色是一种能引起生物情绪激昂的颜色,代表着旺盛的生命力,故而得到革命者的青睐。今天的少先队教育中,经常听到红领巾"代表红旗的一角,是革命先烈的鲜血染成"③这样的说法,旨在提醒少年儿童缅怀革命先烈,在和平时期要记住幸福生活的得来不易。三是1926年《儿童运动决议案》中"预备好"口号修改为《劳动童子团简章》中的"准备着……",这应是受到苏联革命少年先锋队的影响。

1902年,列宁在《怎么办?我们运动中的迫切问题》中向俄国的革命者发出"准备好""时刻准备着"的伟大号召,并提出了"俄国无产阶级成为国际革命无产阶级的先锋队"的目标。1917年,在列宁的领导下,俄国十月革命取得成功。苏维埃政权成立后,列宁对少年儿童教育表现出了高度的重视。"由我们奠基的社会主义社会大厦并不是空想,我们的孩子们会更加奋勉地建设这座大厦。"④为了共产主义理想的传承,也是"从下一代的幸福着眼"⑤,列宁关注到如何让千百万儿童接受教育和训练的问题,推动共产主义少儿组织的诞生和发展。1922年,苏联革命少年先锋队成立后,"时刻准备着"被确立为其呼号。这一蕴涵着共产主义理想的呼号在传入中国后,成为劳动童子团团歌的名称⑥、共产主义儿童团的口号以及"我国第一个共产主义的儿童刊物"⑦的名称,更构成当代中国少先队呼号与回答中的核心话语。百余年来,越来越多的少年儿童庄严呼喊这一口号,社会民众也对之耳熟能详。

由于劳动童子团的组织对象是"不过十六岁劳动阶级之子女",共青团中央又分别制订《学生童子团简章》和《工会劳动童子团简章》,其条目和内容与劳动童子

---

① 郑洸,吴芸红.中国少年儿童运动史[M].天津:天津人民出版社,1992:35.
② 劳动儿童团简章[G]//广东省档案馆,广东青运史研究委员会,广东省教育厅体卫处.广东青少年军体教育历史资料(1919—1949).广州:广东省供销学校印刷厂,1994:102.
③ 陆士桢.少先队员须知[M].北京:中国国际广播出版社,1990:20.
④ 在红场上的三次讲话(1919年5月1日)采访记录[C]//苏联教育科学院.列宁论教育(下).华东师范大学《列宁论教育》辑译小组,译.北京:人民教育出版社,2001:108.
⑤ 蔡特金.忆列宁(摘录)[C]//.北京师范大学中文系文艺理论教研室.马克思主义经典文艺论著学习参考资料第1辑.北京:北京师范大学中文系文艺理论教研室,1979:31.
⑥ 同①:50.
⑦ 吴广川,韩振东,陈凌云.少先队工作辞典[M].长春:吉林人民出版社,1989:41.

团简章相似。① 这些文件的制定,使得20世纪20年代的中国少年儿童运动特别是劳动童子团等组织的广泛建立和工作开展都有章可循。据史料记载,1926年,有地区成立劳动童子团的联合组织如"省港劳动童子团联合会"②;1928年,"湘、鄂、赣、粤、沪各区乡有组织的劳动童子团,全国已有十二万左右"③。

三、"训练未来的主人"

将劳动童子团与其他少儿组织对比可以发现,同期我国中小学校特别是教会学校中的童子军没有顾及广大农村儿童和城市劳苦儿童群体,同期其他国家的共产主义儿童运动也主要以工人阶级子弟为发展对象。劳动童子团则有着更为广泛的组织基础,童工、贫苦农民子弟、街市儿童、学生甚至资产阶级子弟都是反帝反封建的力量,可以成为"新民主主义革命的接班人"④。正如有论者提出,"中国劳动童子团是共产主义儿童运动中的、有着特殊的组织基础和组织原则及思想教育内容的革命少年儿童组织"⑤。

身处劳动童子团中的少年儿童,体验着从未有过的组织生活乃至童年生活。1926年11月10日《工人之路特号》480期上刊登的《敬赠与劳动童子团的革命礼物》,当中这样描述:

> 你我同是劳苦的小哥哥,
> 大家团结在一窝,
> 努力学操法,
> 勤心读教科,
> 同携手,笑呵呵,
> 相亲相爱乐如何。
> 今日学操法,读教科,
> 明日准备动干戈,
> 打倒走狗军阀,
> 帝国主义寿命长不多,
> 你我同是奴隶的小哥哥,

---

① 参见学生童子团简章[G]//中国新民主主义青年团中央委员会办公厅.中国青年运动历史资料1926—1927.内部发行,1957:389-390;工会劳动童子团简章[G]//中国新民主主义青年团中央委员会办公厅.中国青年运动历史资料1926—1927.内部发行,1957:391-392.

② 省港劳动童子团联合会成立[G]//广东省档案馆,广东青运史研究委员会,广东省教育厅体卫处.广东青少年军体教育历史资料(1919—1949).广州:广东省供销学校印刷厂,1994:65-66.

③ 儿童运动工作决议案[G]//中国新民主主义青年团中央委员会办公厅.中国青年运动历史资料1928.内部发行,1957:197;也有"15万人"的说法,参见郑洸,吴芸红.中国少年儿童运动史[M].天津:天津人民出版社,1992:35.

④ 魏兆鹏.劳动童子团运动的兴起及其特点[J].中国青年政治学院学报,1991(2):39.

⑤ 同④:39.

大家努力学操法，
大家勤心读教科，
将来要洗雪劳动者耻辱，
要把人类痛苦来解疏，
要将黑暗社会改造，
中华民族解放，
大家欢唱大同歌！①

劳动童子团里，少年儿童在学习、锻炼和游戏之余，投身反帝反封建的宣传活动以及"反基督教，反旧文化、旧思想的斗争"②，用自己的力量支持着工人运动、农民运动、北伐战争。得益于劳动童子团的建立，一些地区的劳苦儿童更为争得切身利益而积极斗争。武汉劳动童子团带领童工学徒进行罢工，争得8小时工作制的实现，被时人誉为"在中国职工运动史上是破天荒的创举"③。再如1928年的两湖地区：

> 两湖城市与乡村童子团组织将近七万人（湖南三万，湖北四万）。乡村童子团的主要工作就是帮助农民协会逮捕土豪劣绅、捣毁庙宇、张贴标语、散发传单等和本身操练教育，成分多系贫农子弟。城市童子团的成分除一部分产业童工与青工外，主要的是店员与学徒。童子团的工作，除本身经常操练教育和维持群众大会秩序外，就是发动本身利益的斗争，成为店员斗争的中心力量。因为它是一个斗争的组织，所以发展得非常迅速。又因为过去店员与学徒所受的压迫非常惨苦，尤其是学徒几乎成了店东和师傅的奴隶，所以一旦有了团结，便开始向他们过去的压迫者争斗，逮捕店东戴高帽子游街等现象时常发生。因此店东一方面非常痛恶童子团组织，同时又不得不屈服于这些有组织的童子团之下而改良学徒生活与待遇。过去的店东师傅对于学徒的奴仆关系，几乎被这一潮流所冲破。④

湖南还被称为"做儿童运动最努力的地方"：

> 现在做儿童运动最努力的地方，当推湖南，省农民协会组织农村童子团，各工会组织劳动童子团，正在积极进行，长沙方面更将举行城市儿童生活的调查。计湖南已成立儿童团的有湘潭、常德、浏阳、耒阳、南县各县，多以小学生

---

① 凌少然.敬赠与劳动童子团的革命礼物[G]//广东省档案馆,广东青运史研究委员会,广东省教育厅体卫处.广东青少年军体教育历史资料(1919—1949).广州：广东省供销学校印刷厂,1994：80.
② 中国共产主义青年团中央通告五字第二十号——劳动儿童工作[G]//中国新民主主义青年团中央委员会办公厅.中国青年运动历史资料1928.内部发行,1957：412.
③ 向应.武汉童工争得八小时工作以后应有之努力[J].中国青年,1927(15)：345.
④ 中国共青团的过去与现在[G]//中国新民主主义青年团中央委员会办公厅.中国青年运动历史资料1928.内部发行,1957：497-498.

为领导……这里且来介绍一个湖南醴陵儿童娱乐团的情形以见一斑。该团成立于今年七月,两个月之后便有了二百多团员,十多个分团。他们的领袖系县立女校的学生。在工作方面,他们会举行了大游艺会,唱着种种革命的歌曲——少年先锋歌、国际歌、国民革命歌、工农兵大联合歌等,做出又活泼又伶俐的游戏。在欢迎北伐军的军民联欢大会里,在国际青年日的纪念大会里,他们有的发传单,有的喊口号,有的演说,真是可爱可敬。在他们开成立大会时所发表的宣言里,说着:"集合许多的小朋友,一块儿玩、读书、写字、唱歌、游戏……团结以来,组织起来,帮着家里的爸爸、妈妈、伯伯、叔叔、哥哥、姐姐,来打我们的敌人——帝国主义!军阀!XX秉着这个意义,来做我们所能够做所应该做的工作。"我觉得这里真包含着一团生气。①

不仅是游艺会和联欢会上的一团生气,湖南农村地区劳动童子团的日常活动有站岗盘查;查烟毒,禁赌博;破除迷信;学唱革命歌曲和进行军事操练等。②

武汉的劳动童子团还有"两件特殊的工作"值得记载:其一是1927年5月夏斗寅叛变革命的形势下,劳动童子团担负起维持治安的一部分责任,"日夜平均有四百童子团轮流守卫街道,代替兵警的作用。这种工作就是当时的工人武装纠察队亦所未曾做过的"③;其二是救护北伐军伤员,"同时学生会及其他妇女团体也有加入者,但童子团特别受伤兵欢迎,因为他们能够吃苦耐劳"④,"童子团员们轮流给伤员喂饭、换药、洗衣服,还给他们唱歌讲故事,以减轻伤员的痛苦"⑤。

让少年儿童参加其能力范围内的政治、文化、军事活动,这些传统在之后苏区的共产儿童团等红色少儿组织中都得到进一步发扬。此时再回顾1919年李大钊所提出的物质和精神双重改造的"少年运动",可以发现,劳动童子团等红色少儿组织的重要价值在于,把少年儿童组织起来参加力所能及的斗争,并兼顾文化学习和体育锻炼,让他们在身心层面得到相应的发展,更实现和保护着自己应有的权益。但少年儿童运动的步伐并非一帆风顺:

> 虽然童子团做了这些不可湮没的成绩,但无论如何是为一般店东小资产阶级所深恶痛绝的。他们除用巧妙的方法破坏童子团组织(如假造共产党与青年团将要派童子团到前线作战,以恐吓学徒使其退出,或电其家属回……),更假造事实向国民党政府诬告童子团如何作恶,要求政府处理。因此汪精卫和那些"党国要人"也不满意童子团,甚至连中国共产党的中央也骂童子团的

---

① 杨家铭.民国十五年中国学生运动概况[G]//中国新民主主义青年团中央委员会办公厅.中国青年运动历史资料1926—1927.内部发行,1957:334.
② 郑洸,吴芸红.中国少年儿童运动史[M].天津:天津人民出版社,1992:47.
③ 中国共青团的过去与现在[G]//中国新民主主义青年团中央委员会办公厅.中国青年运动历史资料1928.内部发行,1957:498.
④ 同③:498.
⑤ 同②:47.

行动"过火",并决定解除童子团木棒和服装,禁止一切代替军警的活动,强迫团的中央下令湖北省委执行,"否则童子团应当枪毙!?""如 C. Y. 不听令执行连 C. Y. 也要解散!?"①

为此,共青团中央曾决定对劳动童子团加以改造,首要办法便是"加紧向社会宣传童子团过去的功绩解释一切误会与谣言",并提出"超过十六岁者另组体育文化团体,将好的分子介绍加入 C. Y."等改组设想。② 只是,1927 年 7 月,汪精卫在武汉发动反革命政变后,劳动童子团的改组工作被迫中断。

1928 年初,共青团中央专门写信向党中央提议,希望深入讨论"关于童子团的性质和任务问题"③。对于广大民众乃至一些少年儿童而言,劳动童子团作为少儿组织的价值也需要时日才能充分显现。1927 年 2 月,潮梅海陆丰劳动童子团第一次代表大会发布的"宣传训练问题决议案"中提及:

> 此时工农群众大多数尚未了解组织劳动童子团的意义与内容,即一般儿童亦未能明了劳动童子团是自己娱乐学习的机关。至各地已有组织的童子团的训练,又是异常缺乏。况且这个社会,处处莫不布满了土豪劣绅,所谓风水、宗族、个人、地方、命运主义,以及基督教之种种引诱宣传兴奋,欲以此反动思想盘踞于我儿童们嫩弱的脑根的时候,其对于宣传教育工作,尤为迫切。④

文件专门列出"对外的宣传工作"和"对内的教育工作"若干,同期发布的"组织问题决议案"强调劳动童子团的工作如下:

> 本团经常工作为体操、游戏娱乐、唱歌、旅行、读书、识字、散发各种宣言传单、贴标语、贩卖各种革命书报、维持各种集会内会场秩序、服务及参加群众运动等。⑤

2 月 23 日,潮梅海陆丰劳动童子团第一次代表大会筹备处印发《劳动儿童团简章》,当中就团员、组织、集会、训练、规约、经费等做出细致规定。⑥ 在着力促进劳动童子团发展的同时,大会还考虑到广大贫苦儿童的利益和愿望,发布有关改良

---

① 中国共青团的过去与现在[G]//中国新民主主义青年团中央委员会办公厅.中国青年运动历史资料 1928.内部发行,1957:498.
② 同①:498-499.
③ 参见赵宗钰给保和兄的信——关于童子团的性质和任务问题[G]//中国新民主主义青年团中央委员会办公厅.中国青年运动历史资料 1928.内部发行,1957:4-5.
④ 宣传训练问题决议案[G]//广东省档案馆,广东青运史研究委员会,广东省教育厅体卫处.广东青少年军体教育历史资料(1919—1949).广州:广东省供销学校印刷厂,1994:98.
⑤ 组织问题决议案[G]//广东省档案馆,广东青运史研究委员会,广东省教育厅体卫处.广东青少年军体教育历史资料(1919—1949).广州:广东省供销学校印刷厂,1994:95.
⑥ 劳动儿童团简章[G]//广东省档案馆,广东青运史研究委员会,广东省教育厅体卫处.广东青少年军体教育历史资料(1919—1949).广州:广东省供销学校印刷厂,1994:99-103.

童工生活、读书、娱乐等问题的决议案。①

在特殊的历史背景下,部分地区的劳动童子团还直接参加到武装斗争当中。1926年到1927年,上海工人先后举行三次武装起义,上海的劳动童子团员与起义队伍一同冲锋陷阵,②1927年1月,武汉劳动童子团参加收回英租界的斗争。③"这似乎超出了少年儿童年龄特点的范围之外,不是他们力所能及的。"④但若生活在沉重的剥削压迫之下,也只有投身革命的洪流中才能争得权益,掌握自己的命运成为"未来的主人"——"革命者必须在革命熔炉中自觉经受锤炼,不在广阔天地里经受实际斗争锻炼是难以成长出一代革命者来的"⑤。

第四节 儿童运动的"改造"⑥

1927年,第一次国共合作破裂对劳动童子团运动造成了极大的冲击。"武汉政变后因团之转入秘密状态,本来在群众中有重大的政治影响,且数量达十二万的童子团的组织便在各城市中完全涣散了。"⑦1928年6月,中国共产党在莫斯科召开了第六次全国代表大会,"会上分析了大革命失败后的政治形势,制定了争取群众、准备武装起义的基本策略方针"⑧。为贯彻这一策略方针,是年7月召开的中国共产主义青年团第五次全国代表大会上通过《儿童运动工作决议案》。这份《儿童运动工作决议案》首先肯定,在过往的儿童运动中,广大儿童群众发挥了"伟大的力量",继而指出过去儿童运动存在着"组织散漫而缺乏经常性""缺乏教育与训练""对学徒、小学学生和无业儿童工作很少注意,并且在产业童工中亦未努力去工作"等缺点,继而界定了劳动童子团⑨的性质与组织原则,最后提出"今后的工作方

---

① 广东省档案馆,广东青运史研究委员会,广东省教育厅体卫处.广东青少年军体教育历史资料(1919—1949)[G].广州:广东省供销学校印刷厂,1994:94-97.
② 郑洸,吴芸红.中国少年儿童运动史[M].天津:天津人民出版社,1992:37-39.
③ 同②:49.
④ 同②:39.
⑤ 同②:59.
⑥ 儿童运动决议(草案)——根据少共国际执委决议与国际儿童局来信改造儿童运动(1930年12月11日)[G]//中国妇女管理干部学院.中国妇女运动文献资料汇编第一册(1918—1949).北京:中国妇女出版社,1987:255-256.
⑦ 中国共产主义青年团第五次全国代表大会文件政治任务决议案[G]//中国新民主主义青年团中央委员会办公厅.中国青年运动历史资料1928.内部发行,1957:151.
⑧ 同②:64.
⑨ 文件末尾写明"大会委托新中央从速制定劳动童子团组织法与章程",而文件之前使用的是"童子团"简称,这里使用"劳动童子团"的全称。参见中国共产主义青年团第五次全国代表大会文件儿童运动工作决议案[G]//中国新民主主义青年团中央委员会办公厅.中国青年运动历史资料1928.内部发行,1957:200.

针"。①

基于对少年儿童群体的高度关注,以及前期的儿童运动、少儿组织经验,这份《儿童运动工作决议案》确立了"简单适合儿童的生活为原则",继而面向不同生活环境下的儿童制定相应工作方针。这些工作方针提出要训练"儿童干部"的想法:

> (十一)我们应在儿童群众中提出积极分子,组织特别儿童干部班,训练他们成为将来儿童运动中的工作人才。②

还有少儿组织之间如何衔接的想法:

> (十二)劳动童子团应经常输送勇敢分子到少年先锋队中去。③

值得注意的是,这些工作方针考虑到如何给予少年儿童恰如其分的教育和组织。对于广大的街道无业儿童,"我们应采用各种体育式的游艺式的组织(唱歌队、球队、旅行团等),把他们组织起来,用合乎儿童兴趣的各种方法去教育他们阶级意识";对于农村小学生,"利用学生的自治会运动组等名义把全校学生组织起来,对外利用学校名义发起各种性质的儿童集会或儿童组织,来吸收广大的农民子弟"。面向儿童的宣传教育工作可以"举行讲演会、办平民学校、作识字运动,反对旧礼教的思想及一切宗教运动、贩卖革命书报、出壁报画报和各种歌谣";面向儿童的娱乐和体育工作则有"采用小学校体育材料及带有童子军的军事技术,施以军事教育及体育,如照常会操守卫运动等,游艺进行唱歌、游戏、旅行、参观、娱乐等娱乐工作"。正如这份决议案中所言:

> 我们在儿童运动中须以积极启发式的、合于儿童心理的各种方法教育儿童群众,施以共产主义的教育,灌输浅近的政治常识,打破一切旧礼教的习惯,训练儿童的活动能力,养成儿童有团体生活之观念和习惯,训练儿童的活动能力,使他们能够促进父兄的革命性和打破一切宗法社会的恶习惯。④

以今天的眼光来看,无论是积极启发式、合于儿童心理的教育方法,还是必有的、基础的共产主义教育,以及对于儿童活动能力、集体生活观念和习惯等,这样的儿童教育方法、内容乃至理念都体现出进步的特征。

1929年11月30日,共青团中央关于劳动童子团工作发表通告,首先明确共产主义儿童运动的意义和目的在于"教育社会主义未来的主人,培养不断的革命人才,做成为革命而斗争的战士的后备军",继而指出第一次国内革命战争失败后各级团部对于儿童运动工作的忽视。鉴于劳动童子团在以往革命斗争中发挥的作

---

① 中国共产主义青年团第五次全国代表大会文件儿童运动工作决议案[G]//中国新民主主义青年团中央委员会办公厅.中国青年运动历史资料 1928.内部发行,1957:197-200.
② 同①:198.
③ 同①:198.
④ 同①:198.

用,以及"它是儿童的革命情绪与儿童的活泼组织方式",共青团中央提出目前儿童工作的总路线：

> 在发动日常特殊利益斗争的基础上,动员广大的童工学徒群众,用最灵活的组织方式和工作方法去组织他们,在经常的斗争中培养他们的革命意志,特别是娱乐游戏方法的配合,在这中间进行文化教育,促进他们阶级的政治认识。①

与1928年7月发布的《儿童运动工作决议案》相承接,这份通告就对不同地区如轻工业集中的城市、农村、街坊、苏维埃及游击斗争区域等工作环境,简要分析了这一路线的具体运用。②

1929年,资本家盲目扩大生产引起生产过剩,引发资本主义世界的经济危机。少共国际执行委员会召开全会,认为"在资本主义危机的第三时期到来的形势下,少共国际及各国团的工作必须转变,以争取工人阶级的大多数,特别是青年工人的大多数"③。会议通过题为《共产主义儿童运动的形势与其急务》的决议案,先指出当下世界各国儿童运动"数量上比党比团还要薄弱""不很好地配合着儿童的心理"等"绝对难以令人满意"工作现状,以及共产主义儿童运动所面临的"敌人的危险是日复一日地增加";进而提出需要对儿童运动"下最大的决心,并需要在儿童运动中,坚决地执行转变",转变之先在于"从目前大部只作教育工作的状况,转变到斗争和群众工作上去"。④ 1930年6月24日,国际儿童局给共青团中央的信中写到：

> 你们并没有分门别类的儿童团组织,在广大的童工群众中,并没有系统的工作,儿童团的组织(如上海)只包含了一些选择过的童工,而广大的群众本身并未组织在内,有许多可以建立半公开儿童团的机会,你们没有利用;对于各大城市中被反动势力所破坏的儿童组织,也没有下很大的决心去恢复它起来。最后,中央的指导与当地干部的领导,完全是不够的。⑤

我们的共青团中央也坦言：

> 全国青年工农群众,正在急迫地要求组织,要求对他们斗争和工作之正确领导。这也正是团的最迫切的任务。但是,团对于组织青工群众领导青工斗

---

① 中国共产主义青年团中央通告五字第七十号——关于劳动童子团工作[G]//中国共产主义青年团中央委员会办公厅.中国青年运动历史资料1929(7月—12月).内部发行,1958:510.
② 同①:510-512.
③ 郑洸,吴芸红.中国少年儿童运动史[M].天津:天津人民出版社,1992:71.
④ 共产主义儿童运动的形势与其急务——少共国际执委全会决议案[G]//中国共产主义青年团中央委员会办公厅.中国青年运动历史资料1929(7月—12月).内部发行,1958:623-624.
⑤ 国际儿童局致共青团中央书[G]//中国共产主义青年团中央委员会办公厅.中国青年运动历史资料1930(1月—6月).内部发行,1959:681-682.

争的最好方式的青工部,并没有很好地去进行,至今全部青年工人组织在我们领导下的只有3000,劳动童子团只在上海有一点微弱的组织(童子团不及300人)和工作,农村青年的组织(少年先锋队、童子团),全团只有300000人左右(并且是偏于广东的东江,湖北的鄂西、鄂东、鄂东北,江西的西南、东北,福建的西部,湘鄂赣边)……(上海童子团罢工参加"五一"示威的极少,香港的一点弱小的青工组织简直没有工作可做;湖北、广东、江西的少年先锋队在农村斗争中很少工作,扩大红军的事,一点也没有做。)[①]

1930年劳动童子团的组织规模为30万人,相对于1928年12万人的规模仍有所发展,说明1928年《儿童运动工作决议案》儿童工作总路线有所落实。作为儿童工作的延续,1930年,共青团中央发布的通告《拥护全国苏维埃大会》中,把发展少年先锋队和劳动童子团作为"扩大青年群众的组织工作"[②];1930年,共青团中央关于"五一"工作的行动大纲当中,也写入"坚决地去把他厂里的、街道的儿童组织起来""加紧童子团的政治教育"等工作[③]。

据记载,1930年9月,"全闽西赤色区域内的儿童团已普遍建立",在反对旧礼教、破除迷信、改革社会恶习和反封建斗争中发挥重要作用。[④] 1931年的鄂豫皖苏区,"童子团的数量已到111596人"[⑤]。组织数量的增加,需要正确的工作方法和策略,更亟待对于组织成员的引导和教育。1931年的湘赣边区的工作报告中提到,"大约有儿童团员十八万以上",但"有组织无工作",主要原因在于"儿童工作的方法不对,使儿童在工作中得不到兴趣,以致儿童不愿加入劳动童子团";[⑥]皖西北特委的报告中也提出:

> 童子团的组织,在最近是有了相当的发展,但还有强迫儿童加入的现象;童子团工作方式还有些呆板,还没有从游戏娱乐中去提高儿童工作的兴趣;还有些儿童讨厌开会……这些现象,都是童子团乱闹乱轰,队长的胡干,教育的

---

① 共青团中央给全团的一封信——接受少共国际的"致各国团的信"及党中央五月五日来函的决议[G]//中国共产主义青年团中央委员会办公厅.中国青年运动历史资料1930(1月—6月).内部发行,1959:716.

② 中国共产主义青年团中央通告五字第八十二号——拥护全国苏维埃大会[G]//中国共产主义青年团中央委员会办公厅.中国青年运动历史资料1930(1月—6月).内部发行,1959:267.

③ 共青团中央关于"五一"工作行动大纲[G]//中国共产主义青年团中央委员会办公厅.中国青年运动历史资料1930(1月—6月).内部发行,1959:287.

④ 共青团闽西第一次代表大会关于儿童运动问题决议案(1930年9月23日)[G]//中共龙岩地委党史资料征集研究委员会,龙岩地区行政公署文物管理委员会.闽西革命史文献资料第4辑.龙岩:中共龙岩地委党史资料征集领导小组,1983:145.

⑤ C.Y.鄂豫皖苏区中央分局报告[G]//中国共产主义青年团中央委员会办公厅.中国青年运动历史资料1931.内部发行,1960:406.

⑥ C.Y.湘鄂赣区特委由鄂东给少共报告[G]//中国共产主义青年团中央委员会办公厅.中国青年运动历史资料1931.内部发行,1960:185.

缺乏。①

不仅是"有组织无工作""教育的缺乏",1929年到1930年,红色少儿组织还一度出现过"抹煞儿童组织性质和任务的纯军事化倾向","一味让儿童去作侦探、搞暴动、代替政治保卫局作检查逮捕等工作,甚至有取消儿童工作的现象"。②

由上可见,从20世纪20年代末到30年代的最初,中国儿童运动工作的实际状况在于:从数量上看,城市地区的劳动童子团组织未有得到恢复,农村地区的"红色"少儿组织在数量上有所增长;就组织工作而言,"专注意政治,而忽略了教育意义","工作方法与方式全像党的一样,结果妨碍儿童运动的发展",③儿童的组织和运动有待于进一步调动儿童的兴趣和参与意愿,"对于儿童运动干部的'任其自然',不注意培养,以及儿童运动系统的至今没有建立起来"④。以上都是中国儿童运动亟待"改造"的背景和缘由。1930年6月的国际儿童局来信中还指出,"加强领导以及领导干部的问题是特别迫切而且严重的问题",要解决这一问题,首先必须"建立一个有力的中央局(儿童局)成为中央委员会的一部分"。⑤ 基于国际儿童局的建议,共青团中央对儿童工作做出进一步计划⑥,并考虑组织劳动童子团联合会,"由中央以至各地团部必须成立'儿童局'"⑦,这是1932年苏区中组建各级儿童局的由来⑧。

1930年12月11日,根据少共国际执委决议和国际儿童局来信的精神,共青团中央就中国儿童运动的"改造"先提出一份《儿童运动决议(草案)》,当中写到:"必须根据少共国际的决议,来重新确定儿童运动的性质和任务、组织原则,根据这些来改组儿童运动"。⑨ 1931年6月17日,共青团中央正式发布关于儿童运动的决议案,首先肯定劳动儿童对于中国革命的极大作用,"儿童在产业中地位增高,就使儿童在革命中的作用也增高起来"。继而明确共产主义儿童运动的性质和任务:

---

① 皖西北特委报告[G]//中国共产主义青年团中央委员会办公厅.中国青年运动历史资料1931.内部发行,1960:363.

② 郑洸,吴芸红.中国少年儿童运动史[M].天津:天津人民出版社,1992:73.

③ 为成立苏区团中央分局的任务致小关同志的指示信[G]//中国共产主义青年团中央委员会办公厅.中国青年运动历史资料1930(7月—12月).内部发行,1960:160.

④ 儿童运动决议(草案)——根据少共国际执委决议与国际儿童局来信改造儿童运动(1930年12月11日)[G]//中国妇女管理干部学院.中国妇女运动文献资料汇编第一册(1918—1949).北京:中国妇女出版社,1987:255.

⑤ 国际儿童局致共青团中央书[G]//中国共产主义青年团中央委员会办公厅.中国青年运动历史资料1930(1月—6月).内部发行,1959:684.

⑥ C.Y.中央局六、七两月份的工作计划[G]//中国共产主义青年团中央委员会办公厅.中国青年运动历史资料1930(1月—6月).内部发行,1959:727-729.

⑦ 为成立苏区团中央分局的任务致小关同志的指示信[G]//中国共产主义青年团中央委员会办公厅.中国青年运动历史资料1930(7月—12月).内部发行,1960:160-161.

⑧ 吴广川,韩振东,陈凌云.少先队工作辞典[M].长春:吉林人民出版社,1989:26.

⑨ 同④:255.

共产主义儿童运动,是用儿童所了解的方法(唱歌、图画、游艺、体育、故事,以及参加阶级斗争)来教育劳动儿童(八岁至十四岁)以共产主义。①

方法均为"儿童所了解的方法",但不同区域开展共产主义儿童运动的任务有所区别:

一方面在苏维埃区域中,用儿童所了解的方法,教育劳动儿童拥护苏维埃与红军,拥护土地革命,参加反对地主、富农的斗争,同时,也改良儿童的生活与教育状况;另一方面,在反动统治区域中,用儿童所了解的方法,教育劳动儿童反对国民党的反动统治,及反对帝国主义,参加阶级斗争,改善自己的生活,和拥护苏维埃与红军。②

这份关于儿童运动的决议案随即指出"忽左忽右"的"错误倾向":

检查一年来的儿童运动,我们可以见到右倾机会主义,与"左"倾的立三路线,是密切的交织着,而且混合着。立三路线把儿童团当作"暴动队",这种未之前闻的办法,就爽快地取消了儿童团,完全不顾儿童团中的共产主义教育工作,以至儿童团员不知道共产主义是什么,从儿童团中吸收团员的工作,就完全没有。"左"倾的立三路线,就得出这样右倾的结果。

同时,儿童运动中,还存在着许多不可容忍的右倾与"左"倾现象……这些都是儿童运动中极严重的错误倾向。③

并进一步指明苏区儿童运动的任务:

1. 组织统一的"共产主义儿童团",除了地主、富农与资本家的儿童以外,工农的儿童皆可加入。儿童团的标志是红领带,儿童团的口号是"准备着,时刻准备着!"儿童团的仪节是举手礼(举右手过头,伸五指手心向左)。

2. 各级团部之下设立儿童局。应以年龄较长的团员来担任此项工作的领导。儿童局的任务,是经常检查儿童团的工作,以及依照党的政策,领导儿童运动。儿童局要团结若干革命的教育家、音乐家、图画家、体育家与儿童的父母等在其周围,随时得到他们的帮助。

3. 儿童团的组织,不应当如军队那样严格的编制,可以以村为单位,每村一队,人数过多的地方,则分为数队。儿童团的下级领导者,必须是团员。苏区中应特别注意吸收女团员来进行此项工作。

4. 至迟到本年底各苏区必须举行全区儿童团野营一次。事先应有充分

---

① 团中央关于儿童运动决议案(一九三一年六月十七日团中央局通过)[G]//中国共产主义青年团中央委员会办公厅.中国青年运动历史资料 1931.内部发行,1960:229.
② 同①:229.
③ 同①:229-230.

的准备。这野营要在最好的一区举行,各区各县派代表数十人,或若干队前来。①

自此,共产儿童团成为苏区最常用的少儿组织名称,其组织要素和组织系统也渐趋完整。早在1926年,《儿童运动决议案》中提出"预备好"口号;之后的《劳动童子团简章》中确立"准备着打倒帝国主义!准备着打倒军阀!准备着做全世界的主人!"的口号,当时的劳动童子团团歌也为《时刻准备着》;1931年,更为简洁明了的"准备着,时刻准备着!"被确立为共产儿童团的口号。"时刻准备着"在少年儿童中口耳相传,成为共产主义教育最光荣而有力的口号。

依据1931年共青团中央发布的这份《儿童运动决议案》,在反动统治区域,"儿童团的组织不须统一名字,可以各种名称组织起来(体育的、识字的、唱歌的、图画的等),而联合在'儿童团体联合会'之下"②。国民党统治区域开始出现"儿童团体联合会"③,并沿用"劳动儿童团"④的组织称谓。决议案的附件分别规定了国际劳动儿童的仪节、口号和标志。⑤

20世纪20年代末到30年代初,中国的少年儿童运动经历着转变和改造,"作为社会文化现象的一环,对待儿童的方式也许就像走钢索一般,总有各种倾斜摇摆,但又需要平衡"⑥。在转变和改造过程中,共产主义儿童运动的性质得以明确,以共产主义精神教育少年儿童是首要的、基本的任务。20世纪30年代,共产儿童团和少年先锋队在苏区里蓬勃发展,在这些红色少儿组织中,儿童被赋予"红小鬼""皮安尼尔"等身份,这样的组织身份使得他们有别于成年人,有别于同期南京国民政府组织的童子军,至关重要的是,经由身份的赋予,共产主义教育经由组织生活和日常生活深入到广大少年儿童的心中,让他们逐步认识到"时刻准备着"的光荣内涵。

---

① 团中央关于儿童运动决议案(一九三一年六月十七日团中央局通过)[G]//中国共产主义青年团中央委员会办公厅.中国青年运动历史资料1931.内部发行,1960:230-231.
② 同①:231.
③ 吴广川,韩振东,陈凌云.少先队工作辞典[M].长春:吉林人民出版社,1989:26.
④ 同①:232.
⑤ 同①:232-233.
⑥ 熊秉真.童年忆往:中国孩子的历史[M].桂林:广西师范大学出版社,2008:19.

第二章　星火燎原：共产主义的"深入童心"

20世纪30年代，共产儿童团和少年先锋队稳步发展，贫苦儿童的生活尤其是受教育状况得到了明显改善。共产主义的"深入童心"，保障着苏维埃红色政权的巩固，推动着中国少年儿童运动的前行。在中日民族矛盾上升为中国社会主要矛盾的特殊年代，抗日救亡的儿童工作路线使得全中国的少年儿童得到前所未有过的大动员。从组织名称到工作开展，各地的少儿组织或团体都呈现出"适合当时当地的环境"的发展策略。解放战争时期，"少队"与"童团"齐头并进，培养着少年儿童的民主意识和主人翁精神，并在学校教育、社会教育和其他社会活动领域发挥重要功能。中华人民共和国成立前夕，中国共产党领导的青年组织与少儿组织的关系更为明确统一，"少队"与"童团"的合二为一为中国少年儿童队的建立奠定基础。

第一节　"红小鬼"与"皮安尼尔"

一、关于"少年先锋"的追溯

在著名的《西行漫记》一书中，埃德加·斯诺记录了自己在1936年6月至10月对中国西北革命根据地进行的实地考察，在这些记录中，有一部分是专门描写"红小鬼"的，"红军里有许多像他一样的少年"，这些"红小鬼"共同拥有一个光荣的称号——"少年先锋队员"：

> 少年先锋队员在红军里当通讯员、勤务员、号手、侦查员、无线电报务员、挑水员、宣传员、演员、马夫、护士、秘书甚至教员！有一次，我看见这样的一个少年在一张大地图前，向一班新兵讲解世界地理。我生平所见到的两个最优美的儿童舞蹈家，是一军团剧社的少年先锋队员，他们是从江西长征过来的。①

前文提到，苏联于1922年组织10到16岁儿童成立革命少年先锋队，"少年先锋队"的组织名称包括"少年先锋"这一名词随后传入中国，得到中国革命者的青睐。1925年，上海出版的《中国青年》第4卷第100期中，介绍了苏联《少年先锋》的歌词和歌谱——"我们是工人和农人的少年先锋队"，并向中国的革命青年提出殷

---

① 埃德加·斯诺.西行漫记[M].董乐山，译.北京：生活·读书·新知三联书店，1979：299.

切希望：

> 把这歌送到亲爱的中国革命青年的耳鼓里，我们希望借每一位革命青年的歌喉，把它灌输到在任何时任何地的青年群众中去！亲爱的革命青年们，是时候了，是走上前去呵，曙光在前，同志们奋斗！①

1926年9月1日，共青团广东区委会印刷《少年先锋》②旬刊：

> 只看他一张封面里，就很足以使人兴奋的了。一个在怒马上的青年战士，举着剑，在硝烟弹雨、人马杂沓里向前直冲！
>
> 少年先锋的文字是短劲的，一句一字都不是浪费的。尤其是代英的文章，好像只绣花针，只一刺就刺破了个大气球。
>
> 内有评论、研究、诗、小说、通信等，都是很有趣味的。
>
> ……③

在广东地区，"少年先锋""先锋队"这样的红色话语迅速传播开来。1926年9月26日发布的《省港劳动童子团联合会宣传大纲》，开篇即写到："这一班大多数的劳动儿童，是未来社会革命的先锋队。"继而赞扬到：

> 劳动童子团团员的工作，大概每早便起身体操，有政治训练、游戏、读书，并且出来参加社会活动，服务于无产阶级，真值得说是"少年先锋"队！④

除了直接把劳动童子团的团员比作"少年先锋"，当时流传的《普宁童子歌》的歌词里，已经看到依据年龄来区分和衔接"少队""童团"的组织设计：

> 童子团，面红红，
> 做革命，真勇敢，
> 大个入少队，
> 细个入童团，
> 喊声冲，气汹汹，
> 遇着反动派，
> 一直打冲锋。
> ……⑤

---

① 少年先锋[J].中国青年,1925,4(100):32.
② 1931年1月，《少年先锋》又成为苏区少年先锋队中央总队部机关报的名称。参见吴广川,韩振东,陈凌云.少先队工作辞典[M].长春:吉林人民出版社,1989:42.
③ D.Y.介绍"少年先锋"[J].中国青年,1926,6(15):424.
④ 省港劳动童子团联合会宣传大纲[G]//广东省档案馆,广东青运史研究委员会,广东省教育厅体卫处.广东青少年军体教育历史资料(1919—1949).广州:广东省供销学校印刷厂,1994:69.
⑤ 普宁童子歌(一战时期)[G]//广东省档案馆,广东青运史研究委员会,广东省教育厅体卫处.广东青少年军体教育历史资料(1919—1949).广州:广东省供销学校印刷厂,1994:78.注:此处"一战时期"指"第一次国内革命战争时期"。

少年儿童的年龄跨度较大,同步组织少年先锋队和劳动童子团并做好两个少儿组织的衔接,确实是动员和组织少年儿童的好办法。因此,1928年《儿童运动工作决议案》中有"劳动童子团应经常输送勇敢分子到少年先锋队中去"的提议。20世纪30年代,苏区共产主义儿童运动蓬勃开展,少年先锋队、共产儿童团的组织设计都逐渐细致,"这些基层组织,实际上都是对各年龄阶段成员进行不同程度军事与政治训练的'学校'"①,通过年龄阶段的递进以及军事政治训练的深入,"少队"与"童团"之间实现着衔接。

二、"少队"与"童团"的衔接

1930年,中共中央召开全国苏区地方军事会议,说明少年先锋队的入队资格是16岁到23岁的工农青年。② 1931年12月19日,湘赣边区第一次少年先锋队代表大会通过《少年先锋队组织和编制决议案》,界定少年先锋队是"劳动青年群众半军事的组织,是争取青年特殊利益的斗争组织。同时是文化教育的组织,是军事训练的组织,是红军的后备军"。③ 还有地区对城市、农村地区少年先锋队的组织和任务加以详细说明:

> 少年先锋队(在城市方面)是一般青年工人武装自卫的、广泛的、群众组织,且应有日常的军事政治训练及工作。其责任是对付虐待青年的工头,对付破坏罢工的工贼,示威时夺取街道,保护革命的讲演人,为保障工人阶级武装暴动胜利,他要积极地参加暴动。在每个城市中应建立少先队总队部,赤色工会青工部经过工会系统去发展少先队的工作,在行动时应受工人纠察队的指挥,少先队的武装训练要着重于调动集合与初步的武装常识(放枪姿势、瞄准的方法……)。但同时不能减轻政治教育工作,要加紧对少先队的领导,加紧城市少先队对农村少先队的领导,整个的少先队要有集中的系统,在各城市、各区,各县应有少先队的总部,在苏维埃区应有苏维埃区的赣东北的少先队总队部。④

可见此时的城市少年先锋队,主要由青年工人组织,日常接受政治教育、军事训练,帮助工人武装起义。

> 在农村中的少先队是一般青年劳动农民武装自卫的群众组织,在农民斗争中它要对付收捐收税的吏胥,对付收租收债的人,对付虐待劳动青年的地主

---

① 陈桂生.中国革命根据地教育史(上)[M].上海:华东师范大学出版社,2015:274.
② 孔永松,林天乙,戴金生.中央革命根据地史要[M].南昌:江西人民出版社,1992:128.
③ 皇甫束玉,宋荐戈,龚守静.中国革命根据地教育纪事 1927.8—1949.9[M].北京:教育科学出版社,1989:52.
④ C.Y.赣东北特委通告——关于少年先锋队组织法及其任务[G]//中国共产主义青年团中央委员会办公厅.中国青年运动历史资料 1931.内部发行,1960:112.

店东,保护劳动农民的革命行动,直到为保护农民武装暴动的胜利而积极参加暴动。少先队的总队部在乡村工会青工部的领导下应与青年农民代表会发生密切的联系与合作。少先队的组织在东北成立赣东北总队部,各县成立各县总队部(总队之下为区),各区成立总队,区总队之下为乡,各乡成立中队,中队之下为村,各村成立支队(指大村而言,小村不在此内)或分队(如大村成立支队,则分队受支队指挥),分队人数十至十四人,不管几个分队成立一个支队,不管几个支部成立一个中队,不管几中队成立一个区总队,不管几个区总队成立一个县总队,各队队长须由代表大会或大会选举之,其余一切可照特委第×号通告去执行。①

相对城市少年先锋队,文件就农村少年先锋队的组织系统提出更为细致的要求。

1931年《儿童运动决议案》发布后,1932年1月的苏区共青团第一次代表大会上通过《苏区团第一次代表大会儿童运动决议案》,当中进一步明确任务:

苏区共产主义儿童运动是要实现劳动儿童的利益,用儿童所了解的方法来教育他们以共产主义,并且领导他们用他们能力所及得到的方式参加革命斗争——这样使儿童成为将来继续革命事业的战士和共产主义社会的建设者。②

首要的是"劳动儿童的利益",继而强调运用"儿童所了解的方法"开展共产主义教育,并注意到应当让儿童"用他们能力所及得到的方式参加革命斗争"。这既是革命根据地已经建立苏维埃政权的缘故,也体现了成人深刻认识到,开展儿童运动以及一切儿童工作都应当遵循儿童身心发展特征的规律。不符合儿童能力、不实现儿童利益的运动或组织,都难以动员最广大的少年儿童。

这份决议案还提出目前苏区共产主义儿童运动的十项任务,首要任务即是关注劳动儿童的权益:

完全实现苏维埃革命中规定劳动的儿童的利益。十四岁以下的儿童禁止受人雇佣。反对儿童在家中作过度的劳动及受打骂。为要实现这个任务,团要经常注意向劳动儿童的父母进行解释工作。③

继而提出"领导儿童入学读书,是团目前在儿童运动中主要任务之一";第三条则是依照少共国际的规定改变儿童团的组织系统。如图2-1所示,苏区共产主义儿童运动的组织系统附属于各级共青团,"少队"即苏区少年先锋队组织也由儿童局下的

---

① C.Y.赣东北特委通告——关于少年先锋队组织法及其任务[G]//中国共产主义青年团中央委员会办公厅.中国青年运动历史资料1931.内部发行,1960:112-113.
② 苏区团第一次代表大会儿童运动决议案[G]//中国共产主义青年团中央委员会办公厅.中国青年运动历史资料1932(1月—5月).内部发行,1960:130.
③ 同②:131.

儿童委员会领导,这在一定程度上已开启当代中国少先队所强调的"全团带队"传统。

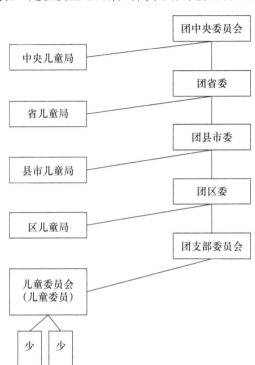

图 2-1 苏区共产主义儿童运动的组织系统(1932 年)

各级儿童局与儿童委员会的任务在于:

> 儿童局与儿童委员会应当团结一些革命的教师、体育家、歌舞家、音乐家、图画家及革命的儿童父母在自己的周围帮助工作,儿童运动中要彻底废除过去立三主义的专作兵暴的方式。要经常作政治的和军事的文化的游戏、唱歌、跳舞、听故事、看图画等。同时必须坚决反对过去不注意儿童清洁及健康的倾向,要在革命的儿童父母的帮助之下进行。①

儿童可以承担的具体革命工作为:

> 团要领导儿童用他能力所及的方法参加一切革命工作。同时要注意领导他们在家庭中的工作。儿童所特别适宜的工作,如像宣传扩大红军……,鼓励父母兄弟参加苏维埃选举,牧牛,帮助春耕,宣传反对帝国主义与保护苏联,宣传国民党与一切反动派别的罪恶,宣传合作社运动,鼓励父兄交税,进行节省运动,募捐救济灾荒,举行读书运动,提倡卫生清洁运动与防疫工作,反对烟

---

① 苏区团第一次代表大会儿童运动决议案[G]//中国共产主义青年团中央委员会办公厅.中国青年运动历史资料 1932(1 月—5 月).内部发行,1960:133.

酒,反对迷信等要经常举行。①

在苏区共产主义儿童运动的十项任务当中,"儿童运动的广大发展是目前迫切的需要",但共产儿童团主要面向"劳动儿童","富农地主等剥削者的儿童没有加入儿童团的资格"。② 共产儿童团的标志、口号与敬礼要完全统一起来,"并且使每个儿童团员都熟记标志口号与敬礼的意义",这有利于红色组织文化的构建,也是共产主义"入心"的前提。此外,筹备儿童运动干部训练班、经常出版儿童刊物供劳动儿童阅读、举行苏区儿童大检阅等任务的布置和落实,都将推动苏区共产主义儿童运动的稳步前行。

1932年5月5日,苏区少年先锋队第一次代表大会通过的《苏维埃区域少年先锋队章程》中,也绘制了从中央、省、县、区到乡(工厂市街道)各层级的苏区少年先锋队组织系统表。

如图2-2所示,在苏区少年先锋队组织的纵、横层面都已看到相应的层级,不同层级、不同位置的少年均有少年先锋队员这一共同的身份,尽管服务于各级队部、队部下的"各科或委员会",共同的"行为规范"在于,"遵守纪律是每个队员及各级队部的最高任务"。③

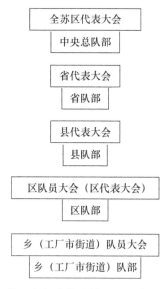

图2-2 苏区少年先锋队的组织系统(1932年)④

---

① 苏区团第一次代表大会儿童运动决议案[G]//中国共产主义青年团中央委员会办公厅.中国青年运动历史资料1932(1月—5月)[G].内部发行,1960:133.
② 同①:133.
③ 苏维埃区域少年先锋队章程[G]//中国共产主义青年团中央委员会办公厅.中国青年运动历史资料1932(1月—5月).内部发行,1960:518-520.
④ 同③:519.

第二章 星火燎原：共产主义的"深入童心"

1932年后，随着苏区共产主义儿童运动的有序推进，"少队"和"童团"均迎来发展高峰，时人追忆：

> 随着分田工作的深入展开，苏区各地儿童踊跃参加共产儿童团。至1932年底，凡是苏维埃政权可以稳定运转的乡镇，几乎所有劳动家庭的儿童都加入了儿童团。超过年龄的男儿童团员一般直接转入少先队，同时又有新的适龄孩子不断补充进来。地主子女是不允许加入的，昔日他们趾高气扬，随意欺辱穷孩子，此刻则变得灰溜溜的，站在远处羡慕地看我们练队列、排节目。①

毛泽东在《兴国调查》《长冈乡调查》中也提到关于"少队""童团"的调查，尤其是1933年的长冈乡：

> 七岁至十五岁的入儿童团，百分之八十加入了，未加入的多是七岁（因小）及十五岁的（因入了少队，本应十六岁才入少队，但有些"肯长"的加入得早），未加入的，女孩较多。②

从这两份材料可以看出，苏区的红色少儿组织呈现出鲜明的阶级性质。共产儿童团和少年先锋队之间主要依据年龄进行衔接：7—15岁且是"劳动家庭的儿童"加入共产儿童团，超过年龄或有些"肯长"的儿童则直接转入少先队。再看表2-1所示的1932年8月江西部分地区共产儿童团、少年先锋队的数目统计。

表2-1　江西部分地区共产儿童团、少年先锋队数目统计（1932年8月）③

县名	儿童数	共产儿童团团员数	共产儿童团团员占儿童总数百分比	青年数④	少年先锋队队员数	少年先锋队队员占青年总数百分比
兴国	29163	28714	98.5%	28345	27645	97.5%
万泰	10223	10223	100%	/	5354	/
于都	/	106850	/	/	16040	/
胜利	22027	20850	94.7%	19108	15666	82.0%
赣县	15479	15479	100%	/	11479	/
公略	14253	13929	97.7%	10735	10127	94.3%

---

① 彭富九.回忆苏区儿童团（一）[J].百年潮，2011(2)：36.
② 毛泽东.农村调查[M].北京：高级党校中共党史教研室，1961：126.
③ "/"部分，原文即空白；关于共产儿童团的数目统计，"宁都、石城、寻邬、安远、宜黄等县没有统计"；关于少年先锋队的数目统计，万泰县"有一区未统计"，赣县"各乡都组织了，无具体统计"，公略县也如此。参见CY江西省全省组织统计表（1932年8月26日）[G]//江西省档案馆，中共江西省委党校党史教研室.中央革命根据地史料选编（下册）.南昌：江西人民出版社，1982：739-742.
④ 依据原文表Ⅳ"少先队统计表"提供的"未加入少先队青年"计算得出。参见CY江西省全省组织统计表（1932年8月26日）[G]//江西省档案馆，中共江西省委党校党史教研室.中央革命根据地史料选编（下册）.南昌：江西人民出版社，1982：739.

续表

县名	儿童数	共产儿童团团员数	共产儿童团团员占儿童总数百分比	青年数①	少年先锋队队员数	少年先锋队队员占青年总数百分比
瑞金	35763	32924	92.1%	27575	25374	92.0%
乐安	1838	1699	92.4%	3482	3068	88.1%
永丰	16732	9896	59.1%	/	14906	/
南广	/	6653	/	/	/	/
会昌	/	/	/	/	7406	/

自 1931 年红军粉碎国民党军队第三次"围剿"后，逐步形成以江西瑞金为中心的中央革命根据地。如果对照 2013 年中共中央党史研究室下发的文件《关于原中央苏区范围认定的有关情况》，可以见到表 2-1 中的多个县城均属于彼时的"中央苏区范围"。在这些地区，"少队"的普及率均为 80% 以上，"童团"的普及率高达 90% 以上。万泰和赣县的儿童全员加入共产儿童团当中，赣县和公略县"各乡都组织了"少年先锋队。

少年儿童的动员、组织和教育，对于苏维埃政权的巩固至关重要。据记载，1935 年 10 月以前，陕西、甘肃一带的儿童团发展还不普遍。于是各级儿童局和儿童工作干部深入农村和小学，进行宣传动员和组织工作，推动共产儿童团的发展。"在建立儿童团的过程中，共青团干部常以政府成员和团组织领导人的双重身份组织男女儿童开会，积极发展 11 岁到 15 岁的青少年参加儿童团。"可以预计的是，共产儿童团最初吸引的都是清一色的男孩子，"因为女孩子很难叫出门，但是儿童团后来还是有了女团员"。② 到 1936 年 4 月底，陕甘地区的共产儿童团员增加到 4 万人以上。③ 为了进一步推动共产儿童团的发展，活跃其工作，苏区中央儿童局决定开展"红五月儿童突击月"活动，举行全苏区共产儿童团大检阅。4 月 27 日，陕甘地区的 4 万共产儿童团团员致信党中央和中央苏维埃政府，热烈响应"红五月儿童突击月"和大检阅活动：

---

① 依据原文表 Ⅳ"少先队统计表"提供的"未加入少先队青年"计算得出。参见 CY 江西省全省组织统计表(1932 年 8 月 26 日)[G]//江西省档案馆,中共江西省委党校党史教研室.中央革命根据地史料选编(下册).南昌：江西人民出版社,1982：739.

② 参见中国少年先锋队甘肃工作委员会.在党旗下成长：甘肃少年儿童运动史[M].兰州：甘肃少年儿童出版社,2000：32. 与之对比的是一份 1931 年的报告里提到，"因为经常输送人到红军中去，现在少先队内十分之八是女子……各地觉得少先队都是小的女的……其他都是不能行动的小脚女队员……"参见 C.Y. 鄂豫皖苏区中央分局报告[G]//中国共产主义青年团中央委员会办公厅.中国青年运动历史资料 1931.内部发行,1960：408.

③ 中国少年先锋队甘肃工作委员会.在党旗下成长：甘肃少年儿童运动史[M].兰州：甘肃少年儿童出版社,2000：37.

洛甫同志转共产党中央,博古同志转中央政府,恩来同志转全体红军部队:

迎接目前紧急的战斗形势,我们也要紧急地动员起来,配合我们的前辈,战斗地巩固扩大抗日后方,打倒卖国贼与日本帝国主义。

在共产青年团中央领导下,我们以红色五月为儿童突击月,并于"五卅"(各县、区为单位)、"六十"(全省的)举行全苏区儿童团大检阅!

我们将在红色五月全体地动员做:

一、鼓动大批的爸爸、哥哥上前方当红军,募集8000条手巾慰劳红军哥哥,每人种5棵南瓜慰劳红军家属!

二、努力学习,在5月识100个字。加强我们的体育娱乐工作!

三、扩大我们的1万儿童团,强大我们的小力量!

是的,我们是战斗的准备者,时时刻刻地准备着!我们盼望你们加强对我们的帮助,要求在我们的大检阅时派人指导,要求动员各级党、政府、红军部队送一些美丽的奖品给我们,鼓励我们的优胜者!送给各县的请交各县儿童局,送给全省的请交中央儿童局收,并于6月6日前送到。

致
皮安尼儿敬礼

中央儿童局代表全陕甘4万儿童团员
4月27日①

大检阅、"突击月"这样富有教育性、创造性的活动形式,是中国红色少儿组织在发展历程中所形成的有效经验,在今天的少先队教育中仍然发挥着重要作用。

自劳动童子团运动兴起以来,"时刻准备着"作为广为呼喊的红色口号,早已为苏区少年儿童所熟悉。信中提及要"时刻准备着"的任务,其中所展现出的斗志昂扬,特别是对于党中央、苏维埃政权以及红军的衷心拥护,彰显着共产主义的"渐入童心"。寓意深远的是,1933年苏区所诞生的"我国第一个共产主义的儿童刊物",②同样也被命名为《时刻准备着》。

三、《时刻准备着》

对于儿童来说,阅读不仅意味着识字量和知识积累,更有兴趣、思维的培养以及思想观念的渗透。《苏区团第一次代表大会儿童运动决议案》中提出,苏区共产主义儿童运动的具体任务之一是"中央局与各省委首先是江西与福建,必须经常出

---

① "1936年5月3日,《红色中华报》刊载了这封信的原文。"参见中国少年先锋队甘肃工作委员会.在党旗下成长:甘肃少年儿童运动史[M].兰州:甘肃少年儿童出版社,2000:38.

② 吴广川,韩振东,陈凌云.少先队工作辞典[M].长春:吉林人民出版社,1989:41.

版儿童的刊物,供劳动儿童阅读"①。于是,当时的共青团中央机关刊物《青年实话》从 1932 年的第 20 期开始开辟"儿童栏",之后这一专栏改名为少年先锋队员(Pioneer)的音译——"皮安尼尔",每次约有 3—5 页的篇幅,内容主要是有关儿童运动的新闻以及指导儿童工作的言论。② 1932 年 9 月的一份工作报告中,曾提及湘鄂赣地区劳动儿童的教育工作和阅读状况:

> 对劳动儿童的共产主义教育,比以前是要稍好一点,因儿童局公开直接指示,在各个工作与问题上,要得更进一步的了解。运用识字班的方式亦收到微小成绩。省儿童局的机关报《儿童实话》下层儿童非常欢喜看,并有学校里拿作书本读,可是因经济困难,出版太少,不能完全适应下层儿童的要求。③

1933 年 10 月,在苏区不断扩大、共产主义儿童运动不断发展的形势下,中央儿童局决定以共产儿童团的呼号即"时刻准备着"作为刊名,出版中央儿童局的机关刊物,并作为共产主义儿童运动的指导杂志。④ 对于儿童而言,阅读也是一种"权利",因为儿童能否有适宜的读物代表着他们的生活境况和社会地位。"在我们这里出版了共产主义儿童的刊物,我们应当把这个刊物发展起来,散布到每个乡村中,使每个儿童都看到。这个刊物的种子将产生无数的儿童刊物,如像苏联的儿童所享受的一样,有成千上万的儿童刊物。"⑤

《时刻准备着》创刊号的封面(如图 2-3 所示)上,一个系着红领巾的小男孩在小路上跑步前进,右手拿着一把斧头扛在肩上,充满童趣的是,对面还有只乌龟"翘首以盼"。胡耀邦为创刊号封面配诗如下:

> 你们是勤劳工农的小弟妹,
> 我们是从小做工的苦姐哥,
> 我们都是皮安尼儿,
> 我们要时刻准备着。
> 喂! 你吹打打嘀嘀的号,
> 来,我们齐唱啦啦啦的歌!
> 先努力把这些怪物打掉,

---

① 苏区团第一次代表大会儿童运动决议案[G]//中国共产主义青年团中央委员会办公厅.中国青年运动历史资料 1932(1 月—5 月)[G].内部发行,1960:132.
② 郑洸,吴芸红.中国少年儿童运动史[M].天津:天津人民出版社,1992:98.
③ 关于湘鄂赣工作的报告(1932 年 9 月 3 日)[G]//共青团中央青运史研究室,中央档案馆.中国青年运动历史资料 1932.6—12.北京:中共党史资料出版社,1988:462.
④ "1933 年 10 月 5 日创刊号正式出版。封面为三套色彩印,内文开始为石印,后来改为铅印,32 开本,每期 20 页。发行达八九千份,行销闽赣、湘鄂等红色根据地。一直坚持出版到 1934 年秋,于红军主力长征前夕被迫停刊,大约出了 20 期。"参见郑洸,吴芸红.中国少年儿童运动史[M].天津:天津人民出版社,1992:97-109.
⑤ 吴广川,韩振东,陈凌云.少先队工作辞典[M].长春:吉林人民出版社,1989:41.

再携手向鲜红的苏维埃乐园走！
大家准备好了吗？时刻准备着！①

画中小男孩脖子上所系的红领巾与配诗中的"时刻准备着"，早已是苏区少年儿童以及劳苦大众所熟悉的标志和呼号。"皮安尼尔"被作为苏区里称呼"小弟妹""苦姐哥"等"劳动儿童""无产阶级儿童"的主要方式，"这种带有异域色彩和强烈政治色彩的概念成为发现中国农村儿童为中国革命主体的重要方式"②。只是竖条纹衬衫配露膝短裤这样的"中产阶级儿童穿着打扮"，还是与当时"勤劳工农的小弟妹""从小做工的苦姐哥"的日常形象相去甚远，"这样城乡儿童交错的现象也证明了当时苏区刊物的编者还处于寻找儿童政治及文化标识的过程中"③。但诗中所描写的景象，正代表革命者自己最坚定的理想和他们对"皮安尼尔"以及中国广大少年儿童给予的最殷切期望。

无论是"红小鬼"还是"皮安尼尔"，成人真切在他们身上看到了希望。正如埃德加·斯诺笔下的感触：

图 2-3 《时刻准备着》创刊号封面(1933 年)

> 我觉得，大人看到了他们，就往往会忘掉自己的悲观情绪。想到自己正是为这些少年的将来而战斗，就会感到鼓舞。他们总是愉快而乐观，不管整天行军的疲乏，一碰到人问他们好不好就回到："好"。他们耐心、勤劳、聪明、努力学习，因此看到他们，就会使你感到中国不是没有希望的，就会感到任何国家有了青少年就不会没有希望。在少年先锋队员身上寄托着中国的将来，只要这些少年能够得到解放，得到发展，得到启发，在建设新世界中得到起应有作用的机会。我这样说听起来大概好像是在说教，但是看到这些英勇的年轻人，没有人能不感到中国的人并不是生来腐败的，而是在品格上有着无限的发展

---

① 转引自：郑洸,吴芸红.中国少年儿童运动史[M].天津：天津人民出版社,1992：99.
② 徐兰君.儿童与战争：国族、教育及大众文化[M].北京：北京大学出版社,2015：65.
③ 同②：68.

前途。①

历经"儿童"的发现、"儿童"的动员以后,彼时苏区里有组织的儿童,其角色已实现一次"新"的塑造——"挣脱那个'先天'带来的'孝子'的身份,挣得自己的自由与独立"②。正如徐特立所言:"我们的儿童目前是新民主主义革命的参加者,将来是社会主义建设的主人翁。"③"儿童"的意义不仅是对于个体、家庭、家族或地方的传宗接代、光耀门楣、造福乡亲等,而是真正成为成人的鼓舞、国家的希望,并切实地参与到中国社会的改造中。苏区的少年儿童,其角色发生变化时,他们的童年生活也呈现出别样的、丰富的面貌。

第二节 "团体的生活很热闹"④

一、"小孩干大事"

如前所述,1932年的《苏区团第一次代表大会儿童运动决议案》提出,"团要领导儿童用他能力所及的方法参加一切革命工作"。在1933年1月发布的《苏区中央儿童局关于春季冲锋季中儿童运动的决定》中,共产儿童团的工作任务被细分为拥护红军、拥护苏维埃、争取儿童生活和教育状况的改善、儿童节工作、发展儿童团的组织、健全儿童团的生活等工作任务。⑤ 亲历共产儿童团生活者将当时所从事的工作归纳为以下几项:

> 宣传鼓动,丰富生活;普及文化、开展扫盲;
> 禁烟禁赌、移风易俗;学习军事、掌握本领;
> 站岗放哨、查验路条;通风报信,侦察敌情;
> 收废金属,支援前线;净化空气,纠风尖兵。⑥

流传至今的苏区革命歌谣中,同样记录着"皮安尼尔"们在共产儿童团里的工作和生活,如放哨站岗的纪律严明、相见无私:

> 站岗同志要认真,要把路条查分明,

---

① 埃德加·斯诺.西行漫记[M].董乐山,译.北京:生活·读书·新知三联书店,1979:304.
② 谭元亨.中国儿童文学:天赋身份的背离[M].广州:广东高等教育出版社,2017:4.
③ 《中国学前教育史》编写组.中国学前教育史资料选[G].2版.北京:人民教育出版社,2002:339.
④ 出自《共产儿童课本》(1933年版)第三册第11课《我们农村的组织》:"个人的生活,比不上团体的生活。个人的生活无趣味,团体的生活很热闹。"参见赣南师范学院,江西省教育科学研究所.江西苏区教育资料汇编1927—1937(七)教材[G].内部发行,1985:12.
⑤ 苏区中央儿童局关于春季冲锋季中儿童运动的决定[G]//共青团中央青运史研究室,中央档案馆.中国青年运动历史资料(1933—1934).北京:中共党史资料出版社,1989:7-11.
⑥ 彭富九.回忆苏区儿童团(二)[J].百年潮,2011(4):16-18.

不怕军官(首长)此路过,父母相见无私情。①

如全家动员拥护红军,投身革命:

> 爸爸上战场,姐姐赶鞋忙,妈妈缝战衣,哥哥送军粮,
> 我背红缨枪,村前去站岗,全家闹革命,消灭白匪帮。②

如生产劳动与优军优属:

> 儿童团,儿童团,不怕热来不怕寒,一早起来夹狗屎,
> 晚上回来把炭搬,柴火搬到哪里去,送给军属李大娘。③

还有宣传"节省运动":

> 每人节省一铜钱,帮助红军几万千,
> 巩固发展根据地,工农力量大如天。④

重点来看苏区"皮安尼尔"们的组织生活。据统计,苏区列宁小学使用的六册《共产儿童课本》(1933年版)中,多达17篇出现"儿童团",这些课文中有很多关于"儿童团"的内部构成、日常事务等的介绍。⑤ 第三册课本的第11课《我们农村的组织》,尤为典型地表现着当时农村家庭里每一位成员隶属于不同社会组织的情形:

> 我们农村里,每一个人都有组织:年纪大的,加入赤卫军。年纪少的,加入少先队。年纪小的加入儿童团。
> 我们一家有五个人,爸爸加入了赤卫军,哥哥姐姐加入了少先队,我加入了儿童团;弟弟现在只有六岁,再过一年也要加入儿童团。⑥

在《喜欢什么生活》的课文中,则传递这样的生活理念:

> 个人的生活,比不上团体的生活。个人的生活无趣味,团体的生活很热闹。
> 家庭的生活。比不上学校的生活,家庭生活没兴趣,学校的生活读书唱歌很活泼。⑦

---

① 郑洸,吴芸红.中国少年儿童运动史[M].天津:天津人民出版社,1992:114-115.
② 同①:94-95.
③ 同①:95.
④ 同①:88-89.
⑤ 褚兴敏.《共产儿童读本》价值取向研究[D].宁波:宁波大学,2015:28.
⑥ 需要注意的是,"一家五个人"中并没有提及"妈妈"这一角色隶属的组织。参见赣南师范学院、江西省教育科学研究所.江西苏区教育资料汇编1927—1937(七)教材[G].内部发行,1985:12.
⑦ 赣南师范学院,江西省教育科学研究所.江西苏区教育资料汇编1927—1937(七)教材[G].内部发行,1985:23.

"个人的生活无趣味",年幼的儿童就喜爱成群结伴,步入青春期后的少年更是如此,故而"团体的生活很热闹"。且看1931年"少队"的日常工作:

> 过去少队简单呆板的开会放哨下操几种是不够的,并不能完全适合青年的天性和要求,今后团需要特别注意少队日常生活与工作改良——除规定时间开会下操外,上政治课应加紧识字运动,办识字班夜校,尽可能以区乡为单位开办列宁小学,使青年得免费读书并要注意娱乐工作。少队各级队部开办娱乐部,使一般少队队员经常娱乐,期间以加紧少队的政治军事文化训练。①

还有少年先锋队参加义务劳动的记录:

> 一星期里,要算星期六最忙了。上午,帮助红军家属义务劳动。队里教育队员说:"义务劳动是光荣体面的事。"因此,大家都自觉地参加义务劳动,谁少干了一次,都觉得不光彩。如果正巧星期六有事,第二天一早就自觉地补上,我们也学习红军的样,只干活不受招待,不吃人家的饭,不喝人家的水。每次劳动以后,队部都要总结,公布成绩,好的表扬,差的批评,不过我们谁也不甘落后,你挑一担,我就挑两担。所以,义务劳动无形中就成为劳动竞赛了。②

早在1949年前,苏区少年先锋队在日常的政治军事文化训练之余,积极劳动、乐于助人,这些都是当代中国少先队仍在持续发扬的宝贵传统,也值得当代中小学在开展劳动教育和道德教育过程中加以借鉴。

1933年9月,胡耀邦写作了一篇题为《共产青年团领导之下的苏区共产儿童团三个月来的活跃情形》的文章,当中写到:

> 苏区共产儿童团在共产主义青年团领导之下,继续着红五月的工作热情,进行"八一"与国际青年节运动中两件工作,在工作中收到很大的成绩,这使苏区的共产儿童运动更加开展起来。③

相较于其他地区,苏区少年儿童的角色和任务非常清晰,他们是父母的、家庭的孩子,还是"红军的后备军"、苏维埃政权的巩固者和建设者。成人也清楚认识到,要让儿童加入革命斗争,必须考虑到儿童工作的特殊性。正如1933年11月四省县以上儿童局书记联席会上对于共产儿童团工作的思考:

> 现在儿童工作严格的说来,在参加革命斗争上,如拥护红军与苏维埃工作

---

① 少共赣西南特区委西路分委团特通告第十二号——关于少年先锋队问题[G]//江西省档案馆,中共江西省委党校党史教研室.中央革命根据地史料选编(下册).南昌:江西人民出版社,1982:728-729.

② 赖荣光.在红色摇篮里——回忆苏区共青团生活片段[C]//张爱萍.青年运动回忆录第1集.北京:中国青年出版社,1978:25.

③ 严如平.胡耀邦(1915—1989)第1卷[M].北京:北京联合出版公司,2015:40.

第二章　星火燎原：共产主义的"深入童心"

是有成绩的。然而最重要的，儿童自己的特殊工作，如教育儿童、改善儿童工作、发展组织，都是十分的不够。为什么？因为我们没有把工作中心，为着自己特殊工作而斗争，即是我们儿童工作方针不对。这种作风，可以使儿童（团）不能成为一个阶级教育政治组织。当然不是儿童不谈拥护红军与苏维埃，可是只有为着儿童特殊工作执行，才能领导儿童参加革命战争工作，积极性提高到最高限度。①

儿童以及儿童工作都具有特殊性，群体活动对于儿童的吸引力已经无须多言，据回忆：

> 那时候山村孩子难得上学，集体活动对我们有很大吸引力，尤其男孩子天生喜欢军事游戏，有活动时招之即来，个个踊跃。不过成立之初的儿童团，又有挥之即去、随意性强的特点，搞活动也以模仿大人为主。②

游戏活动理应是组织和教育儿童的着力之处。游戏是儿童的天性、童年的象征，构成了儿童生活的很大部分，与教育有着千丝万缕的联系。人们不断对游戏进行改造，使之成为符合儿童兴趣且具有教育价值的活动或工具。"儿童的生活，除吃饭睡觉以外，最重要的便是游戏，所以寓教育于游戏之中，利用某种游戏来达到某种教育目的的方法，实在是最自然、最聪明而又是最合儿童心理的办法。"③对儿童而言，游戏活动不仅能促进生理健康，更对其社会性发展乃至思想意识形成有着深远影响。"人们教给儿童是非对错，儿童在游戏中这些概念化为实际。"④儿童游戏活动的形式和内容，都是共产儿童团需要精心设计的部分。

将儿童集合起来，运用游戏、唱歌、跳舞、听故事、看图画这些"儿童所了解的方法"来进行共产主义教育一直是共产主义儿童运动的重要任务。在苏区的列宁小学当中，办理儿童俱乐部便是一个很好的举措。1934年，中央儿童局专门下发《儿童俱乐部的组织和工作》，对儿童俱乐部的组织、工作和管理做出规定。儿童俱乐部是"儿童的一个社会工作与娱乐的练习所"，全体列宁小学的儿童应当参加，校外儿童也可以参加。它一般以列宁小学为单位组织，但也可以村为单位吸收该村的一切儿童，或成立该村各小学的联合儿童俱乐部。如图2-4所示，在列宁小学儿童俱乐部当中，一般由学生会文化委员担任主任，再由学生大会选出墙报组、讲演组、运动组、游艺组等组组长各一人，这五人组织成"管理委员会"。⑤

---

① 丕显.目前苏区共产儿童团的工作——四省县以上儿童局书记联席会的总结[G]//共青团中央青运史研究室,中央档案馆.中国青年运动历史资料(1933—1934).北京：中共党史资料出版社,1989：290.
② 彭富九.回忆苏区儿童团(一)[J].百年潮,2011(2)：34.
③ 俞子夷,朱晸旸.新小学教材和教学法[M].福州：福建教育出版社,2006：156.
④ HENRY S. CURTIS. Education through Play[M]. New York：Macmillan Co.，1915：59.
⑤ 儿童俱乐部的组织和工作[G]//汪木兰,邓家琪.苏区文艺运动资料.上海：上海文艺出版社,1985：45.

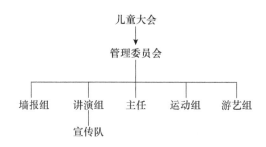

图 2-4　列宁小学儿童俱乐部组织结构（1934 年）

列宁小学儿童俱乐部的文化娱乐活动始终能与政治宣传特别是共产主义教育紧密相连。例如，墙报组的墙报应该注意"党与政府每一个号召的中心任务及适合儿童及学校周围的实际生活的反映"，"要能发扬思想斗争"；讲演组的重要工作是每星期以学校为单位，至少举行政治或工作讲演一次，做好群众宣传工作，"每次宣传队出发或晚会讲演之前，可由教员把最近的'红中''青实'等报讲给宣传队员们听，要他们把报上重要消息或论文或命令等的要点记住，在讲演时传达到群众中去"；运动组领导学生开运动会，动员学生制造各种运动器具，"乡村里的运动会采用 XX 跑马（用三人做马，一人骑马）、射箭、丢石、打手榴弹并采用少队的游戏或用各校选有政治意义的新式游戏"；游艺组的工作是"组织儿童来经常学习新戏、活报、唱歌、锣鼓等"。① 种种活动在调动儿童兴趣、丰富儿童生活的同时，更锻炼着儿童的能力，激发他们政治意识的觉醒。

埃德加·斯诺曾这样解读"红小鬼"的"一颗红心"——"不用问他是不是喜欢他的同志；十三岁的孩子是不会跟着他所痛恨的军队走上六千英里的"②。如其所言，少年儿童最初与革命者相遇，往往是受到革命者身上的伟大品格和精神力量所吸引和感召。当这些少年儿童加入红色少儿组织后，革命者仍不断地用言传身教感染着他们：

> 刘志丹在群众会上讲话，好几次我都在旁边听。那是 1933 年到 1934 年间的事。刘志丹站在高处，手里举起一把筷子，大声地说："我们穷人只要今天这样站在一起，就会像这把筷子一样的结实，我们人越多，就越不容易折断了。"刘志丹的话像火，他一张口，穷人的心里就被点着了。每次听刘志丹讲过话，我的心里就怎么也抹不掉他的影子。我也从那时起学着给人们讲话，人多人少我都有办法……③

---

① "红中"为中央苏维埃机关报《红色中华》，"青实"是共青团机关报《青年实话》。参见儿童俱乐部的组织和工作[G]//汪木兰，邓家琪.苏区文艺运动资料.上海：上海文艺出版社，1985：45-47.
② 埃德加·斯诺.西行漫记[M].董乐山，译.北京：生活·读书·新知三联书店，1979：299.
③ 中国少年先锋队甘肃工作委员会.在党旗下成长：甘肃少年儿童运动史[M].兰州：甘肃少年儿童出版社，2000：45.

在苏区的红色少儿组织中,少年儿童通过参与这些力所能及的"大事",逐步成长为坚定的共产主义者,也吸引、感染和带动着更多的同龄人乃至成年人。

二、"不让一个小朋友掉队"①

教育是少年儿童理应享有的权利,更与苏维埃政权的稳固发展密切相关。早在1928年,共青团中央对于文教事业曾提出:"当然要废除旧有的一切教育文艺,而代以阶级的教育文艺,并且使全部儿童与青年有受教育的机会,但是在政权没有到稳定的时期,还没有实现的可能。"②随着革命斗争的深入和革命根据地的建立,中国共产党、共青团对于儿童运动的认识愈发和文化教育事业紧密联系起来。"对群众宣传革命理念,改变苏区民众教育文化落后状况,是革命的题中应有之义。"③1931年9月,《湘鄂赣省工农兵苏维埃第一次代表大会文化问题决议案》中,就"学龄前儿童教育"提出以下方针和具体实施计划:

1. 注意看护小儿的教育。
2. 注意小儿听觉、视觉和器官的充分发展。
3. 三岁以上的儿童暂时由儿童的家庭以及共产主义儿童团施行幼稚教育。
4. 注意儿童的记忆力、模仿力和联想力等智慧的发展。④

这些方针和计划已经关注到儿童身心发展尤其是认知发展的重要性,并提及可由共产儿童团与家庭一起分担幼儿教育的任务。

1932年1月的《苏区团第一次代表大会儿童运动决议案》里,明确把"领导儿童入学读书"作为儿童运动的具体任务之一:

> 因要负责做到每个学龄的儿童(八岁以上的)不论男女都入列宁小学读书。为要达到这个目的必须在儿童中作有力的鼓动,向儿童父母经常地不倦地解释工作。同时要努力工作。使列宁小学很普遍的建立,并且有很好的工作。⑤

正如徐特立在《对于边区儿童的我见》中写到:"我以为保育工作和儿童教育工作,应该进行科学研究,并分配有经验的、有学识的、有能力的干部去领导这一工

---

① "土地革命时期中央苏区共产儿童团动员儿童入学时提出的口号。"参见吴广川,韩振东,陈凌云.少先队工作辞典[M].长春:吉林人民出版社,1989:12-13.
② 共青团中央致广东省委信(1928年4月9日)[G]//中国新民主主义青年团中央委员会办公厅.中国青年运动历史资料1928.内部发行,1957:95-96.
③ 黄道炫.张力与限界:中央苏区的革命(1933~1934)[M].北京:社会科学文献出版社,2011:126.
④ 《中国学前教育史》编写组.中国学前教育史资料选[G].北京:人民教育出版社,2002:333.
⑤ 苏区团第一次代表大会儿童运动决议案[G]//中国共产主义青年团中央委员会办公厅.中国青年运动历史资料1932(1月—5月).内部发行,1960:131.

作。"①1932年8月,《中央苏区儿童干部会议决议案》就儿童入学读书做出更细致的要求:

> 一、没有办学校的地方,要求苏维埃政府立即开办,如因种种困难一时无法办学校的地方,应即举办读书班,由团指定团员负责。
>
> 二、动员全体儿童团员,到学校或读书班去读书,发动儿童团向阻止儿童读书的父母做宣传解释工作。
>
> 三、对学校及读书班的工作,儿童局应经常注意检查,如有教老书的,应即向其提出立刻改教新书,如有以私塾式的老方法教授的,亦应要求采用适合儿童心理的新方法,对那些不肯改正的教员,应要求政府撤换他。
>
> 四、委托中央儿童局与政府文化部审查和编订各种学校课本。②

1933年8月底,少共中央局与中央教育人民委员部③召开联席会议,一致认为"教育部的工作是苏维埃政府工作中最薄弱的一环,对于目前教育的方针与任务并没有明确的规定,对于有系统的教育工作尚未建立"。故而提出:

> 目前教育工作的方针与任务,应该从估计在战争的环境与苏维埃政权之下的观点出发,这就是说,应当把教育工作为着战争与广泛的马克思共产主义的教育的观点出发。把教育为着战争,就是说满足战争的需要,用教育工作帮助战争的动员,战争的发展随着苏区的扩大与苏维埃工作的发展需要广泛的提高群众和干部的政治文化水平,来执行新的任务以帮助战争的动员,需要经过教育的工作,去提高广大工人与劳苦群众的阶级觉悟。④

为了"苏区的扩大与苏维埃工作的发展",也为克服教育工作方面的落后,共青团决定发起对教育工作的"协助运动":

> 团对于教育部的协助运动必须是全团的事情,从支部起来到区委县委一直到中央局为止,必须担负着对于教育工作与各级教育部的协助。各级团部应当与各级的教育委员会开联席会议。共同的讨论这一决议,订出具体的协助的项目与条件。⑤

共青团在这场"协助运动"中责无旁贷:

> 协助运动的成功与否,责任是在团的身上。协助运动的成功,就依靠于每

---

① 《中国学前教育史》编写组.中国学前教育史资料选[G].北京:人民教育出版社,2002:339.
② 中央苏区儿童干部会议决议案[G]//共青团中央青运史研究室,中央档案馆.中国青年运动历史资料(1932.6—12).北京:中共党史资料出版社,1988:432.
③ 指中华苏维埃共和国临时中央政府的教育行政领导机关。
④ 少共中央局、中央教育人民委员部关于目前教育工作的任务与团对教育部工作的协助的决议[G]//共青团中央青运史研究室,中央档案馆.中国青年运动历史资料(1933—1934).北京:中共党史资料出版社,1989:219.
⑤ 同④:222.

个团员参加协助运动。团应当成为一切俱乐部、列宁室、识字班的协助者。团应当成为一切学校的协助者。为着胜利地完成协助运动,应当加强团在学校中的活动,加强对于学校中团的组织的领导。①

早在1933年初,一些地区在开展"冲锋季工作"时,便将文化教育工作向前推进:

> 我们在三次扩大会议上检阅起来,在冲锋季中,边境的文化工作有了他的进步。这里表现在:列宁学校从村到县都普遍建立了。在冲锋季中建立了626个初小学校,12个高小学校,儿童有十分之六的学校去读书,列宁室识字运动,读书班。俱乐部、游艺场,阅报处等大多数地方建立起来了。青年及儿童识字情绪比以前提高了。他们的文化程度也提高了。②

动员儿童入学、推广识字运动,还成为共产儿童团的"工作指标":

> 苏维埃政府大力开班列宁学校,条件不够的地方则办识字班。列宁小学的课程较国民小学更丰富,记得初小就开了英文基础课。另外还有"共产主义ABC",讲马列主义基本概念。由于列宁小学不收学费,许多无钱上学的孩子进了学堂,尤其是农村的女童,她们破天荒地享受到受教育的权利。动员各地儿童入学,进识字班,是儿童团的一项重要任务,也是上级评价我们工作的一项指标。③

在共青团的直接协助和共产儿童团的积极推动下,苏区的文化教育事业取得成效,广大民众尤其是少年儿童的政治文化水平得到提升,"试任叩一儿童以'阶级斗争''无产阶级'或'资本主义'等之意义,彼必能不假思索,对答如流,一如素有研究者然"④。无怪蒋介石都表示:"匪区里面最紧张的,就是教育!最有纪律的,就是教育!最有精神的,也就是教育!"⑤

教育事业的推进,需要经费、师资等一系列资源加以保障。史料当中除了关于苏区办学成效的记载,也可以看到苏区教育事业面临的种种困境。一是列宁小学没有完全普及,例如,江西的乐安、寻乌、会昌各县亟待开办更多小学;二是师资力量不足,各县普遍缺乏合格的列宁小学教员和教育巡视员;三是教材和教具异常缺乏,"各级政府编的教科书,亦未加审订,常多错误","理科仪器标本更荡然无存";

---

① 少共中央局、中央教育人民委员部关于目前教育工作的任务与团对教育部工作的协助的决议[G]//共青团中央青运史研究室,中央档案馆.中国青年运动历史资料(1933—1934).北京:中共党史资料出版社,1989:222.

② 湘赣苏区团省委给团中央报告——关于执行冲锋季工作的情况[G]//共青团中央青运史研究室,中央档案馆.中国青年运动历史资料(1933—1934).北京:中共党史资料出版社,1989:35.

③ 彭富九.回忆苏区儿童团(一)[J].百年潮,2011(2):36.

④ 转引自:黄道炫.张力与限界:中央苏区的革命(1933~1934)[M].北京:社会科学文献出版社,2011:131.

⑤ 同④:128.

四是教育经费缺乏甚至"更无着落","以至教员每人每月三元伙食,也不能按月领到,另一方面因为经费缺乏,而常向学生家庭写捐,违反免费教育精神,影响学校教育不小"①。尽管文化工作方针中提出要"注重青年和儿童的文化工作,各级政府文化机关应与共产青年团部取密切联系,帮助他们扩大少队部,儿童团的文化工作"②。但在具体的教育工作上也有轻重缓急之分:

> 群众教育不能与儿童教育并重,以目前革命需要发展斗争的形势而论,应视为首务,除每个列宁小学附设夜学识字班读报班外,应厉行识字运动组织,使每个工农群众及士兵都要有得到能经常识字的机会,要有计划地经常地做扫除文盲的工作。③

无论条件如何制约,在共产主义的启蒙下,少年儿童已经开始认识到接受教育对于自身的重要性,如以下这首歌谣中传唱:

> 红色儿童,快快进学堂,
> 多读书呵!少浪费时光,
> 提高了认识,学会了打仗,
> 等我们长大,都像列宁一般样。
> 红色儿童,快快进学堂,
> 识不到字呀,瞎子一般样!
> 将来的世界,我们担当。
> 红色的儿童,个个不要做文盲。④

"识不到字呀,瞎子一般样!"有儿童在经历过革命道理记不下、宣传口号不会写、送信送文件看不懂的"多伤脑筋"后,发明了问、划、背、用、写的"五步"识字法:

> 问,就是碰到生字问别人。一次在关背尤田村,我拿到一条"消灭国民党新军阀"的标语,上面有五个字不认识。开始,问村里一个小铺子的老板,他只认识一半,我又跑去问祠堂会会长,最后一个字他也不认识,为了这个字,我又翻山越岭跑了几里路,问了一个私塾先生,才把这个"阀"字记下来……怎么才能记住呢?我琢磨来,琢磨去,这个"阀"字,外头一个"门",里头一个"人",还有一个"戈",就像城楼下拿枪把门的保安队。于是我掏出"难字本",在"阀"字旁边,画了一个门,门口画了一个瞪着眼、端着枪的国民党兵。划,就是把新认

---

① 江西省工农兵第一次代表大会文化教育工作决议[G]//江西省档案馆,中共江西省委党校党史教研室.中央革命根据地史料选编(下册).南昌:江西人民出版社,1982:583-584.
② 同①:584.
③ 同①:585.
④ 郑洸,吴芸红.中国少年儿童运动史[M].天津:天津人民出版社,1992:102.

得的字,用竹笔在地上十几遍、几十遍地划,直划到能熟练地写出来为止。背,就是把难认难写的字的笔划背下来,记在心里,不忘为止。用,就是学习字的用法,看它常常和谁挨在一块,也就是现在学生们学习的"造句"。我刚学会"连"字,我就记住:连、排、班的"连",连长的"连",连续作战、接连行军也是这个"连"。写,我专门订了一个"难字本",将划得像个样子的难字,用铅笔工工整整地写在"难字本"上。为了便于记忆,我把那些道道杠杠多的难字,旁边注上同音字……①

除了联系生活的组词、造句,加强记忆的"难字本"和"同音识字",符合认知规律的图文并茂,还有就地取"教材":

> 没有课本怎么办呢?红军的宣传标语,首长和同志们的花名册,当时井冈山流传的歌谣,毛委员制定的"三大纪律六项注意",游击战"十六字诀"都成了我学习文化的最好内容。②

"将来的世界,要我们担当。"识文断字是理解共产主义、深刻认识"时刻准备着"光荣内涵的必备条件。为了读书求学,苏区的少年儿童充分发挥着主观能动性,"不让一个小朋友掉队",通过夜校、读书班乃至自学的方式克服着文化学习过程中的种种障碍,可谓是名副其实地把社会当作学校,在生活中接受教育。

在20世纪30年代的苏区,以儿童权益带动革命热情,融红色思想于游戏生活,少年儿童的生活尤其是受教育状况得到明显改善。"从少年儿童的变化上看,由过去的不懂世事到比较普遍的懂文识字、具有堪称娴熟的政治社会常识,成了苏区少年儿童的又一鲜明特征。"③共产主义的"深入童心",保证红色少儿组织的持续发展,也巩固着苏维埃红色政权。

第三节 "大人救国小孩也要救国"

一、"适合当时当地的环境"

20世纪30年代,全国范围内展开抗日救亡运动,少年儿童依旧是这场运动中不可忽视的力量,他们也在这场运动中彰显出巨大的潜能。1932年2月23日,共青团中央致信各地,认为自上海事变后的复杂环境中,有几个问题需要特别指出,其中就有号召少年儿童加入抗日救亡的洪流当中:"发动广大的劳苦青年和劳动

---

① 罗斌.毛主席教导我学文化[C]//张爱萍.青年运动回忆录[C].北京:中国青年出版社,1978:54-55.
② 同①:55.
③ 何友良.中国苏维埃区域社会变动史[M].北京:当代中国出版社,1996:212.

儿童参加民众反日会",民众反日会内由劳动儿童组成"儿童队","这种组织应当完全在团的领导之下,就是劳动儿童团的公开组织。"①

1936年1月,共青团中央发布《目前的形势与团的任务》,强调"目前政治形势的改变,无疑的也需要改变团的组织政策,要适应目前形势的开展,需要大批地发展团的组织"②。11月8日,冯文彬发表《使青年运动成为一个巨大的力量》一文,提出青年救国会这一"新的青年组织"的性质、形式和工作方法等。③ 随后发布的《西北青年救国联合会组织法(草案)》这样论及红色少儿组织工作:

十五、对于儿童要有他的不同的教育方法与方式,因此,儿童也须有他的团体,但名称不适宜共产儿童团,只称为儿童团。

十六、儿童团也不要单独的上级机关,青年救国会指导机关的儿童部门即是这一工作的指导者,儿童团的小队、大队、礼节、标帜也仍旧要,大队也属于俱乐部干事会领导。儿童团员即青年救国会会员,同样须加入各种小组。

十七、儿童团的组织与少队完全不一样,儿童团他是一般儿童教育的组织,所有儿童都可加入。④

面对日寇侵略,中国社会亟待建立起最广泛的抗日民族统一战线。这样的历史背景下,中国共产党所领导的青年组织和少儿组织,其名称、成员都可做出调整:"共产儿童团"的名称改为"儿童团";"所有儿童都可加入"儿童团当中;"凡是愿意参加抗日不反对苏维埃的青年儿童"都可以加入西北青年救国联合会。

不同于之前的劳动童子团、共产儿童团或少年先锋队等红色少儿组织,抗日战争时期,中国共产党领导的少儿组织暂且褪去鲜明的阶级色彩,以便于将最广大的少年儿童聚拢到"抗日""救国"的旗帜之下。正如当时一篇名为《将广大的儿童群众组织起来》文章中的分析,"今天的中国儿童,能够了解的是'抗日'比'民主'更容易些",因此应先把儿童组织起来以后,"然后用抗日或民主的思想来训育他们,用组织生活来训练他们",否则,先强调抗日或民主的原则再进行组织,"一方面我们是无条件地抄袭苏联欧美的公式,另一方面就是把大多数可以教育可以影响的儿

---

① 共青团中央为上海事变致各地团部的信[G]//中国共产主义青年团中央委员会办公厅.中国青年运动历史资料 1932(1月—5月).内部发行,1960:224-225.

② 目前的形势与团的任务(1936年1月团中央通过)[G]//共青团中央青运史工作指导委员会,中国青少年研究中心,中央档案馆利用部.中国青年运动历史资料 1935—1937.北京:中国青年出版社,1996:190.

③ 冯文彬.使青年运动成为一个巨大的力量(1936年11月8日)[G]//共青团中央青运史工作指导委员会,中国青少年研究中心,中央档案馆利用部.中国青年运动历史资料 1935—1937.北京:中国青年出版社,1996:310-313.

④ 西北青年救国联合会组织法(草案)(1936年11月9日)[G]//共青团中央青运史工作指导委员会,中国青少年研究中心,中央档案馆利用部.中国青年运动历史资料 1935—1937.北京:中国青年出版社,1996:314-316.

第二章 星火燎原：共产主义的"深入童心"

童拒之门外，而陷入关门主义的泥坑"。①

1937年4月16日，西北青年第一次救国代表大会上提出《全国青年救国纲领草案》，赋予儿童这样的角色和使命："我们的兄弟——儿童是民族解放的后备军队；是未来社会的主人"，而青年的责任则在于"帮助教育他们担任这个任务"②。18日，会议又通过《目前政治形势与青年救亡运动任务的决议》，当中写到：

> 为了实现当前的任务，必须以最大的努力，扩大我们的组织。一切限制与束缚组织的扩大，都是极有害的倾向，必须立即纠正。应号召一切青年在抗日救国的旗帜之下，团结起来。必须以最民主的、群众的、合法的方式去创立各种各样青年工人的、农民的、学生的、失业青年的、妇女的、儿童的救亡团体。一切组织的名称，必须适合当时当地的环境而出现之。可以用文化的、体育的、音乐的、文艺的、戏剧的，甚至是兄弟的、姊妹的等组织。必须取得公开的半公开的活动，只有这样才更能去团结最广大的青年到救亡运动中来。我们千万不要幻想用一种组织形式与名称去组织所有的青年。③

从以上文件可以看出，为最大限度地调动和团结各类社会力量投入民族救亡当中，"一切限制与束缚组织的扩大"的倾向都应予以纠正。之后，许多抗日少儿组织从名称、组织系统以及工作开展等方面都呈现出"适合当时当地的环境"的策略。

国难之下，抗日救亡口号使得全中国民众包括少年儿童得到了前所未有过的大动员。依据当时的报刊记载，可查阅到的各类抗日儿童团体就有150多个。④ 不仅根据地广泛建立抗日少儿组织，国民党统治区域的学校或社会组织广泛组建童子军，众多抗日少年儿童团体，如新安旅行团、从上海辗转到大后方的孩子剧团、广州儿童剧团、厦门儿童救亡剧团、开封孩子剧团、长沙儿童剧团、内江孩子剧团以及宁夏少年战地服务团、育英儿童抗战工作团等纷纷涌现。⑤ 这些组织、团体的名称，抑或所开展的活动，都充分运用"适合当时当地的环境"的组织策略，尽可能地把最多的少年儿童团结到抗日救亡的旗帜之下。

儿童团、抗日儿童团、抗日救亡儿童团、青年抗日先锋队、中华民族解放先锋队等，是当时红色少儿组织的常用名称。1938年3月，晋察绥地区第二战区战地总

---

① 石锦.把广大的儿童群众组织起来(1937年4月30日)[G]//共青团中央青运史工作指导委员会,中国青少年研究中心,中央档案馆利用部.中国青年运动历史资料1935—1937.北京：中国青年出版社,1996：481.
② 全国青年救国纲领草案(1937年4月16日,西北青年第一次救国代表大会提出)[G]//共青团中央青运史工作指导委员会,中国青少年研究中心,中央档案馆利用部.中国青年运动历史资料1935—1937.北京：中国青年出版社,1996：451.
③ 目前政治形势与青年救亡运动任务的决议(1937年4月18日,西北青年第一次救国代表大会通过)[G]//共青团中央青运史工作指导委员会,中国青少年研究中心,中央档案馆利用部.中国青年运动历史资料1935—1937.北京：中国青年出版社,1996：451.
④ 抗日儿童团体一览表[M]//罗存康.少年儿童与抗日战争.北京：团结出版社,2015：329-337.
⑤ 罗存康.少年儿童与抗日战争[M].北京：团结出版社,2015：113-156.

动员委员会发布组织大纲,说明"抗日救亡儿童团"的名称及宗旨——"练习儿童自治能力,发动爱国情绪,养成抗日救亡精神",并规定"凡战区儿童年在7岁以上,16岁以下,志愿参加本团者,均得为本团团员"①。1938年10月10日至11月21日,西北青年救国联合会第二次代表大会在延安召开,《中国青年运动的新方向》报告中,提出在不同地区即"我后方、战区、敌后方"开展青年工作的不同方针和不同工作形式,②大会通过《儿童团组织章程》,确定"抗日儿童团"组织的各项事宜:

(一)名称:抗日儿童团。
(二)宗旨:
1. 联合全(西北和华北)中国的小兄弟小姐妹结成好朋友。
2. 大家共同学习、工作和游戏。
3. 参加救国工作。
(三)信条:"五要、五不要"。③
(四)资格:7岁以上、14岁以下愿意参加儿童团的都可成为儿童团员。④

各地还根据儿童兴趣和身心特点确立少儿组织的名称和活动形式。例如,晋西地区的抗日儿童团,因为儿童们喜欢自己的组织叫儿童团不喜欢叫"儿救会"⑤,便依据儿童喜好,按部队团营连的编制,连下分排,排下分班;⑥儿童天性好动,晋西抗日儿童团便经常开展演游击战、抢梁山、溜冰、摔跤、打架、当兵、上军事操等军事体育活动。⑦ 由于充分运用"适合当时当地的环境"组织策略,并兼顾到少年儿童的心理需求和兴趣特征,"一年来晋西北的儿童工作,有了飞速的进步与广泛的

---

① 第二战区战地总动员委员会抗日儿童团组织大纲(1938年3月31日)[G]//共青团中央青运史工作指导委员会,中国青少年研究中心,中央档案馆利用部.中国青年运动历史资料1938—1940.5.北京:中国青年出版社,2002:36.
② 冯文彬.中国青年运动的新方向——在西北青年救国联合会第二次代表大会上的总报告(1938年11月19日至21日)[G]//共青团中央青运史工作指导委员会,中国青少年研究中心,中央档案馆利用部.中国青年运动历史资料1938—1940.5.北京:中国青年出版社,2002:197.
③ "'五要五不要'即,要服从组织,要忠实团结,要坚强勇敢,要艰苦工作,要努力学习。不要自私自利,不要互相打骂,不要胆小害怕,不要说空话假话,不要自高自大。"参见吴广川,韩振东,陈凌云.少先队工作辞典[M].长春:吉林人民出版社,1989:43.
④ 中华青年救国团体联合办事处简章(1938年11月25日通过)附件3:儿童团组织章程[G]//共青团中央青运史工作指导委员会,中国青少年研究中心,中央档案馆利用部.中国青年运动历史资料1938—1940.5.北京:中国青年出版社,2002:272-273.
⑤ 儿童救国会,1938年晋西南地区的工作报告中提及"儿救会发展的三个阶段"。参见晋西南青运工作报告(1938年10月)[G]//共青团中央青运史工作指导委员会,中国青少年研究中心,中央档案馆利用部.中国青年运动历史资料1938—1940.5.北京:中国青年出版社,2002:321-322.
⑥ 晋西抗日儿童团组织简章[G]//共青团山西省委,山西省档案馆.山西青年运动史料晋绥革命根据地分册第二辑.内部发行,1986:283.
⑦ 儿童工作的经验教训[G]//共青团山西省委,山西省档案馆.山西青年运动史料晋绥革命根据地分册第二辑.内部发行,1986:69.

开展","在游击区与根据地有 6 万以上不同性别、不同阶层的儿童被组织起来了"。①

当时的晋察冀边区,还出现了北岳区童子军组织。1940 年 4 月 21 日,《中共中央北方局青委对召开边区青年代表大会的提议》里写到:

> 儿童工作,以后中心(应)加强系统的领导,充实各级儿童部,当事人负责儿童工作,儿童团改军事编制,县设团团长由儿童团长兼,区(设)营,乡(设)连,下设班排工作,方式切实儿童化,另遵照中央青年(委)指示。②

"儿童团改军事编制"的提议,以及"采取童子军组织工作、活动中之优点,并给予发扬和发展,以求得更有力地推动少年儿童工作向前进步"③的设想,或许是成立北岳区童子军的缘由之一。

1942 年 4 月 14 日,晋察冀分局就"少年儿童组织变动"事宜致电"北方局和中央",当中提出组建"童子军"和"幼童军":

> (甲)13 至 17 岁之男女少年组织童子军,为少年之军事教育训练组(男女分编),主要任务在学习军事。
>
> (乙)12 岁以下男女儿童组织幼童军,为童子军之一部,其任务大致与儿童团相同,但还求其简单。
>
> (丙)这些组织在五四青救代表大会中提出决定后,在学校、农会开始建立。④

不久,晋察冀分局关于青年工作发出指示,正式提出建立北岳区童子军:

> 取消少先队、儿童团,把 13 岁以上 17 岁以下的男女儿童和初中高小的学生分组(组成)童子军,12 岁以下 7 岁以上的幼童和初小的学生合组(组成)幼童军。在组织形式上、军事训练内容上参酌边区具体情况,尽量采取国防童子军的办法。童子军应有一定的军事生活,担负轻易的抗战勤务(送信、站岗等)以外,童子军与幼童(子)军的工作,应该与学校教育工作密切联系。⑤

---

① 于今.一年来晋西北儿童的工作(1941 年 4 月 2 日)[G]//共青团中央青运史工作指导委员会,中国青少年研究中心,中央档案馆利用部.中国青年运动历史资料 1940.6—1941.北京:中国青年出版社,2002:511.

② 中共中央北方局青委对召开边区青年代表大会的提议(1940 年 4 月 21 日)[G]//共青团中央青运史工作指导委员会,中国青少年研究中心,中央档案馆利用部.中国青年运动历史资料 1938—1940.5.北京:中国青年出版社,2002:822.

③ 转引自:郑洸,吴芸红.中国少年儿童运动史[M].天津:天津人民出版社,1992:207.

④ 晋察冀分局关于少年儿童组织变动致北方局和中央电(1942 年 4 月 14 日)[G]//共青团中央青运史工作指导委员会,中国青少年研究中心,中央档案馆利用部.中国青年运动历史资料 1942—1946.北京:中国青年出版社,2002:46.

⑤ 晋察冀分局关于青年工作的指示(1942 年)[G]//共青团中央青运史工作指导委员会,中国青少年研究中心,中央档案馆利用部.中国青年运动历史资料 1942—1946.北京:中国青年出版社,2002:72.

北岳区童子军的成立,"标志着我抗日根据地儿童工作在统一战线方面迈出了崭新的一步,但它的工作内容和工作方法,却仍然继承和发扬了儿童团和少先队的光荣传统"。正如当时晋察冀边区军区司令员聂荣臻撰写的《写给边区童子军》一文中提及:"童子军是一种国际性的组织,在中国有统一的编制和历史传统,我们改组过去边区的少年儿童组织合为童子军,一方面是要在克服过去组织力量分散的缺点;另一方面也是要适应全国全世界的童子军组织,使边区的少年儿童更有力量去反抗日本强盗,成为国际反法西斯战线的一环。"①

二、在战火中成长

1938年4月,年仅13岁的新安旅行团成员范政发表《大人救国小孩也要救国》一文,发出"救中国的责任,是有我们这些纯洁的儿童一份儿"的呼声。② 1938年6月,毛泽东为《边区儿童》创刊号题词:"儿童们起来,学习做一个自由解放的中国国民,学习从日本帝国主义压迫下争取自由解放的方法,把自己变成新时代的主人翁。"③正是基于"匹夫有责"的抱负和"新时代的主人翁"的美好愿景,抗日战争期间,少年儿童担当扫盲的"小先生"、维护治安的"小哨兵"、战时通讯的"小交通"、模范班的"小助手"、文艺宣传的"小喇叭"、拥军优属的"小尖兵"、革命事业的"接班人"等多重角色④,为中华民族解放战争的胜利贡献着力量。

生产劳动自然是少年儿童生活的一部分,例如这首《儿童春耕歌谣》里的描绘:

> 春耕运动真不差,十岁娃娃也参加,
> 莫说娃娃年岁小,做起事来帮助大。
> 收成要好要有肥,羊粪牛粪和草灰,
> 娃娃早起拾了粪,送到地里积成堆。
> 分村分组来比赛,个个条件要做到。
> 挨家挨户做宣传,造成春耕的热潮。
> 春耕运动做得好,抗日红军吃得饱,
> 保护我们有土地,卖国贼子都赶跑。⑤

广大农民多种粮食,支援抗战,儿童团自然也要贡献力量,"他们纷纷制订生产

---

① 转引自:郑洸,吴芸红.中国少年儿童运动史[M].天津:天津人民出版社,1992:207.
② 范政.大人救国小孩也要救国[G]//中国革命博物馆.民族小号手——新安旅行团史料选.北京:春秋出版社,1989:170-171.
③ 人民教育出版社.毛泽东论教育[C].北京:人民教育出版社,2008:48.
④ 刘柱.阜东獐沟区儿童团[C]//朱加荣,魏延春.纪念抗战暨世界反法西斯战争胜利60周年文集.上海:上海新四军暨华中抗日根据地历史研究会,2005:231-233.
⑤ 中国少年先锋队甘肃工作委员会.在党旗下成长:甘肃少年儿童运动史[M].兰州:甘肃少年儿童出版社,2000:40-41.

计划,成立生产小组,积极参加挖地、积肥、点种等力所能及的生产劳动"①。

在全国各地,少年儿童还纷纷成立剧团、歌咏队、舞蹈队、宣传队等文娱组织,运用唱歌、演剧、跳舞、讲演、贴标语、散传单等方式有力配合抗日宣传工作。1941年的晋西北地区,"儿童团在根据地文化运动中起了很大的作用,作了推动农村文化娱乐活动的主要桥梁"。

> 仅临县、临南、离石、河保、文水、交城、静乐、岚县、兴县等地有45个儿童剧团,而离石一县就有22个,他们差不多都能演出七八个儿童剧,都唱20来个歌子,跳几个简单的舞,有的已经公演过15次,受到群众热烈的欢迎。②

到1942年,晋西地区的儿童剧团增加到89个,参加人数1276人,会剧181个,歌370首,舞125支,演出2181次,观众64704人。③

彼时担任河北省蠡县辛兴乡北沙口村儿童团团长的李墨卿,这样回忆当年的宣传工作:

> 坟场既是放哨阵地,又是练习本领的课堂。为了坚持抗日,宣传工作是非常重要的,在众人面前讲话,是件很不容易的事,为了练习这种本领,我们儿童团的小朋友们,常常在这座坟场中练习讲话。站到一个高大的坟堆上,当讲台,将一个个坟头当听众,大声喊"乡亲们,前方打了大胜仗……"有了这种反复练习,我们的口才提高了,后来在全区儿童团演讲比赛中我获得了第二名。儿童团组织晚上高房广播,讲几句,传给下一个高房顶的人,一级一级往下传,经过六级的接力,全村人都能听到我们的广播。儿童团经常进行这种工作,坟场中的训练确实提高了我们的本领,这种宣传群众的方式一直沿用到解放战争时期。④

还有的儿童团在鲁艺文工团帮助下建立儿童剧团:

> 以后,我们又争取了鲁艺文工团的帮助。鲁艺文工团帮助我们组织了儿童剧团,并且派遣了学员大刘、小飞同志专门帮助我校儿童开展文娱活动。我们教师跟他们学歌,然后再去教学生,有时学校音乐课直接就由他们代上了。有几位音乐家当时就住在我们家里,他们编了许多歌,什么《军民一条心》,还有《呼牛曲》等,他们编出来,儿童团就唱。那时儿童团员每人一般都会唱几十

---

① 中国少年先锋队甘肃工作委员会.在党旗下成长:甘肃少年儿童运动史[M].兰州:甘肃少年儿童出版社,2000:40.
② 于今.一年来晋西北儿童的工作(1941年4月2日)[G]//共青团中央青运史工作指导委员会,中国青少年研究中心,中央档案馆利用部.中国青年运动历史资料1940.5—1941.北京:中国青年出版社,2002:511.
③ 晋西儿童在根据地建设上的贡献(1942年)[G]//共青团中央青运史工作指导委员会,中国青少年研究中心,中央档案馆利用部.中国青年运动历史资料1942—1946.北京:中国青年出版社,2002:82.
④ 李墨卿,朱一鸣."儿童团年代令我终生难忘"[J].神州,2005(8):特别报道.

支歌。儿童团会唱了,又推广到群众中去。儿童剧团还演出过一些很受群众欢迎的戏,像反映拥军优属的和儿童团救护伤病员的话剧《攒碗》和《一把锁》,发扬爱国主义精神的淮剧《敬神不如敬新四军》等。这些节目,大都由我们学校师生根据实际生活事例编写成的。我有一个婶母叫裴三妈,她和她母亲两个人一天到晚敬神拜佛。人要对她们说:"新四军去打日本侵略军了。"她们就要念一声"阿弥陀佛";人要告诉她们敌人要下来"扫荡"了,她们也是念一声"阿弥陀佛"。好像有了这"阿弥陀佛",就可以不管有没有新四军,不管敌人多么凶残,佛总会保佑她们似的。一九四二年春季,敌人来了一次大"扫荡",用机枪把三妈的母亲打死了,三妈这才明白过来:敬神念佛是没有用的。后来,这些敌人还是给新四军八旅二十二团打跑了。三妈受到了教育,才认定新四军是人民的真正救星,知道"敬神不如敬新四军"。我们把这件事情编成了淮剧,由儿童剧团演出,深深地教育了群众。一时,群众纷纷控诉敌人的罪行。这对儿童也起了很好的教育作用。①

成人忙于作战和生产,儿童团员们便勇敢承担起站岗放哨、盘查行人的任务,成为保卫抗日根据地不可缺少的一支力量。他们按时上岗,认真执勤,对没有路条的人决不放过,使得汉奸、敌探不敢明目张胆地进行活动。1941年晋西北的儿童工作总结中还提及:

各地儿童团普遍地进行了站岗、放哨、查路条,抓逃兵,抓汉奸等工作。曾经有许多开小差的,落在儿童团的手里,被送到村公所。曾经有许多不重视地方纪律,不带路条的人,碰了儿童团的钉子。只静乐区就抓了14个汉奸、嫌疑犯和21个逃兵,还抓过烟灯63次。②

李公朴就在晋察冀抗日根据地见识到儿童团员站岗放哨时的"铁面无私":

一个通讯员骑了马送公事出了村口,为了走近路便走了麦田里的小路。刚刚走了没有一半,村口站岗的小孩喊住了他:"不要走,站住,回来!"

通讯员跳下马走回来。小孩子问他认不认识字,他说认识。小孩子指着插在地边上的木牌说:"请你念念这木牌上的字!"

通讯员有些难为情的样子,但是他说了他识字,他不能违背小孩子的命令,因为他是一位站岗的小同志。他只好念给他听:"为了保护春耕,增加生产,任何人不准在田内小道上通过,违者处罚,村春耕委员会。"通讯员一个字一个字地念给了小孩听。

"因为你是抗日军人,不处罚你了,以后不要再从地里的小路走!"小孩子

---

① 裴竹君.沙淤小学办学种种[C]//本社.老解放区教育工作回忆录.上海:上海教育出版社,1979:204-207.
② 于今.一年来晋西北儿童的工作(1941年4月2日)[G]//共青团中央青运史工作指导委员会,中国青少年研究中心,中央档案馆利用部.中国青年运动历史资料 1940.6—1941.北京:中国青年出版社,2002:512.

说完喊了声"敬礼"。因为儿童团员为了尊敬抗日军人,规定了见了抗属和抗日军人都要敬礼的。①

孩子身上可以看到成长环境的印记。这位村口站岗的小孩在执行任务时,既体现出一丝不苟、遵守规章的品质,又对抗日军人表示出合乎情理的宽容与尊重,应当归功于儿童团组织生活和晋察冀边区日常生活的熏陶。不少儿童在执行任务时总结经验,还表现出过人的智慧。例如,有的儿童团执行站岗放哨工作,只要望望来人或三言两语的简单对话,就可以判断出对方是解放区还是沦陷区的人:"因为军人和老百姓走路不一样,军人长期戴军帽,脑门显得白,手上的茧子也和农民不同;解放区使用如'问题''意见''批评''同志''供销社''减租减息'等常用语言,而在沦陷区这些词语都很少见。"②

动员儿童入学,实行免费教育,一直是团结和组织广大儿童的最有效办法。抗日根据地民众的生活困苦,无力供养儿童入学,儿童入学率极低。各边区政府成立后,积极推行免费义务教育,并结合当地实际开办各类教学机构,提高民众的文化水平和政治意识。动员少年儿童入学的有效形式便是让儿童团挨门挨户地叫儿童上学,并会同教员召开家长会,动员他们的子女入学。③ "四四儿童节"时,则对儿童入学进行排队评比,检阅各校,看哪个学校吸引学生多,那个学校儿童最强壮,最清洁。④ 由于农村儿童在农忙时节大都需要帮助家庭劳作,边区政府就通过实行半日制、隔日制、早晚班、季节上学、巡回上学等方式,满足儿童既能参与生产劳动又能接受教育的要求。

抗战初期的陕甘宁边区,教育文化水平落后,甚至80%的青少年都是文盲。陕甘宁边区的青年救国会便担负起"训练青年的学校"这副重担,在青少年中掀起学习竞赛热潮,青少年的文化水平明显得到提升:

> 西北青年救国第一次代表大会作出"普及教育突击年"的决议后,边区各级青救会就动员了6万青少年参加了识字运动。1938年采用把每个会员小组和少先队小队变成识字组,把识字和政治、娱乐结合起来,采取识字先锋员和模范识字组等措施,在青少年中掀起了学习竞赛热潮。截至1939年10月,各级青救会协助政府创办的小学由1937年的545所增到883所,动员学生入学达6.5万人以上,为教育部输送了300个青年干部。在以扫盲为中心的社会教育中,建立的经过整顿能常年坚持的青年识字组1571个,参加学习的青年1.6万人;乡俱乐部办流动识字班2441次,参加学习的青年2.8万人;同时

---

① 李公朴.华北敌后——晋察冀[M].北京:生活·读书·新知三联书店,1979:41.
② 郑洸,吴芸红.中国少年儿童运动史[M].天津:天津人民出版社,1992:140.
③ 岢岚区青年工作委员会三个月的工作报告[G]//共青团山西省委,山西省档案馆.山西青年运动史料晋绥革命根据地分册第二辑.内部发行,1986:156.
④ 今年的四四儿童节[N].抗战日报,1942-04-04(1).

采用歌咏、秧歌、游戏、流动图书馆、时事研究小组等形式推动学习,使边区青少年识字人数比1937年增加了两倍以上。①

在学习文化的时候,许多农村青少年半工半读、半农半读,学习生产两不误,可谓是"锻炼了一代新型青年,开了中国教育新风之先":

> 农村青少年在边区各级政府的领导下,开荒种地,植树造林,搜集肥料,帮助抗属,主人翁精神大大增强。仅1938年全边区青少年就开荒1.7万亩,植树8.9万棵,拾肥料32万斤,砍柴20万斤。儿童团员自动组织了义务耕田队、互济社等,帮助抗日军属挑水、耕田、牧牛、送肥、砍柴,受到各级政府和抗日军属的好评。1939年边区政府作出了开展大生产运动的决定,边区各级青救会立即组织青少年开展了热烈讨论,10万农村青少年踊跃地投入了大生产洪流中,各级青救会的主要干部都先后参加了同级政府的生产委员会,统一领导青年生产运动。②

1941年,在江苏省阜宁县沙淤王庄的沙淤小学,为动员贫苦儿童入学还发生了"破庙变成新校舍""赤脚打掌怕什么""一门心思要把学校办好"等一系列生动有趣的故事。仅以"锁乌鱼"的故事为例:

> 我记得动员儿童徐鸿儒入学有这样一段故事。徐鸿儒的父亲叫徐子生,叔父叫徐子扬。我到他们家去时,这两个贫苦农民,连连打招呼道:"好装三先生,我们家的伢子能念什么书?老实疙瘩的,书哪里会同我们这种人家结缘,我们没有那个福、没有那个命啊!"原来他们弟兄两个都有过痛苦的遭遇。他们小时候都进过私塾,塾师是地主陆连科。哥哥一入蒙,塾师指定读《大学》,开头还好,后来读到"释齐家治国"部分:"所恶于上,毋以使下;所恶于下,毋以事上;所恶于前,毋以先后;所恶于后,毋以从前"这一段的时候,直接就疙瘩住了。农家的孩子,对于封建统治阶级"齐家治国"的那套"孔孟之道"哪能读进!只按照自己所熟悉的事物去理解,以为这"所恶于力",大概就是指"锁乌鱼"(乡里人用手捉乌鱼,叫"锁乌鱼")。塾师叫背起来,徐子生只记得"锁乌鱼锁乌鱼",别的全忘了。塾师陆连科就恶狠狠地说:"没出息的穷种田的,读贤圣之书,就去扯锁乌鱼的下流事,非打不可!"结果,徐子生读了十多天书,就挨了十多天打,戒尺都给打断了。哥哥给打回去了;老父亲看看大的不行,想再试试小的吧,就又把弟弟送入蒙。塾师又指定读这段《大学》,还是这个老地方,徐子扬又给"所恶于"卡着了。"该死的,又来锁乌鱼了。"塾师边打边骂。因为徐子生他们有过这个痛苦的历史遭遇,在我们动员他们的子、侄入

---

① 赵有奇.抗战时期的陕甘宁边区青年运动[C]//共青团中央青运史研究室,团陕西省委青运史研究室,团吉林省委青运史研究室,团四川省委青运史研究室.抗日战争时期青年运动专题论文集.长春:延边大学出版社,1988:122.

② 同①:123.

学时,他们也就觉得为难了。①

宋代的理学家确定"四书",是为了给学习"六经"课程配置"阶梯"。②自宋代"四书升格"运动以来,《大学》被排在"入道之序"的首要位置。然而,上述材料当中,兄弟俩一入私塾,塾师便先指定读《大学》。且不论理应从最基础的识字教材如"三百千"开始学习,即便是"四书"本身也应考虑到学习的顺序,正如当代学者指出:"《论语》《孟子》是圣贤的言行录,具有日常性,思想是蕴含在片断的言语和行止之中,意趣丰富而可知可感;《大学》《中庸》则是有头有尾的成系统文字,意蕴内蓄,学习就有难度。"③"一入蒙,塾师指定读《大学》",难免会出现"大学大学,屁股打得烂落!中庸中庸,屁股打得好种葱"④这样的体罚场景。于是,我们的教育工作者便以"新旧"对比的方式循循善诱:

> 我们就从三个"不同"的方面,开展我们的说服工作,对比说明现在的学校和过去私塾的不同,说明现在的教师和过去塾师的不同,说明农民的地位,现在和过去的不同。徐子生弟兄两个总算同意了。可还有两个问题:一是缴不起杂费;二是徐鸿儒要帮助家里做拾草、挑猪菜、放猪等活计。我们说:"都好办,杂费可以全免,还可以给孩子回家做活的时间。"这样终于把徐鸿儒组织入学了。由于我们组织徐鸿儒入学,深入细致地做思想工作,并切实地解决了若干具体问题,群众都很感动。他们说:"这是哪辈见到的事!过去只有学生请先生,哪有先生请学生的。这学校真是为我们茅棚草屋开办的哩。"⑤

各边区在动员儿童入学、普及小学教育的过程中有过艰难曲折。但由于为劳苦大众及其子弟提供的是适宜"茅棚草屋"生活的"免费义务教育",不少边区的小学教育在艰苦抗战的背景下,不仅没有落后还有了较大发展,入学儿童呈现增加的趋势。如1939年的晋察冀边区,"在路西,共有初级小学3703所,学生125642人;在冀中,共有初级小学3390所,学生179586人"。这意味着以上地区已经有70%的行政村建立了初级小学,在各方面工作比较进步的县中,更是有半数以上的学龄儿童享受免费的初级小学教育。"我们不仅恢复了'七七'事变后敌骑踏遍冀中冀西平原地带时文化教育事业所受到的疮痍,而且无论在学校数目上,在学生人数上,都已经大大地超过了抗战前的数字。"⑥再如1941年9月的晋西北地区,识字教

---

① 裴竹君.沙淤小学办学种种[C]//本社.老解放区教育工作回忆录.上海:上海教育出版社,1979:196.
② 杜成宪.为"六经"配"四书"——宋代新经学课程体系的构建[J].全球教育展望,2018(1):35.
③ 同②:42.
④ 周作人.知堂回想录(上)[M].石家庄:河北教育出版社,2002:30.
⑤ 裴竹君.沙淤小学办学种种[C]//本社.老解放区教育工作回忆录.上海:上海教育出版社,1979:196-197.
⑥ 论晋察冀边区的文化教育活动[C]//晋察冀日报史研究会.晋察冀日报社论选1937—1948.石家庄:河北人民出版社,1997:193.

育已普遍开展,24 个县有高小 34 所,初小 2102 所,小学教员 2325 人,小学学生达 87980 人,女生占三分之一。中等学校和师范学校学生 879 人。① 还有 1941 年的晋冀鲁豫边区,"基本地区的抗日初级小学,已普遍建立,差不多每一个村庄都有一处小学,入学儿童约达三十万"②。

儿童团在积极动员少年儿童入学读书的同时,还开展冬学、夏学、小先生等文化学习活动,组织小学生利用课余时间教民众和未入学的儿童识字学文。夜校、午校、识字班等灵活多样的教育形式受到民众的欢迎③,还出现以下这样"祖孙同堂"一起上课的盛况:

> 在我们和新安旅行团的指导与帮助下,儿童团还开展冬学与夏学工作。一九四二年冬天,我们在沙淤王庄周围三个庄子上办了四所冬学,吸收了一二百个男女学员,全部由"小先生"教。这就出现了这样的情况:儿子、女儿做先生,父亲、母亲来上学,六十多岁的老公公扶着自己的孙子一道上课。真是热闹极了。当时流行这样一首歌:"北风起,农家闲,东庄西庄办学堂,儿子教父母,祖孙同一堂……"群众学习情绪很高,许多人在冬学里识了不少字,如乡妇女主任朱步真和副主任王芳,通过冬学学习都识了几百个字。冬学里还教歌,一些年轻的妇女,差不多每个人都能唱几支抗日歌。④

儿童团员们在站岗放哨时,也会竖立识字牌放在路边,行人经过时必须识会几个字才能通行:

> 识字牌在河曲县有 15 面,设道旁有小先生教字宣传,设县巡镇小学儿童团的识字牌,平时小先生 1 人,逢集 5 人,把赶集的聚教如上课(上均 1941 年上半年统计),保德三区桥头有识字牌,白家庄儿童二先子,天天到桥头驮炭,到此即有小先生迎住,看路条、教字、识字很多。⑤

在普及文化的过程中,儿童团组织邻里识字班、家庭识字组,实行"送教上门",发明了结合实物识字的"见物识字"和结合生产识字的"劳动识字"等好办法。

这些教育工作不仅提高了儿童自身的文化水平和社会地位,还锻炼和发展着他们的工作能力和创造才能。值得一提的是,尽管儿童团员们参与较多的社会活

---

① 牛萌冠.晋西北行政公署工作报告[G]//樊润德,路敦荣.晋绥根据地资料选编(第一集).中共吕梁地委党史资料征集办公室,1983:81.

② 齐武.一个革命根据地的成长——抗日战争和解放战争时期的晋冀鲁豫边区概况[M].北京:人民出版社,1957:220.

③ 夜校、午校、识字班是组织教育青年的最好方式[G]//共青团山西省委,山西省档案馆.山西青年运动史料晋绥革命根据地分册第一辑.内部发行,1986:66.

④ 裴竹君.沙淤小学办学种种[C]//本社.老解放区教育工作回忆录.上海:上海教育出版社,1979:204.

⑤ 晋西儿童在根据地建设上的贡献(1942年)[G]//共青团中央青运史工作指导委员会,中国青少年研究中心,中央档案馆利用部.中国青年运动历史资料 1942—1946.北京:中国青年出版社,2002:82.

动,却并未因此影响自己的文化学习:

> 当时,我们学校的学生和老师都参加了较多的社会活动,但并未因此影响课堂教学。我们对于那些担负儿童团工作较多的积极分子,总是特别关注,加强个别辅导、个别补课,保证他们功课不掉队,而且能取得较好的成绩。这些积极分子的特点,一般是觉悟高,进取心强,能挤出时间进行学习。碰到夏忙、秋忙时,教师就把教学送到田头。我们的师生关系十分亲密,像兄弟,又像战友。那时语文课、算术课每周均有六节。每天早晨由教师带领,儿童团掌握,实行早读制,在我们学校周围,每天早晨都能听到琅琅的读书声。平常语文、算术的作业也比较多,作文每周一篇。对低班学生,特别强调基础训练,读书要求四会,即"会读""会讲""会认""会写",经常背书、默写。学生的语文水平一般达到:一年级学生识字三四百个,二年级学生识字六七百个,三、四、五、六年级学生,能熟读几十篇范文,能写几百字通顺的文章。算术在六年之内除教完规定的教本外,还由教师补充增加了不少的作业。能有这样的成绩,在当时的条件下也算是不差的了。①

从这段回忆来看,这所学校里的人际关系极为和谐,师生关系是亦师亦友,同学之间则互帮互助;仅语文课程的教学安排上,除了依据年龄和学段设计的学习内容,还有早读、默写、背诵、作文等作业以及"四会"等要求,强调基础训练,兼顾循序渐进。在特殊的年代,除了教师"把教学送到田头"的人性关怀,还可看到少年儿童在斗争和学习之间的善为调节、无一偏废。

在中国共产党的领导下,昔日于田间地头摸爬滚打、嬉闹玩耍的少年儿童在战火纷燃的年代也得到相应的组织和教育,为中华民族的独立和解放贡献着力量。对少年儿童的组织和教育,既成为中共推动抗日根据地各项事业发展的重要保障,也为随后的解放战争奠定坚实的群众基础。

第四节 "儿童是国家的小主人"②

解放战争时期,少年先锋队和儿童团等红色少儿组织在学校教育、社会教育和其他社会活动领域承担着重要角色。经由长期的发展,"少队"与"童团"已渐成系统,在组织少年儿童进行文化学习、开展社会活动和革命斗争的过程中,注重培养他们的民主意识和主人翁精神,这为1949年中国少年儿童队的建立和发展提供了

---

① 裴竹君.沙淤小学办学种种[C]//本社.老解放区教育工作回忆录.上海:上海教育出版社,1979:208.
② "儿童是国家的小主人,将来的社会是需要他们来主持。"参见抗日军政干部训练班教材第十四课儿童团[G]//政协东明县文史资料委员会.东明文史资料第4辑.东明:东明县印刷厂,1988:53.

有益的参照。早在1937年,曾有论者这样分析中国儿童的"政治素养":

> 中国儿童的另一个特点即是他们大部(分)生在一个封建的宗法的家庭,他们所看见的,所听见的,所接触的,很少有民主的意味。在这一点上,是中国儿童同英美等国儿童有很大不同的地方,因而在民主观念上面,中国儿童特别来得贫乏。至于什么叫作民主政治,自然更非儿童所能了解……①

如果说这在一定程度上代表了20世纪30年代中国少年儿童在政治社会化方面的整体水平,那么可以肯定的是,随着时间的递进和思想文化的熏陶,身处红色少儿组织的少年儿童经由着组织生活和文化教育,激发和提升着自身的政治觉悟。例如,1941年春,晋冀鲁豫区的青年救国会进行自下而上的改选,儿童们也自己选出他们的领袖。②

1946年的《晋绥边区少年先锋队组织简章(草案)》中,说明"本队是少年儿童自己的群众性的文化组织,同时也是半武装性的军事组织";"本队宗旨为培养少年一代,提高其文化、政治水平,并发展其学习各种技术与社会知识,为独立、自由、民主、统一与富强的新中国培养人才"。③ 相较于以往20世纪30年代苏区少年先锋队作为"劳动青年群众半军事的组织"和以政治、军事训练为主的组织任务,此时的晋绥边区少年先锋队面向"凡年满7岁至17岁的少年儿童",其组织对象和组织性质都有所变化。与"群众性的文化组织"相匹配,其首要任务是"(一)积极学习,提高政治水平",继而是"(二)配合民兵,站岗放哨,清查户口,防奸爆炸;(三)辅助大人生产;(四)参加社会活动,如优抗拥军、文化活动、卫生运动等"④。"队员"部分写明三项权利和两项义务:

> 选举权与被选举权;
> 参加本队会议,有发言权与表决权;
> 对本队一切问题有建议权;
> 有遵守本队章程与纪律之义务;
> 有服从领导与听从指挥之义务。⑤

"组织"部分的首条便是"本队之组织原则为民主集中制"。种种权责明确和对民主集中制组织原则的强调,都可见对儿童民主精神的培养。此外,从"校内校外

---

① 石锦.把广大的儿童群众组织起来[G]//共青团中央青运史工作指导委员会,中国青少年研究中心,中央档案馆利用部.中国青年运动历史资料 1935—1937.北京:中国青年出版社,1996:480.
② 晋冀鲁豫太北区的儿童工作(1942年)[G]//共青团中央青运史工作指导委员会,中国青少年研究中心,中央档案馆利用部.中国青年运动历史资料 1942—1946.北京:中国青年出版社,2002:80.
③ 晋绥边区少年先锋队组织简章(草案)(1946年6月12日)[G]//共青团中央青运史工作指导委员会,中国青少年研究中心,中央档案馆利用部.中国青年运动历史资料 1942—1946.北京:中国青年出版社,2002:499.
④ 同③:499.
⑤ 同③:500.

之少先队,可根据情况编制或联合编制。高小以上之学校不设少先队,而组织学生会"的规定可以看到,对于当时就读初级小学的一些少年儿童而言,少年先锋队的组织生活已经成为学校生活的一部分。

再如华中解放区第一次工农青妇民兵代表会议公布的《儿童团团章》,组织风气为"团结、民主、勇敢、活泼",在"权利和义务"一项,十条权利中的民主意味尤为浓厚:

> 有话大家讲。干部大家选。
> 困难大家帮。道理大家学。
> 有书大家读。有事大家作。
> 有歌大家唱。游戏大家玩。
> 干部不好大家来罢免。
> 不对的事情大家来批评。①

每一条都有"大家",体现着平等互助的意识、人人都是主人翁的精神。在华中解放区的儿童团里,儿童自小便体验着集思广益、群策群力的组织生活。

陕甘宁边区安塞县(今陕西省延安市安塞区)保育小学少年先锋队的一篇调查报告中,将少年先锋队成立的原因及经过、组织及制度、活动及作用、组织章程等做了详细的调查记录,其中特别谈到少年先锋队能够坚持的四个原因:

> 学校大胆地让同学参加自治,自己管理自己,信任学生的力量,因此学生的积极性大大提高,取消了依赖教员的心理。
> 有一个集体教育的形式,所以队员们团结一致,不易自流。
> 少先队本身的组织健全。在组织上给了一个保证的力量。
> 注意鼓励少先队员的上进心,努力成为学习和工作中的模范。②

这份调查报告中已呈现出关于少儿组织工作的规律性认识。健全组织系统,可以增强组织的吸引力和凝聚力;让少先队员自己管理自己,能够充分发挥他们的主人翁精神;注意激发少先队员的上进心,让他们在组织内外发挥榜样作用等,这些工作传统一直延续至今,为当代中国的少先队教育所倡导和发扬。

在解放事业接替抗日事业的背景之下,为更好地培养青年和少年儿童,中国共产党领导下的青年组织、少儿组织,其组织形式和发展策略都有所调整。1945年4月6日,中共中央发布《关于准备成立解放区青年联合会的指示》,以加强对青年运动的领导。1946年11月5日,中共中央发出《关于建立民主青年团的提议》,"中央认为今天应该成立的新青年积极分子组织:此组织比过去共产青年团更群众化、

---

① 转引自:郑洸,吴芸红.中国少年儿童运动史[M].天津:天津人民出版社,1992:228.
② 《安塞保育小学少先队调查》,转引自:郑洸,吴芸红.中国少年儿童运动史[M].天津:天津人民出版社,1992:221.

青年化,政治上接受党的领导,其名称拟定为民主青年团或新民主主义青年团"①。1949年1月1日,中共中央正式公布《关于建立中国新民主主义青年团的决议》以及《中国新民主主义青年团章程(草案)》,2月则成立以任弼时为主任的青年团筹备委员会,筹备召开中国新民主主义青年团第一次全国代表大会。《关于建立中国新民主主义青年团的决议》当中明确提出"领导少年儿童工作":

> 吸收七岁到十二岁的儿童参加儿童团,吸收十三岁到十七岁的少年参加少年先锋队,较小的农村则合组为少年儿童团。青年团应选派最好的干部领导这一工作,并在各级团委之下设立少年儿童部,或少年儿童委员会,作为儿童团和少年先锋队的领导机关。②

依据年龄,此处仍将少儿组织进行少年先锋队与少年儿童团的划分,并且强调少年儿童工作的领导者应当是中国新民主主义青年团"最好的干部"。

1949年4月,中国新民主主义青年团第一代表大会在北京召开,会议宣告中国新民主主义青年团(以下简称青年团)的正式成立,并通过《中国新民主主义青年团团章》和《中国新民主主义青年团工作纲领》,在青年团的工作纲领中,"领导少年儿童工作"依然被确定成为重要工作之一:

> (一)吸收七岁到十四岁(足岁)的儿童参加少年先锋队。青年团应选派优秀的干部领导这一个工作,并在各级团委之下设立少年先锋队队部,作为儿童团、少年先锋队的领导机关。
>
> (二)青年团应当协助政府,积极参加造就教员的工作,派优秀团员去做小学教育工作。③

不同于1月1日《关于建立中国新民主主义青年团的决议》中区分少年先锋队和少年儿童团的做法,这份工作纲领将少儿组织"合二为一",对少年先锋队的年龄段加以调整,提出7岁到14岁的儿童都可以加入其中。《中国新民主主义青年团团章》中的"团员"部分还做出这样的规定:

> 凡少年先锋队员已达入团年龄,志愿申请入团者,得由少年先锋队的基层组织的负责介绍,由本人填写志愿书,经团支部委员会审查与支部团员大会通

---

① 中共中央文献研究室,中央档案馆.建党以来重要文献选编(一九二一～一九四九)第23册[G].北京:中央文献出版社,2011:529-560.
② 中共中央文献研究室,中央档案馆.建党以来重要文献选编(一九二一～一九四九)第26册[G].北京:中央文献出版社,2011:4.
③ 中国新民主主义青年团工作纲领(1949年4月17日青年团第一次全国代表大会通过)[G]//共青团中央青运史工作指导委员会,中国青少年研究中心,中央档案馆利用部.中国青年运动历史资料1948.11—1949.9.北京:中国青年出版社,2002:387.

过,团区委(或相当于团区委的团委)批准,举行入团仪式。①

对于这一规定的解释说明是:

> 因少先队是青年团直接领导下的少年组织,它可以而且应该成为青年团的后备队伍,少先队员的生活作风及思想觉悟程度等,少先队的基层组织,也最能熟悉了解。所以由青年团所直接领导的少先队底基层组织,可以被委托作为其优秀的少先队员底入团介绍人。这样不但表明了青年团和少先队的密切关系,而且加重了少先队需要输送年满14岁以上优秀队员参加青年团的责任,可以更有助于青年团的巩固和发展。②

以上的思考和设计,促成中华人民共和国成立后"少队"与"童团"的"合二为一",也为"全团带队"传统、"党团队一体化"培养接班人的组织衔接奠定着坚实基础。

对于少年儿童而言,中华人民共和国的成立不仅意味着他们终将脱离战争与苦难,拥有更为完备的组织,接受更为适宜的教育,他们口中的"时刻准备着"还有了新的光荣内涵——1949年以后的中国少年儿童,不止于是"未来社会的主人"③,因为他们更是承担"创造新中国的责任"④的主人翁。

---

① 中国新民主主义青年团团章(1949年4月17日青年团第一次全国代表大会通过)[G]//共青团中央青运史工作指导委员会,中国青少年研究中心,中央档案馆利用部.中国青年运动历史资料1948.11—1949.9.北京:中国青年出版社,2002:389.

② 蒋南翔关于中国新民主主义青年团团章的报告(1949年4月13日)[G]//共青团中央青运史工作指导委员会,中国青少年研究中心,中央档案馆利用部.中国青年运动历史资料1948.11—1949.9.北京:中国青年出版社,2002:373.

③ 石锦.把广大的儿童群众组织起来[G]//共青团中央青运史工作指导委员会,中国青少年研究中心,中央档案馆利用部.中国青年运动历史资料1935—1937.北京:中国青年出版社,1996:479.

④ 原文为"要知道创造新中国的责任正是在各位小朋友的身上呀!"参见邵荃麟.给小朋友们[C]//浙江省丽水地区革命文化史料征编办公室.丽水地区革命(进步)文化史料汇编(1919—1949).丽水:浙江丽水师专印刷厂,1992:145-146.

第三章　立章建制：少先队组织的广泛建立

中华人民共和国成立后,中国少年儿童队(1953年后改名为中国少年先锋队)逐步发展为中国最具广泛性和影响力的少儿组织,红色少儿组织的历史也被纳入少先队的队史当中。追溯建队初期的历史过程可以发现,少先队的广泛性和影响力都并非一蹴而就。从建队决议的公布到队旗、队歌、队员标志的确定,少年儿童队再以"先锋"命名,以及队章的多次修订,都是少先队作为一个组织,其自身不断建设的过程,也是一种不断构建荣誉感和组织归属感的过程。中华人民共和国成立前夕,有少年儿童家长阻止自己孩子加入少先队,可到1955年初,《北京日报》上刊发两位母亲的来信,她们抒发了自己的孩子数次申请加入少先队却不成功的苦恼和困惑。当少先队开启了"红领巾情结",成为一个让少年儿童向往加入的组织时,说明其组织的设计、宣传及影响力已经渗透到了社会各界尤其是儿童的心目当中。细究两个母亲的苦恼,既关系到少先队入队标准、少先队组织领导与发展策略,更折射出不同年代不同群体的儿童教育观念。以往"少年儿童运动史""少先队发展史"等按照编年史方式梳理出了少先队活动的开展情况。本章尽可能立体地呈现"十七年"时期少先队活动的内容、方式、经验、教训,以及中华人民共和国第一代"红领巾"们的童年生活。

第一节　"建队""更名"与"立章"

一、公布"建队"决议

中华人民共和国成立前夕,有人认为,儿童团在抗日战争和解放战争时期站岗放哨,现在解放了,就不必要儿童团了;还有家长阻止自己的孩子参加少先队和儿童团,担心子女去当兵、到前线当"炮灰"①。即便是在青年团内部,也在一定程度

---

① 有研究者访谈了一位开封的老教师,这位教师回忆自己的童年时期,"当时家长和学生普遍认为加入儿童团是为了去打仗、'当炮灰'"。参见张放.中国少先队荣誉文化形成的历史考察(1949—1955)[J].中共党史研究.2014(11):25.

上存在着工作方针、任务不明确的问题,甚至把加入组织的条件定得很高。① "除了老解放区农村早有儿童团等组织外,在解放较早的城市如哈尔滨、大连、北京、石家庄、潍坊等,在团中央发布建队决议以前,已建立少年先锋队与儿童团的组织,一般是少数少年儿童的组织,入队条件甚高。"②因此,中华人民共和国成立前夕,少先队和儿童团的发展都是比较缓慢的。以北京为例,和平解放后不久,团市筹委中学工作委员会和少年儿童部即开始筹备全市少年儿童组织的组建工作,"1949年3月中旬,团市筹委少年儿童部拟定了少年先锋队和儿童团的章程草案,由中学工作委员会和少年儿童部分别着手在二中、春明小学等重点学校进行试验建队和建团工作。此时的少年先锋队和儿童团还没有标志,各校队、团组织仅设总辅导员一人"③。截止到10月,北京才在24所小学建立了儿童团,有团员8512人;在18所中学建立了少先队,有队员683人。④

1949年10月13日,中国新民主主义青年团中央委员会(以下简称青年团中央)公布了《关于建立中国少年儿童队的决议》《中国少年儿童队章程草案》《关于建立中国少年儿童队的几个问题的说明》。决议文件对中国少年儿童队组织加以界定:

> 中国少年儿童队是在中国新民主主义青年团领导下的少年儿童组织,吸收九岁到十五岁的少年儿童参加,这个组织是在学习和各种集体活动中,团结和教育少年儿童,培养他们成为爱祖国、爱人民、爱劳动、爱科学和爱护公共财物的新中国的优秀儿女。⑤

决议文件开宗明义,最先强调的是少儿组织的领导者,继而是组织对象、组织性质和作用的界定。说明文件中则对少年儿童队的名称、入队年龄、少年儿童队的性质等问题加以详细阐明。在组织名称上,没有使用少先队或儿童团名称的原因在于:

> 现在全国已快完全解放,中华人民共和国已经诞生,全中国广大的少年儿童,已在自由民主的大家庭中,获得良好教育和福利机会。为了适应这一个情况,将少年先锋队、儿童团合组为少年儿童队,以便更广泛地团结和组织少年儿童,同时避免从"先锋队"的字义上,将少年儿童组织误解成为一个少数少年

---

① 团市委《北京志·青年组织志》编委会办公室.北京志·青年组织志(征求意见稿)[M].团市委《北京志·青年组织志》编委会办公室,2003:434.
② 何礼.少年儿童队工作报告[C]//中国少年儿童社.培养教育新的一代——第一次全国少年儿童工作干部大会文献.北京:青年出版社,1950:10.
③ 同①:431.
④ 同①:434.
⑤ 中国新民主主义青年团中央委员会关于建立中国少年儿童队的决议(1949年10月13日)[C]//中国青少年研究中心.全国少先队工作会议及代表大会概览.北京:中国青年出版社,2016:4.

儿童的狭隘组织。①

文件中特别强调了没有使用"先锋队"的原因,是避免"将少年儿童组织误解成为一个少数少年儿童的狭隘组织"。与之相呼应,在对青年团各级团委要加强领导少年儿童工作这一问题的说明,再次强调了"少年儿童队的广泛性":

> 因为培养和教育整个少年儿童一代是青年团任务之一,为了实现这个任务,少年儿童队必须在学习和各种集体活动当中,团结和教育广大少年儿童。不能在这几方面使队员和非队员之间有很大界限,以保证少年儿童队的广泛性。在组织少年儿童队的步骤上,首先从九岁到十五岁的少年儿童当中,吸收愿意进步积极参加活动的少年儿童参加并逐步发展,使在推动整个少年儿童进步上起积极作用。②

"吸收愿意进步积极参加活动的少年儿童参加并逐步发展"在表述上彰显了少年儿童队组织的广泛性,但"愿意进步""积极参加活动"这样的入队标准不易理解,在实践中不好把握,还可能会和"保证少年儿童队的广泛性"形成矛盾。实践上也难免如此。1950年的《少年儿童队工作报告》中就提到:"普遍地区都要求太高,过分强调队的作用,入队条件定得过苛,入队手续复杂,以及有个别地区采用'整队'的不正确做法,把以前的少先队员整去了四分之一,等等。"③

1950年4月23日至27日,青年团中央在北京召开第一次全国少年儿童工作干部会议。"会议的主要任务是总结自1949年10月青年团中央发布关于建立中国少年儿童队决议以来全国各地少年儿童工作开展的情况。"④会议颁布了中国少年儿童队的队旗、队歌、队员标志、队礼等,这些举措对于少年儿童队的组织建设和少年儿童工作的开展都起到推动作用。会议报告中总结,青年团各级团委按照建队决议和少年儿童队的章程草案,积极向学校、家庭、社会进行宣传。历经半年工作,"根据五省、六区、二十市和天津、上海、郑州三处铁路职工子弟学校,以及鞍山三校、保定一校、芜湖二校、青岛一校等很不完全的数字统计,队员人数已达478488人,以城市小学生占绝大多数。其中建队较早的哈尔滨市有队员23721人,占在学队龄儿童42%。建队较迟的北京市有队员18935人,占在学队

---

① 关于建立中国少年儿童队的几个问题的说明(1949年10月13日,中国新民主主义青年团中央委员会公布)[C]//中国青少年研究中心.全国少先队工作会议及代表大会概览.北京:中国青年出版社,2016:4.
② 同①:5.
③ 何礼.少年儿童队工作报告[C]//中国少年儿童社.培养教育新的一代——第一次全国少年儿童工作干部大会文献.北京:青年出版社,1950:9-10.
④ 中国青少年研究中心.全国少先队工作会议及代表大会概览[C].北京:中国青年出版社,2016:6.

龄儿童的15%。上海有队员30669人,占在学队龄儿童13%"①。至1950年9月28日,青年团中央少年儿童部统计全国中小学学生数和少年儿童队队员数,如表3-1所示,就全国范围而言,少年儿童队队员占全国中小学学生的比例还是相当小,仅为5%。

表3-1 全国中小学学生数和少年儿童队队员数(1950年9月)②

全国学龄儿童数 (7足岁到13足岁)	入学 儿童数	全国少年儿童队 队员数
64729487	29889212	1505822
约占全国人口13%	小学:29336052人 中学:553160人	约占全国中小学学生的5%

二、"更名"与"立章"

1953年8月21日,青年团中央发布《关于"中国少年儿童队"改名为"中国少年先锋队"的说明》,这份文件首先阐述"先锋"的意义,继而说明为何将这样一个称号加之于少儿组织之上:

"先锋"是开辟道路的人,是为了人民的利益走在前面的人。人类历史上有许多著名的科学家、哲学家、文学家、艺术家以及许多的人民英雄,他们为了追求真理和争取人类的自由幸福,勇敢地、不怕困难地进行了巨大的创造性的劳动,开辟了人类前进的道路,他们是先锋。伟大的马克思、恩格斯、列宁、斯大林为劳动人民的解放事业开辟了道路,他们是最伟大的共产主义先锋。我们敬爱的领袖毛主席和他的战友们,领导我国人民获得了解放,建设着新生活,他们也是伟大的共产主义先锋。在我们祖国的各个战线上,有着许多战斗英雄、劳动模范、先进工作者,有着许多共产党员、青年团员,他们带头倡导,不怕困难,把自己的一切贡献给保卫祖国和建设祖国的事业,他们是建设新生活的先锋。

以"先锋"这样一个富于教育意义的称号,加之于少年儿童的组织,主要是教育儿童学习先锋们的榜样,继承他们的事业,沿着中国共产党和毛主席及其战友们为我们开辟的道路勇敢前进!③

正如这段说明文字所言,"先锋"显然是"一个富于教育意义的称号",具有榜样

---

① 何礼.少年儿童队工作报告[C]//中国少年儿童社.培养教育新的一代——第一次全国少年儿童工作干部大会文献.北京:青年出版社,1950:7-8.
② 1950年中国少先队工作大事记[EB/OL].(2007-04-16)[2021-05-10].http://61.gqt.org.cn/wxzx/dsj/200905/t20090511_238815.htm.
③ 中国新民主主义青年团中央委员会《关于"中国少年儿童队"改名为"中国少年先锋队"的说明》[C]//中国青少年研究中心.全国少先队工作会议及代表大会概览.北京:中国青年出版社,2016:27.

的教育意义和功能。但从文件列举的"先锋"人物来看,"先锋"在被赋予教育性、光荣性的同时也有着非常强的先进性。然而文件最后尤其强调:

> "中国少年儿童队"改名为"中国少年先锋队",并没有改变队的性质和任务,中国少年先锋队仍然是广泛性的少年儿童自己的组织,这个组织在学习和各种集体活动中,团结和教育少年儿童,培养他们成为爱祖国、爱人民、爱劳动、爱科学、爱护公共财物,健壮、活泼、勇敢、诚实的新的一代。各级团委必须注意防止和纠正由于改名而可能引起的对队的性质的误解,特别要防止和纠正不从教育出发,过高地要求儿童,以及提高儿童入队条件等偏向。①

尽管对于"队的性质和任务"做出重申,并要求各级团委注意防止和纠正可能出现的误解和问题,但这份文件中对于"先锋"意义的说明与强调"仍然是广泛性的少年儿童自己的组织"之间的逻辑衔接却并不流畅自然。当代有论者指出:"组织名称短时间内的变更说明团中央对该组织性质和作用的定位尚不清晰;对少先队性质的解释也反映出团中央左右摇摆的矛盾心理。"②姑且不论这样的"尚不清晰""矛盾心理"是否确凿,至少之后少先队为实现其自身的广泛性经历了一个相当长而曲折的过程。③

在更改组织名称的同时,组织本身的制度建设也在同步展开。1949年10月13日公布建队决议之时,青年团中央还公布了一份《中国少年儿童队章程草案》;1950年4月,第一次全国少年儿童工作干部会议上发布了队旗、队歌、队员标志等。这些都是中华人民共和国成立后少先队组织文化尤其是"荣誉文化"构建的重要举措。如表3-2所列,中华人民共和国成立后的"十七年"间,少先队队章修订过两次,从标题、次序和内容做出了一些调整,逐步完善了章程这样一个组织建设中极为重要的要素。

---

① 中国新民主主义青年团中央委员会《关于"中国少年儿童队"改名为"中国少年先锋队"的说明》[C]//中国青少年研究中心.全国少先队工作会议及代表大会概览.北京:中国青年出版社,2016:28.
② 张放.中国少先队荣誉文化形成的历史考察(1949—1955)[J].中共党史研究,2014,(11):27.
③ 无论是下文呈现的20世纪50年代"小丽"入队难的问题,再到20世纪80年代初关于"全童入队"方针的大讨论,甚至2016年还有研究提到,M小学一直是采取分批入队的方式,直到2014年五月份大队辅导员参加了省里的辅导员培训,培训老师在会上指出少先队入队应坚持"全童入队"。大队辅导员回来后就进行了少先队全童入队的"改革",让一年级的学生全部入队:"这种改变没有什么为什么,'上面'特别强调的事情,特别要求的事情,我们就去做。之前之所以分批入队,也是延续前任大队辅导员的做法。"参见傅金兰.政治身份的赋予——对一所小学少先队的田野考察[D].南京:南京师范大学,2016:28-33.这或许从侧面反映了社会各界对于少先队发展方针或者说少先队的"广泛性"这一性质的认识长久以来并不统一。

表 3-2 "十七年"时期少先队队章修订简况①

时间	1949 年 10 月 13 日	1954 年 5 月 28 日	1958 年 6 月 28 日
名称	《中国少年儿童队章程草案》	《中国少年先锋队队章》	《中国少年先锋队队章》
标题及次序	一、名称	一、少年先锋队的性质和工作	一、我们的队名
	二、目的	二、少年先锋队队员	二、我们队的创立者和领导者
	三、队员	三、少年先锋队的组织	三、我们的目的
	四、队的作风	四、少年先锋队的奖励和处分	四、我们的队旗
	五、队的活动	五、少年先锋队的标志	五、我们的标志
	六、队的组织	六、少年先锋队队礼	六、我们的队礼
	七、奖励与处分	七、少年先锋队的呼号	七、我们的呼号
	八、队歌、队旗、队徽、队礼另订		八、我们的作风
			九、我们的队员
	九、本章程草案由中国新民主主义青年团中央委员会公布,以供全国各地试行		十、我们的组织
			十一、我们队的奖励和处分办法
			十二、我们的辅导员

对比 1949 年《中国少年儿童队章程草案》与 1954 年《中国少年先锋队队章》的标题即可发现,1949 年《中国少年儿童队章程草案》前 7 项的标题都较为简单,后两项中还使用了"另订""试行"的表述,1954 年《中国少年先锋队队章》的标题就显得更为正式。在内容上,1954 年的《中国少年先锋队队章》是"中国新民主主义青年团中央委员会为了更好地开展少年先锋队的工作,根据中国新民主主义青年团团章第七章'中国少年先锋队组织'的规定,根据四年多来少年先锋队工作的实际经验,对队章草案做了一些修改和补充"②。首先是组织的名称、性质和工作等内容的调整:

一、名称:定名为中国少年儿童队。
二、目的:团结与教育少年儿童学习文化科学知识,具有健康体魄和创造精神,培养爱祖国、爱人民、爱劳动、爱科学、爱护公共财物的好思想好作风,成为新中国优秀儿女。
……

---

① 笔者整理,主要参考:中国青少年研究中心.全国少先队工作会议及代表大会概览[C].北京:中国青年出版社,2016:3,50-52,84.
② 中国新民主主义青年团中央委员会公布中国少年先锋队队章的通知(1954 年 5 月 28 日)[C]//中国青少年研究中心.全国少先队工作会议及代表大会概览.北京:中国青年出版社,2016:50.

四、队的作风：团结、民主、勇敢、活泼。

五、队的活动：(1)努力学习；(2)参加劳动；(3)娱乐游戏；(4)体育卫生；(5)积极工作。①

(1949年《中国少年儿童队章程草案》)

一、少年先锋队的性质和工作

中国少年先锋队是中国少年儿童自己的组织。它是中国共产党创立的。中国新民主主义青年团受中国共产党的委托来领导中国少年先锋队。

建立少年先锋队是为了团结和教育少年儿童成为爱祖国、爱人民、爱劳动、爱科学、爱护公共财物和健壮、活泼、勇敢、诚实的新中国优秀儿女。

少年先锋队要经常组织各种有意义、有趣味的活动来教育儿童。如举行队会，组织旅行、露营、参观、访问、制作模型、采集标本，举行体育的游戏和比赛，开展音乐、舞蹈、朗诵、绘画等文化活动，以及进行适当的社会工作等。②

(1954年《中国少年先锋队队章》)

1954年《中国少年先锋队队章》中对于少先队性质的界定明确，特别强调了少先队的创立者、领导者及相互关系。1950年召开的第一次全国少年儿童干部会议上，青年团中央就指出了"团组织未能很好掌握领导，放任自流"的缺点，"如个别地区的学校不与团委联系，自聘辅导员，自行规定发展数字等；许多地区的领导建队机构由教员、学生选举产生，不能保证团的领导，不能正确掌握建队精神"③。将青年团的领导地位写入队章显然是对少年儿童队组织领导权的再次强化。1949年《中国少年儿童队章程草案》中的"目的"被融入1954年《中国少年先锋队队章》"少年先锋队的性质和工作"中，"队的活动"表述较为笼统，并将"努力学习"放在了首位，而1954年《中国少年先锋队队章》中则提出要经常组织"各种有意义、有趣味的活动来教育儿童"，并列举了若干具体活动内容，显然更贴近少先队的少儿组织定位和工作实际。

其次是关于"少年先锋队队员"的规定：

三、队员：凡是九岁到十五岁（实足年龄）的男女少年儿童，自愿参加少年儿童队，遵守队章，参加活动，并经少年儿童队队部批准，就可成为队员。④

(1949年《中国少年儿童队章程草案》)

二、少年先锋队队员

凡是九周岁以上，十五周岁以下的少年儿童，愿意参加少年先锋队；愿

---

① 中国少年儿童队章程草案(1949年10月13日,中国新民主主义青年团中央委员会公布)[C]//中国青少年研究中心.全国少先队工作会议及代表大会概览.北京：中国青年出版社,2016：3.

② 中国新民主主义青年团中央委员会公布中国少年先锋队队章的通知(1954年5月28日)[C]//中国青少年研究中心.全国少先队工作会议及代表大会概览.北京：中国青年出版社,2016：50-51.

③ 培养教育新的一代——青年团中央书记冯文彬在第一次全国少年儿童工作干部会议上的总结报告(部分)[C]//中国青少年研究中心.全国少先队工作会议及代表大会概览.北京：中国青年出版社,2016：14.

④ 同①：3.

意遵守队章,可以向中队委员会提出申请,经过中队委员会讨论批准后,就成为队员。新队员要在入队仪式上举行宣誓,接受并带佩戴少年先锋队的红领巾。

每个队员有选举权和被选举权,可以对队的工作和活动提出意见和要求。

少年先锋队要求每个队员好好学习,锻炼身体,遵守纪律,团结友爱,爱好劳动,积极参加队的活动,服从队的决议,努力做好队交给的工作。①

(1954年《中国少年先锋队队章》)

在入队手续上,1949年的《中国少年儿童队章程草案》规定"经少年儿童队队部批准,就可成为队员",1954年的《中国少年先锋队队章》将之改为"可以向中队委员会提出申请,经过中队委员会讨论批准后,就成为队员"。这是因为少先队中队通常以班级为单位组成,少年儿童之间比较熟悉了解,由中队委员会来讨论和批准队员比较适当。如果吸收队员要经过大队委员会批准,大队委员会难免负担太重。"少年先锋队队员"的内容中还增加了队员选举权、被选举权及相关权利义务的内容,权责更为明确,并注意到了培养少年儿童的主动性、创造性和集体主义精神。

再次是关于少先队的组织:

六、队的组织:

1. 少年儿童队是中国新民主主义青年团领导下的少年儿童组织,并按年龄大小分编为少年组或儿童组。(少年与儿童的年龄划分不机械规定。大致十二岁以下为儿童,十二岁以上为少年。)

2. 以学校、工厂、机关、街道、村庄(或乡)为单位进行组织,以八人到十五人编为小队,三个到五个小队编为中队,三个到五个中队编为大队,每小队设正副队长各一人,中队和大队设队长一人,副队长二人。

3. 少年儿童队在村庄(或乡)设村队部(或乡队部),在学校、工厂、街道,设学校、工厂、街道队部,工作需要时,各级队部可设学习、娱乐、生活等干事分工合作。②

(1949年《中国少年儿童队章程草案》)

三、少年先锋队的组织

(一)少年先锋队以学校和少年儿童教养机关为单位建立组织。队的组织分大队、中队、小队。小队由七人到十三人组成。小队设正副队长各一人,

---

① 中国新民主主义青年团中央委员会公布中国少年先锋队队章的通知(1954年5月28日)[C]//中国青少年研究中心.全国少先队工作会议及代表大会概览.北京:中国青年出版社,2016:50-51.
② 中国少年儿童队章程草案(1949年10月13日,中国新民主主义青年团中央委员会公布)[C]//中国青少年研究中心.全国少先队工作会议及代表大会概览.北京:中国青年出版社,2016:3-4.

领导小队工作。正副小队长由小队全体队员选举产生。

中队由两个到五个小队组成。中队设中队委员会,由中队长一人和中队委员两人到四人组成,领导中队工作,中队长和中队委员由中队全体队员选举产生。

大队由两个以上中队组成。大队设大队委员会,由大队长一人,大队委员四人到十二人组成,领导大队工作。大队长和大队委员由大队全体队员选举产生。

(二)少年先锋队的大队委员会、中队委员会和小队长每半年或者一年选举一次。①

(1954年《中国少年先锋队队章》)

组织内部机构、结构、秩序的合理设计直接影响到组织的建设、管理、协调和运作等各项事宜。1954年的《中国少年先锋队队章》对于少先队组织做出较多的调整和改进,使得结构更为清晰,机构相对民主。第一,取消少年组和儿童组的年龄分组方式。因为一个中队都是由一个班级或者相近的两个班级组成,队员在年龄和文化知识水平上都比较近似,不必再按年龄分组。第二,组织单位上"以学校、工厂、机关、街道、村庄(或乡)为单位进行组织"变作"以学校和少年儿童教养机关为单位建立组织"。根据建队以来的实际经验,学校和少年儿童教养机关是少年儿童集中受教育的地方,所以少先队首先在学校和少年儿童教养机关中建立,这是少先队作为少儿组织发展壮大的必然选择。"对于目前在农村和城市中的一部分小学和初中毕业而没有升学的队员,各地团委应该根据他们所处的具体环境和条件,予以组织和领导。"②第三,中队和大队的组织机构改为选举产生的委员会制,即中队委员会、大队委员会,这样更有利于培养少年儿童的集体归属感特别是民主的作风。

最后是对少先队标志、队礼和呼号的修改。少先队的队礼等内容是在1950年4月第一次全国少年儿童工作干部会上颁布的。"现在把它们规定在队章上,使少年儿童更好地了解它的意义,以培养少年儿童的组织性、纪律性和对集体的崇高的感情。队礼的意义取消了原来规定的二、三两条,呼号做了修改,使内容简单明确,队员容易记忆。"③

中国少年儿童队队礼行法:右手五指并列,经过胸前自下至上,停在额前超过头顶一寸半。意义说明:

---

① 中国新民主主义青年团中央委员会公布中国少年先锋队队章的通知(1954年5月28日)[C]//中国青少年研究中心.全国少先队工作会议及代表大会概览.北京:中国青年出版社,2016:51.
② 青年团中央关于中国少年先锋队队章的几个具体问题的说明[C]//中国青少年研究中心.全国少先队工作会议及代表大会概览.北京:中国青年出版社,2016:52.
③ 同②:53.

一、右手举高过头顶,表示人民利益高于一切。
二、五个手指表示五爱。
三、与国际少年先锋队队礼相同。①

(1950 年)

六、少年先锋队队礼

队礼的行法是右手五指并紧高举头上。它的意义表示人民利益高于一切。每个队员应该在行动中发扬队礼所表示的精神。②

(1954 年《中国少年先锋队队章》)

尽管在1954年的《中国少年先锋队队章》中,关于少先队队礼的表述没有专门阐述"五爱"的具体内涵,但1954年队章的首条"少先队先锋队的性质与工作"中写道:"建立少年先锋队是为了团结和教育少年儿童成为爱祖国、爱人民、爱劳动、爱科学、爱护公共财物和健壮、活泼、勇敢、诚实的新中国优秀儿女。"③这当中已包含"五爱"的期望和要求。再看少先队的呼号和回答:

呼号:"准备着!为建设祖国的事业,为实现毛主席的伟大理想而奋斗!"
回答:"时刻准备着!"④

(1949 年《中国少年儿童队章程草案》)

呼号:"准备着!为实现共产主义和祖国的伟大事业而奋斗!"
回答:"时刻准备着!"⑤

(1954 年《中国少年先锋队队章》)

1954年修改的少先队呼号在语言表达上更为简洁、更为崇高,而"准备着""时刻准备着"的呼号和回答则是红色少儿组织就已使用并流传至今的光荣话语。

1958年6月28日,共青团三届三中全会通过并颁布《中国少年先锋队队章》。1958年颁布的队章与1954年版队章比较,最明显的变化之一是标题使用了第一人称,采用了"我们的队名""我们队的创立者和领导者""我们的目的""我们的队旗"这样亲切的表达方式。变化之二在于加入了若干重要的组织要素:队旗、标志、队礼、呼号以及作风。

四、我们的队旗:五角星加火炬的红旗。五角星代表中国共产党的领导,

---

① 中国新民主主义青年团河北省委员会少年儿童部.少年儿童队工作手册第1辑[M].石家庄:河北人民出版社,1952:35.
② 中国新民主主义青年团中央委员会公布中国少年先锋队队章的通知(1954年5月28日)[C]//中国青少年研究中心.全国少先队工作会议及代表大会概览.北京:中国青年出版社,2016:52.
③ 同②:52.
④ 同①:39.
⑤ 同②:52.

火炬象征着光明,红旗象征着革命胜利。

　　五、我们的标志:红领巾。它代表红旗的一角。每个队员都应该佩戴它和爱护它,保持它的荣誉。

　　六、我们的队礼:右手五指并紧,高举头上。它表示人民的利益高于一切。

　　七、我们的呼号:"准备着!为共产主义事业而奋斗!"回答:"时刻准备着!"

　　八、我们的作风:诚实、勇敢、活泼、团结。①

(1958年《中国少年先锋队队章》)

　　值得关注的是,少先队的队风曾于1954年版队章中删去而在1958年版队章里重新写入,尽管是无形的风气,但象征着少先队作为少儿组织应有的组织文化特征,也代表了时代和社会对于少年儿童个性特征的期待。

　　具体内容上,1954年确立的少先队呼号"准备着!为实现共产主义和祖国的伟大事业而奋斗!"改为了"准备着!为共产主义事业而奋斗!"回答仍为"时刻准备着!",对于呼号的修改"更加简洁、明确,便于儿童记忆"②。"新队员入队要种一棵树,或者做一件别的公益事情"的新要求以及转队、离队的相关要求,有助于增强少年队员的组织观念。"我们的组织"中加入"受中国共产主义青年团的直接领导。在市、县、区、乡建立少先队队部,在学校、街道、农业社(牧业社)建立大队或中队,中队下设小队"的内容,并建议"大队和中队委员会可以根据工作需要,设旗手、劳动、学习、文化、体育、组织、墙报等委员";"我们队的奖励和处分办法"将处分办法分作了警告、停止队籍、开除队籍三种。③ 种种规定都让少先队组织的制度文本和结构体系更为完备。

　　值得注意的是,自1958年开始,少先队队章中专列"我们的辅导员"一项,表达了对于少先队辅导员的重视,也调整了其从"领导人"到"指导者"的定位:

　　三、少年先锋队的组织

　　……

　　(四)青年团组织聘请优秀的团员或者优秀的教师担任少年先锋队的辅导员。辅导员是少年先锋队员的领导人和朋友。辅导员应该领导和帮助大队委员会、中队委员会和小队长进行队的工作,组织队的活动。④

(1954年《中国少年先锋队队章》)

---

① 中国少年先锋队队章(1958年6月28日共青团三届三中全会通过并颁布)[C]//中国青少年研究中心.全国少先队工作会议及代表大会概览.北京:中国青年出版社,2016:84.
② 郑洸,吴芸红.中国少年儿童运动史[M].天津:天津人民出版社,1992:317.
③ 同①:84-85.
④ 中国新民主主义青年团中央委员会公布中国少年先锋队队章的通知(1954年5月28日)[C]//中国青少年研究中心.全国少先队工作会议及代表大会概览.北京:中国青年出版社,2016:52.

十二、我们的辅导员：由共青团选派优秀团员来担任,他是少年先锋队员亲密的朋友和指导者,帮助中队或大队委员会进行工作,组织活动。初中、小学高年级和农业社的少先队也可以不设辅导员。①

(1958年《中国少年先锋队队章》)

两版《中国少年先锋队队章》都说明了辅导员在组织中的角色、任务和作用,最显著的区别在于,辅导员由队员的"领导人和朋友"变作了"亲密的朋友和指导者",首先应是与儿童地位平等的朋友,继而才能更好地履行职责,发挥指导者的作用。

第二节　从"小丽"入队难到"全童入队"②

一、一位母亲的来信

1954年12月20日,一位署名林丽的母亲写了一封信,这封信随后投到了《北京日报》编辑部的信箱。这封信诉说了这么一件事情：女儿小丽几次申请加入少先队,都因被认为有缺点而未获批准,"对她的自尊心是一种摧残,对她的进取心是无情的打击"。这位母亲认为,许多学校少先队组织吸收队员的唯一条件是要孩子"服服帖帖、百般顺从",因此提出"学校没有理由把一个热情的孩子一再拒之门外"的诉求。③

1955年1月20日,《北京日报》刊发了这封来信、报社记者诸有琼调查所写的通讯稿《小丽为什么现在才入队》以及一篇批评少先队工作缺点的文章《不要忘记他们是孩子!》。这三篇文章引起了社会各界的关注,他们纷纷撰文表达自己的意见。"这些提出意见的人包括了少年儿童工作者、教师、家长,还有工人、战士、机关工作者等,方面是比较广泛的。"④

从表3-3所列的文章标题可以看出,大多论者的意见是赞同林丽的观点,指出并批评了儿童入队时"申请、申请、再申请,考验、考验、再考验",辅导员让儿童"等待、等待、再等待"的现象。

---

① 中国少年先锋队队章(1958年6月28日共青团三届三中全会通过并颁布)[C]//中国青少年研究中心.全国少先队工作会议及代表大会概览.北京：中国青年出版社,2016：84.

② 笔者这里给"小丽"打上了引号,是因为在1954年前后,存在着不少适龄儿童翘首以盼,希望加入少先队组织当中,"小丽"指代了他们这样的群体。

③ 林丽.一位母亲的来信[C]//北京大众出版社.不要忘记他们是孩子：小丽入队问题讨论集.北京：北京大众出版社,1955：4-6.

④ 编者.关于小丽入队问题的讨论[C]//北京大众出版社.不要忘记他们是孩子：小丽入队问题讨论集.北京：北京大众出版社,1955：1.

表3-3 关于小丽入队问题的讨论文章①

1	林丽	一位母亲的来信
2	诸有琼	小丽为什么现在才入队
3	顾行	不要忘记他们是孩子!
4	一个孩子的母亲	请考虑一下被遗弃的入队申请书
5	邱开骝	在幼小的心灵上留下了什么?
6	尹淑英等	不能再以己度人了——少先队辅导员们的意见
7	刘厚明	把孩子培养成什么样的人?
8	范小韵	别把孩子当大人
9	方蘅	方蘅的来信
10	李庄康等	支持方蘅意见的看法
11	胡志涛等	我们不需要这样老实孩子——我们不同意方蘅的意见
12	李广汉、刘厚明	必须从教育孩子的观点出发
13	成美	不要忘记少年先锋队的教育作用
14	孙国梁	进一步改造思想,树立社会主义的教育观点
15	张大中	积极辅导和支持少年儿童活动
16	梁为楫	积极地、大量地发展少年先锋队组织
17	胡一声	少年先锋队的大门应为广大儿童敞开着
18	苏灵扬	我们需要的是生气勃勃的新生一代
19	刘厚明	周松华怎样入了队
20	傅朝英	少年先锋队在农村也有开展活动的条件
21	汪若玠	我们学校行政怎样重视了少年先锋队的工作
22	诸有琼	让她们愉快地度过少年时期
23	李晴氛	和孩子们在一起

又"一个孩子的母亲"撰写了《请考虑一下被遗弃的入队申请书》这样一篇文章,这位母亲在文中提出这样的问题:

> 他第三次申请入队又未批准。我访问过他的级任老师,据说,孩子的纪律是大有进步,可是还不够入队的标准。我问孩子:到底因为哪些缺点而没有被批准入队呢?他想了半天,摇摇头说:"老师没告诉我。"
> 现在,入队问题也成了我的孩子的思想负担,他对一切失掉了信心,充满了自暴自弃的思想。在队员面前,他有自卑情绪,不愿接近他们,只找一些非队员玩。有时对于队员同学还有吹毛求疵的念头。我不禁要问:难道不可以

---

① 参见北京大众出版社.不要忘记他们是孩子:小丽入队问题讨论集[C].北京:北京大众出版社,1955:4-83.

在满足孩子们的希望以后,及时向他们进行教育,来提高他们吗?①

这位母亲的发问实际上正点明了少先队的任务,甚至有了改革开放后少先队"组织起来受教育"策略的先见之明。

但也有相反的意见,最突出的是署名为方蘅的一封来信。信中写到:"一个全面发展都好而思想纯正,不夸张、不骄傲的儿童才有入队的可能。"他还批评小丽"只知责人,不知律己""品质不够高尚",指责林丽"因母爱而失去理智,处处为女儿维护"②。这封信一经刊出,又成为争论的焦点,很多人指出,方蘅所说的入队条件,实际上表露了他对少先队性质和任务并不清楚,如果按照这一入队标准,那么少先队将成为"模范儿童队",凡是能够入队的儿童,已经是"全面发展都好"的了。3月26日,《北京日报》发表了一篇社论《让更多的孩子戴上红领巾》,再次表明了对于这场论战的立场和态度。

"小丽入队的问题,实际上是怎样正确地对待少年儿童,怎样正确发挥少年先锋队作用的问题。"③《北京日报》展开讨论的同时,青年团中央于3月28日发出《关于积极发展少年先锋队组织的指示》。《光明日报》《人民日报》《中国青年报》也相继发表社论。如表3-4所列,这些社论一致指出,少先队是广大少年儿童自己的组织,应该让更多的少年儿童戴上红领巾;少先队要正确地对待和教育儿童,培养儿童成为社会主义的新人。同时,青年团组织应该更好地领导起少先队的工作。自此,社会各界关于"小丽"入队问题的讨论暂告一段落。

表3-4 关于小丽入队问题的社论④

1955年3月26日	《北京日报》	《让更多的孩子戴上红领巾》
1955年4月3日	《光明日报》	《学校教师必须重视和协助少年先锋队工作》
1955年4月28日	《人民日报》	《积极开展中国少年先锋队的工作》
1955年4月28日	《中国青年报》	《切实地把领导少年儿童工作的责任担当起来》
1955年5月10日	《北京日报》	《正确地对待儿童和教育儿童》

二、"让更多的少年儿童戴上红领巾"

当民众尤其是教师们、家长们意识到"小丽"们不能入队这一问题时,少先队的

---

① 一个孩子的母亲.请考虑一下被遗弃的入队申请书[C]//北京大众出版社.不要忘记他们是孩子:小丽入队问题讨论集.北京:北京大众出版社,1955:16-17.

② 方蘅.方蘅的来信[C]//北京大众出版社.不要忘记他们是孩子:小丽入队问题讨论集.北京:北京大众出版社,1955:31-32.

③ 北京大众出版社.不要忘记他们是孩子:小丽入队问题讨论集[C].北京:北京大众出版社,1955:封面内容提要页.

④ 同③:89-108.

领导者同样意识到这一问题并做出反思与纠正。1953年举行的第二次全国少年儿童工作会议强调,今后少先队的组织发展方针应该是"采取积极态度,分不同情况,有领导、有计划地逐步发展队的组织"①。1954年春天,北京团市委对少先队的组织发展工作进行了较系统的研究,于下半年报送了《关于少先队组织发展工作中的问题和改进意见的报告》。"报告中指出,目前少先队组织发展工作的主要问题是入队标准过严,今后应采取积极、有领导、有计划的发展方针,简化和统一入队手续,以便满足广大少年儿童入队的愿望。"②到了1955年第三次全国少年儿童工作会议召开时,会议的主要任务是"解决少先队组织发展过于缓慢,少先队和少年儿童课余生活不活跃,不能满足少年儿童身心发展要求的问题"。③ 在名为《为少年先锋队工作的蓬勃开展而斗争》的会议报告中,把少年儿童工作总结为"进展很大,尚很落后",认为"少先队的发展缓慢,对儿童的入队要求关心不够",继而发出了"让更多的少年儿童戴上红领巾"的号召。④

由表3-5可以看出,1952年以来的三年当中,少先队员与少先队辅导员的数量每年都有增长,到1955年,少先队员有1000万人。但这一数字与全国已经达到队龄儿童的人数相比,可以发现少先队员在适龄儿童中的比例很小,"当时,全国9—15岁的适合队龄的少年儿童达7600万人,其中,初中和小学中适合队龄的学生3850万人"⑤。1000万少先队员仅占全国适龄少年儿童的13%多一点,占初中小学适龄少年儿童的26%左右。另外,依据表格的数据,少先队员发展的大体情况为每年新增100万至200万人,而当时国内每年有1100多万儿童达到9岁,这样的发展规模也远不能满足即将适龄儿童的入队需求。

表3-5 中小学校少先队员数和少先队辅导员数(1952—1955年)⑥

时间	中小学校少先队员数	少先队辅导员数
1952年	5200000	/
1953年	7000000	162826(1953年6月)
1954年	8000000	201657(1954年2月)
1955年	10000000	290503(1955年3月)

---

① 团市委《北京志·青年组织志》编委会办公室.北京志·青年组织志(征求意见稿)[M].出版者不详,2003:435.
② 同①:435.
③ 中国青少年研究中心.全国少先队工作会议及代表大会概览[C].北京:中国青年出版社,2016:55.
④ 同③:58-59.
⑤ 同③:54.
⑥ 1955年中国少先队工作大事记[EB/OL].(2007-04-16)[2021-05-09].http://www.gqt.org.cn/695/gqt_tuanshi/gqt_ghlc/gqtysxd/sxd_dsj/200704/t20070416_18388.htm.

少先队组织发展过于滞缓，原因有很多方面。首先，地方青年团组织及中小学校对于少先队工作的认识有偏差，翻阅彼时的文献资料可以发现，地方青年团的组织或多或少地存在着如"生产、开会很忙，没有时间管""儿童很散漫，管不好"①等轻视少年儿童工作的倾向；还有对少先队工作缺乏科学的认识，许多地方团委害怕"发展大了管不了"，因而对队的发展控制很严，个别地方甚至提出"整顿，巩固，暂停发展"的错误口号②。同时，全国各地的中小学校致力改进教学工作，提高教学质量，对少先队的工作有所忽视。不少学校都存在着这种情况："学校的校务会议从来不讨论和研究少先队的工作；校长根本不去过问少先队的事情；有的辅导员主动地向校长汇报工作时，校长还借口不懂少先队业务、不了解情况等等予以推辞和拒绝。有些教师只顾自己搞教学，不同辅导员配合进行工作；有些教师认为兼任辅导员工作是额外负担，会影响教学工作。"③

其次，一些教师乃至少先队辅导员对于少先队的性质和任务理解有误。"许多学校都要少年儿童做到学习好、纪律好、品德好、劳动好、群众关系好才能入队"，"他们要求少年儿童'斯文''听话'，认为这才是'好'孩子，可以入队；而活泼好动的是'坏'孩子，不能入队"。④ 这样的认识和做法既错误地把"先锋"理解为"物以稀为贵""少了才能起作用"，更是忽视甚至是压抑了儿童活泼好动的天性。这在一定程度上反映当时的一些少先队工作者还不能科学地认识、正确地对待少年儿童。少年儿童喜欢集体生活，少先队建立的意图正在于把少年儿童组织起来并进行各种集体活动，进而培养和教育儿童。当大部分儿童长期被拒于少先队之外，他们的积极性和上进心必然受到打击。除了前文提及的小丽个案，各地都有少年儿童申请入队好几年，申请了十多次而没被批准的例子。有些少年儿童因为不能入队，在队会上当场大哭，回到家里饭也不吃，人也不敢见；有的少年儿童因长期入不了队去算命；也有的另外成立组织，自封"皇帝""元帅"，和少先队对立，骂"红领巾"，打小同学。⑤

1955年3月28日，青年团中央发布《关于积极发展少年先锋队组织的指示》，认为"组织发展过于缓慢，不能满足广大人民和少年儿童的要求"是"当前少年先锋队工作中存在着一个严重的缺点"，要"迅速地改变这一情况"，"今后少年先锋队必须采取积极地大量地发展的方针"，"少年先锋队组织愈壮大，团结的少

---

① 共青团浙江省委学校和少先队工作部.少先队活动经验[M].杭州：浙江人民出版社，1958：1.
② 切实地把领导少年儿童工作的责任担当起来(《中国青年报》社论)[C]//北京大众出版社.不要忘记他们是孩子：小丽入队问题讨论集.北京：北京大众出版社，1955：100.
③ 学校教师必须重视和协助少年先锋队工作(《光明日报》社论)[C]//北京大众出版社.不要忘记他们是孩子：小丽入队问题讨论集.北京：北京大众出版社，1955：92.
④ 中共中央批转青年团中央书记处"关于当前少年儿童工作问题的报告"[EB/OL].(2007-04-23)[2021-05-09].http://www.gqt.org.cn/695/gqt_tuanshi/gqt_ghlc/his_wx/his_wx_1950_1959/200704/t20070423_22141.htm.
⑤ 同④.

年儿童愈多,它的作用也就愈大"。就如何发展少先队,《关于积极发展少年先锋队组织的指示》做出要求:第一,扫除思想障碍,"各级团委必须批判那些陈旧的教育观点和对少年先锋队性质的错误认识,大力地正确地宣传少年先锋队的性质任务和共产主义的教育思想"。第二,提出少先队发展的具体要求,"在今后一年内,城镇和工矿区的初中和小学校,一般地都应建队;农村的完全小学、中心小学全部建队;在完全小学、中心小学已经全部和大部分建队的地区,则应有计划地在初小建队。在已经建队的学校,应该积极开展队的活动,进一步壮大队的组织,把广大的少年儿童吸收到少年先锋队的组织里来。各级团委对校外的建队工作,也必须采取积极的态度,在农村和城市的校外少年儿童中,应该有计划地进行建队工作。"同时,还强调各级团委和当地教育行政部门密切合作、选聘和训练辅导员等事宜。①

在"积极地大量地发展"少先队员这一方针的指导下,少先队组织发展较快,"1958年队员发展到3300万,1960年队员达到4800万"②。然而到20世纪50年代末,中国开始进入"三年困难时期",各条战线忙于贯彻"调整、巩固、充实、提高"的八字方针,农村贯彻"农业六十条",不少地方尤其是县级以下共青团组织无暇顾及少先队的组织发展工作。1962年底,时任共青团书记处书记的李琦涛在第五次全国少先队工作会议的总结中就提到:"1959年以来,我们有五千万少先队员,现在根据许多地方报来的不完全的统计数字看来,肯定已经不到五千万了。"③尽管会议提出应重视这一问题,将继续贯彻"积极地大量地发展"方针,会上讨论通过的《中国少年先锋队工作条例(试行草案)》中"队的组织"中规定"少先队应当把全体少年儿童吸收到组织里来接受教育"④,但直到1965年4月,"少先队员在五年时间才增加了200多万"⑤。

1965年3月29日至4月19日,共青团九届二中全会在北京召开,会议通过《高举毛泽东思想伟大红旗,为培养少年儿童成为无产阶级革命接班人而奋斗》的决议。决议提出:"积极建立和发展少先队组织,迅速地把我国全体少年儿童组织起来,凡是7岁至15岁的少年儿童,不分校内校外,只要本人申请,都可以编入少

---

① 青年团中央关于积极发展少年先锋队组织的指示[EB/OL].(2007-04-23)[2021-05-09]. http://www.gqt.org.cn/695/gqt_tuanshi/gqt_ghlc/his_wx/his_wx_1950_1959/200704/t20070423_22173.htm.
② 中国青少年研究中心.少先队组织与工作状况研究蓝皮书[M].北京:中国少年儿童出版社,2010:173.
③ 李琦涛在第五次全国少先队工作会议上的总结(有删节)(1962年12月8日)[C]//中国青少年研究中心.全国少先队工作会议及代表大会概览.北京:中国青年出版社,2016:123.
④ 中国青少年研究中心.全国少先队工作会议及代表大会概览[C].北京:中国青年出版社,2016:127.
⑤ 同②:173.

先队。"①"此后不到一年的时间里,少先队员总数翻了一番,达到 1 个亿。"②然而,决议同时强调要以阶级斗争为纲发展少年儿童运动,做出取消队长、队委标志并简化少先队活动仪式等决定,使得整个少先队的组织建设和活动开展受到影响。随后的"文化大革命"更使得少先队组织遭受了极其严重的破坏。

第三节 "翻来覆去老一套"?

一、"十七年"时期的少先队活动

早在苏区的共产儿童团等红色少儿组织中,儿童在学校学习之余,便积极参加生产劳动、开展社会服务。中华人民共和国成立后,少先队延续了这些优良传统,让儿童的生活边界从家庭、学校扩展开来,与广泛的社会生活发生联系。1950 年 4 月,第一次全国少年儿童工作干部会议上的工作报告提及,《关于建立少年儿童队的决议》发布以来的半年时间里,建队的地方都获得了一定的成绩:

> 各地学校中以前不遵守校规公约的儿童,在队员影响下,都有了极大的转变。此外,有了队,也逐步消除了过去男女不团结,班级间不团结,个别儿童间打架吵闹互不理睬的现象。队员并努力参加建设学校,积极帮助同学解决困难等。教师们普遍地反映:"有了队,学生好教了。"
> 在校外,队员和同学参加了各种社会服务工作。北京、山东、吉林、张家口、海门、长沙等地都办有识字班,帮助失学儿童学习;响应政府号召,进行宣传服务活动;以及队员在家帮助家里做事,减轻了家长负担等。
> 在农村中,队员除了积极学习以外,还配合生产进行各种辅助劳动,如放牲口、打柴、拾粪、除害虫害鸟、拾豆子、淋硝等。又动员儿童入学,以及在冬学中辅助教学工作,在农村生产及文化学习的开展上,起了一定作用。此外并协助农会及村干部进行鼓励生产、报道消息等宣传工作。③

这段文字揭示了少年儿童对于社会交往尤其是同伴交往的需求,当身处少年儿童队集体当中,同伴交往的需求得到满足后,儿童不仅能够摆脱自我中心状态,还学会了与同伴的合作相处,互相学习。"在同伴集团指导下训练儿童具有重要的

---

① 中国青少年研究中心.全国少先队工作会议及代表大会概览[C].北京:中国青年出版社,2016:130-131.

② 中国青少年研究中心.少先队组织与工作状况研究蓝皮书[M].北京:中国少年儿童出版社,2010:174.

③ 培养教育新的一代——青年团中央书记冯文彬在第一次全国少年儿童工作干部会议上的总结报告(部分)[C]//中国青少年研究中心.全国少先队工作会议及代表大会概览.北京:中国青年出版社,2016:14.

社会技能,这种技能是无法以同样的方式在成人那里学到的。"①少年儿童队建队仅半年,已经显示了儿童组织特有的社会化功能和教育功能。"有了队,学生好教了",更体现了少先队集体有助于少年儿童形成"社会主义的自觉自愿的纪律"②。教师特别是少先队辅导员也通过对少先队员的组织和领导,进行着儿童教育方式方法的探索。20世纪50年代末,遵义市建文小学的一位少先队中队辅导员就写下了这样的感触:

> 过去我们发现犯了错误的孩子,就拿来当典型,宣传他的坏行为,号召孩子们不要学他。这样做的结果,伤了孩子的自尊心,不但没有起到教育作用,反而把事情搞坏了。现在我们就不是这样做了。我们是正面教育,耐心地给孩子讲道理,并组织拾金不昧、热爱祖国的好儿童给孩子们讲演,为孩子们树立方向,收到的教育效果的确是良好的。③

少年儿童总是向往丰富多彩的"红领巾生活"。1955年5月,中共中央批转青年团中央书记处的一份关于当前少年儿童工作问题的报告,报告中称,近几年的儿童工作是有进展的,但也还存在很多问题,其中最为突出的有二:一是少年先锋队的发展过于缓慢;二是少年先锋队和少年儿童课余生活很不活跃,不能满足少年儿童身心发展的要求。"目前少年先锋队的活动,大多呆板枯燥、千篇一律,不为少年儿童所喜爱。有的少年儿童说'批评检讨读队报,翻来覆去老一套'。"④这应是缘于北京市少先队员给北京市少先队辅导员代表会议的贺词:

> 我们将永远记得,在春光明媚的日子里,是谁带领我们去寻找春天里的消息!在皓月当空的中秋节,是谁给我们安排了"月光晚会"!是你们,亲爱的辅导员!是谁告诉我们要学习先锋的榜样!是谁教育我们要爱惜时间!是谁引导我们探求宇宙的秘密!是你们,亲爱的辅导员!但是,我们除了感谢以外,还要提提意见:我们的生活太枯燥,这个星期读报,下个星期检讨,再下个星期温书,月底又是读报。翻来覆去老是这一套。夺红旗,打雪仗……我们都很爱好,我们也喜欢到郊外跑一跑,跳一跳,可是,辅导员说:"出去不如在学校,省得摔着碰着。"校长说:"打雪仗打破了玻璃怎么办?不如讨论讨论学习纪律更好!"下午是队的活动时间,中午我们还不知道要干什么,向中队长打听打听,他却说:"辅导员还没说话,我怎么能知道?"亲爱的辅导员,请你听听队员

---

① P. H. 墨森,J. J. 康杰,J. 凯根,等. 儿童发展和个性[M]. 缪小春,刘金花,武进之,等译. 上海:上海教育出版社,1990:470.

② 克鲁普斯卡雅. 克鲁普斯卡雅论教育(上)[M]. 卫道治,译. 北京:人民教育出版社,2017:509.

③ 胡文政. 两种方法,两种结果[C]//共青团贵州省委学校和少先部. 少先队活动经验. 贵阳:贵州人民出版社,1959:41.

④ 中共中央批转青年团中央书记处"关于当前少年儿童工作问题的报告"[EB/OL]. (2007-04-23)[2021-05-09]. http://www.gqt.org.cn/695/gqt_tuanshi/gqt_ghlc/his_wx/his_wx_1950_1959/200704/t20070423_22141.htm.

的呼声,让我们生活得活泼、愉快、更有意思!①

少先队员的"吐槽"被写入官方报告当中,代表着政府和成人对于少年儿童工作特别是少先队活动的重视。"除了感谢以外,还要提提意见",则生动体现着儿童的能动性。作为少先队组织中的一员,少先队员积极地向辅导员表达想法,希望"生活得活泼、愉快、更有意思"。有论者分析共产党员为什么必须参加党的组织生活时写到:"当每个党员感到自己的正确意见被采纳,起了领导作用的时候,就可以更加激发党员的积极性和创造性。"②对于逐步成长为接班人的少先队员而言,"红领巾生活"的意义也在于此。

尽管中华人民共和国成立初期的少先队活动处于探索期,但绝非"批评检讨读队报"的千篇一律。表3-6所列便是"十七年"时期全国或者多个省市范围内少先队所开展的主要活动,这些活动的名称和内容均具时代色彩,反映了当时中国社会的建设中心或热点关注问题。我们可以从若干具有代表性的少先队活动中总结出少儿组织开展教育活动的规律性认识。1955年全国范围内开展的"小五年计划"和1963年的"学习雷锋"即是典型的少先队活动案例。

表3-6 "十七年"时期中国少先队的主要活动

年份	活动名称	活动内容
1950年	积极参加各项抗美援朝活动	节省零用钱捐献飞机大炮,搜集废铜旧铁支援前线,给志愿军写慰问信、送慰问袋等
1951年	"三要三不要"活动	要爱护公共财物,要爱惜时间,要艰苦朴素;不要损人利己,不要浪费,不要贪小便宜和拿别人的东西
1955年	号召全国9岁以上小朋友参加"小五年计划"活动	栽培植物;饲养动物;帮助农业生产合作社和家庭做事;帮助学校制作教具;绿化学校,绿化环境;做"小先生",帮助扫除文盲等
1958年	"种植、除四害、讲普通话"三项活动	① 培植树木、绿化祖国 ② 除"四害"、讲卫生 ③ 学普通话、讲普通话
1959年	学习刘文学,做毛主席的好孩子	西南、西北七省市1757万少年儿童中有1592万人参加这一活动,占90.6%,四川省高达98%

---

① 为少年先锋队工作的蓬勃开展而斗争——青年团中央书记处书记胡克实在第三次全国少年儿童工作会议上的工作报告[C]//中国青少年研究中心.全国少先队工作会议及代表大会概览.北京:中国青年出版社,2016:66.

② 许萌.共产党员为什么必须参加党的组织生活[M].上海:上海人民出版社,1956:14.

续表

年份	活动名称	活动内容
1960年	三面红旗万万岁	了解、宣传、拥扶三个万岁,组织少年儿童参观访问,种树、种油料作物,参加小秋收,捡粮、积肥,开展"我们是公社小主人""今天是红领巾,明天当红旗手"主题队会,回忆对比新旧社会等活动
1960年	学延安作风、做红色少年	提倡继承革命传统,发扬艰苦朴素、勤俭节约的美德
1963年	在全国青少年中广泛开展"学习雷锋"的教育活动	在教育活动中,要使青少年懂得,雷锋同志的高贵品质,都是在日常的平凡的工作、学习和生活中表现出来的。他做的许多事情,只要努力,就能学到做到
1964年	号召全国少年儿童向"草原英雄小姐妹"学习	1964年3月12日,《人民日报》发表了长篇通讯《暴风雪中一昼夜》。3月14日,《内蒙古日报》发表了长篇通讯《草原英雄小姐妹》。时任内蒙古政府主席的乌兰夫亲笔题词,要求全区各族青少年向她们学习

二、现在做"小五年计划",将来做大五年计划

1953年,全国人民积极投入发展国民经济第一个五年计划、建设社会主义的热潮当中。1955年11月,江苏省宜兴县(今宜兴市)、辽宁省复县(今瓦房店市)和北京市的少先队员提出开展"小五年计划"活动的倡议。同年11月27日,青年团中央、教育部发出《关于支持全国少年儿童开展"小五年计划"活动的联合指示》(以下简称《指示》),号召全国9周岁以上的小朋友都参加这项活动。

《指示》提出,这项活动之所以定名为"小五年计划",是因为它能够反映少年儿童帮助第一个五年计划的美好愿望,使少年儿童的公益劳动和第一个五年计划更紧密地联系起来,对少年儿童有更大的号召和鼓动的力量,同时也可以使少年儿童学习制定计划和执行计划工作。12月12日,胡耀邦在《辅导员》杂志上发表《现在做"小五年计划",将来做大五年计划》的文章,鼓励少年儿童懂得"小五年计划"的主要意义在于学习,"学习做计划,学习执行计划,从劳动中学习实际知识""要有克服困难的勇气和恒心""在和困难进行顽强的斗争中,把自己锻炼成为最勇敢的人"[①]。"小五年计划"的命名符合了少年儿童喜爱模仿成人的心理特征,满足和鼓励了他们期待用自己的力量建设国家的愿望,所设定的活动内容也贴近儿童的生活:

栽培植物(如种向日葵、蓖麻、植树、采集树种等);饲养动物(如养鸡、养鸭等);帮助农业生产合作社和家庭做事情(如拣粮食、积肥、捕捉害虫、推广新品

---

① 1955年中国少先队工作大事记[EB/OL]. (2007-04-16)[2021-05-10]. http://www.gqt.org.cn/695/gqt_tuanshi/gqt_ghlc/gqtysxd/sxd_dsj/200704/t20070416_18388.htm.

种等);帮助学校制作简单的教学实验用品(如采集标本、制造模型、仪器等);绿化环境、绿化学校(如在村前村后、河边、路旁、住宅和学校周围种树、栽花等);做"小先生"帮助扫除文盲(如教爸爸妈妈和邻居识字,给识字班读报等)。①

组织少年儿童参加力所能及的生产劳动,把教育和生产生活相结合,这是马克思主义的教育观点,也是中国共产党在领导红色少儿组织时期中所一贯坚持和运用的教育原则。

此外,《指示》还要求开展活动应注意因地制宜,力所能及,切实可行,看活动的成绩主要不在于完成数字多少,而在于是否有良好的教育效果,共青团组织、教育部门和学校每半年或每年总结一次,总结方式应当生动有趣,如举行丰收展览会,给祖国献日葵会等。这些建议和要求也符合了少儿的身心发展实际和少儿组织开展工作的规律。之后,全国少先队员热烈响应了"小五年计划"活动的号召,各地活动开展得有声有色,还涌现出少先队义务邮站、少年苗圃等具有特色的活动方式。

尽管在活动中也"存在着片面追求指标而忽视思想教育的偏向和夸大成果、不实事求是的倾向"②,但"小五年计划"仍是20世纪50年代中国规模最大、影响广泛且教育效果显著的一项少先队活动。首先,这项活动的开展方式是由儿童自己倡议,青年团、少先队组织和教育部门支持并推广至全国。立足于儿童年龄特征和兴趣愿望的活动,自然能够成为儿童发自内心喜爱的活动,也真正调动他们的主动性、积极性和创造性。其次,活动的形式以儿童力所能及的、紧密联系生活的实践为主,绿化、拾肥、饲养小动物、采集标本、制造模型、读书读报这些事情都是日常生活中简单易行的"小事",儿童在身体力行中积累和练习日常生活的知识和技能;再次,活动的内容能以小见大,蕴含丰富的教育性,符合儿童由具体到抽象的认识发展规律。正是通过身体力行这些"小事",儿童个体、少先队集体和祖国建设得以紧密联系在一起,儿童能够体会到热爱劳动、热爱祖国以及社会主义建设的意义所在。

三、怎样向雷锋学习?

1963年2月15日,共青团中央发布《关于在全国青少年中广泛开展"学习雷锋"的教育活动的通知》:

中国共产党员、模范的共产主义青年团团员、五好战士、原沈阳部队工程兵某部运输连班长雷锋同志,在一九六二年八月十五日因公殉职。雷锋同志

---

① 中国新民主主义青年团中央委员会、中华人民共和国教育部关于支持全国少年儿童开展"小五年计划"活动的联合指示[J].江苏教育.1955(23):8.
② 团市委《北京志·青年组织志》编委会办公室.《北京志》青年组织志(征求意见稿)[M].出版者不详,2003:462.

光辉的一生,为我国青年树立了一个具有坚定的无产阶级立场和高尚的共产主义思想品德的榜样。

几个月来,共产主义青年团辽宁省委员会在全省青少年中开展了学习雷锋的活动,使广大青少年受到了一次深刻的生动的共产主义教育。团中央认为各地团组织都应该参照辽宁的经验,在青少年中广泛开展"学习雷锋"的教育活动。

雷锋同志的生平事迹感人至深,他的精神世界十分高尚,值得我国青少年学习。团的组织要引导青少年着重学习雷锋同志的:(一)忠实于党,忠实于社会主义事业的无产阶级立场;(二)自觉地服从祖国的需要,以人民利益为重,做一个"永不生锈的螺丝钉",全心全意为人民服务的精神;(三)关心同志,助人为乐,毫不利己,专门利人的共产主义风格;(四)坚韧不拔、勇于克服困难的意志和克勤克俭、艰苦朴素的作风;(五)坚持又红又专的方向,下苦功夫,努力学习毛主席著作,刻苦钻研业务技术,模范地完成工作任务。各地共产主义青年团组织都应该根据当前的形势和任务,结合青少年的思想情况,把这项活动作为当前进行共产主义教育的一项重要措施。

在教育活动中,要使青少年懂得,雷锋同志的高贵品质,都是在日常的平凡的工作、学习和生活中表现出来的。他做的许多事情,只要努力,就能学到做到。还必须把青年在受到教育以后所激发起来的政治热情,引导到搞好工农业生产,钻研业务,刻苦学习中去,努力增产节约,大力争取一九六三年的农业丰收。①

之所以呈现全文,是因为自此文件发布以后,全国青少年儿童当中掀起了一场历时持久且影响广泛而深远的"学习雷锋"活动,雷锋这个名字成为几代人耳熟能详的好榜样。并且,如果以少儿教育者或者少先队辅导员的视角学习、贯彻这份文件,理应会碰到这样一个问题,如何将文件归纳出的五项高贵品质让少年儿童学到做到呢?

翻阅少先队队史或大事记,所见的往往是这样的记载:

3月,毛泽东主席发出"向雷锋同志学习"的号召,全国各地少先队组织广泛持久地开展了"向雷锋叔叔学习"的活动,少先队员们读雷锋的书,讲雷锋的故事,唱雷锋的歌,以雷锋为榜样,在校内外到处做好事,助人为乐。他们做好事不留名,只是回答:"我叫红领巾。"

1963年,雷锋生前曾是辽宁省抚顺市建设街小学的校外辅导员,那里的少先队员深深怀念着雷锋叔叔,开展了"雷锋日"的活动,重读雷锋日记,再讲

---

① 共青团中央关于在全国青少年中广泛开展"学习雷锋"的教育活动的通知[EB/OL].(2007-04-17)[2021-05-10]. http://www.gqt.org.cn/695/gqt_tuanshi/gqt_ghlc/his_wx/his_wx_1960_1969/200704/t20070417_19087.htm.

雷锋故事,学雷锋做好事,为学校粉刷墙壁,修理桌椅;节日为工厂打扫卫生,让工人叔叔抽空看电影;节假日帮军属孙大娘劈柴,做家务……半年多收到表扬信80多封,夸他们不愧是雷锋教导过的少先队员,是雷锋式的好少年。①

实际上,脍炙人口的"学习雷锋好榜样",尤其是让少年儿童学习好榜样显然是一个渐进的、循循善诱的过程。

> 少年儿童学习雷锋事迹后,都知道雷锋叔叔做了许多好事,但对雷锋叔叔为什么做这些好事,不很理解。有的孩子问:"雷锋叔叔把自己的饭给别人吃了,他自己饿着怎么还高兴呢?""雷锋叔叔把棉袄脱给老大爷穿,自己不冷吗?""一瓶汽水扣瓶才一角五,他怎么就舍不得花呢?""雷锋叔叔累了不休息,困了还学习,这是为什么呢?"还有的孩子机械模仿,电灯很亮,还要拿手电筒看书。有些学校就针对少年儿童提出的这些实际问题,开展活动,加深认识。例如,新民小学有的中队举行了"学雷锋,谈幸福,立大志"的队会,请雷锋生前所在连队的虞连长和孩子们见面,虞连长通过故事给孩子们讲雷锋有一个为共产主义奋斗的伟大理想,他处处为人民着想、为集体着想,他把人民的幸福看作是自己的幸福,他把帮助别人当作自己最大的快乐。会后各小队座谈,有的队员说:"我现在明白了,雷锋叔叔能做那么多好事,是因为他把人民的幸福看作是自己的幸福!""我们应该学习雷锋叔叔那样,牢记住自己的理想——准备着:为共产主义事业而奋斗!""我们应该做雷锋叔叔那样的接班人,做不到再努力,做不到再努力,直到做到为止!"②

少年儿童一开始"不很理解"雷锋做好事,实际是符合少年儿童道德认知发展规律的。依据皮亚杰的道德认知发展理论,儿童道德发展在很大程度上依赖于认知特别是社会认知的发展,儿童道德成长的关键在于主体与其道德环境的积极交互。因此,道德发展的必要前提是儿童认知的发展,道德发展的主要动力是活动与同伴合作,成人、教师及其他社会环境因素的影响必须通过儿童自身的积极活动与思考才会发生作用。在以上的案例中,少先队组织根据少年儿童的理解水平和接受能力,设计相关活动以进一步深入讲解和引导少先队员思考、理解雷锋做好事的行为,正是促进了少年儿童道德思维的发展。

有趣的是,"雷锋叔叔把自己的饭给别人吃了,他自己饿着怎么还高兴呢?""雷锋叔叔把棉袄脱给老大爷穿,自己不冷吗?"类似这样的问题正与发展心理学家艾森伯格提出的"亲社会道德两难问题"如出一辙。艾森伯格主张用亲社会道德两难

---

① 1963年中国少先队工作大事记[EB/OL].(2007-04-16)[2021-05-09].http://61.gqt.org.cn/wxzx/dsj/200905/t20090511_238802.htm.

② 共青团中央批转共青团抚顺市委《关于在少年儿童中开展"学习雷锋,做革命事业接班人"活动的初步总结》[EB/OL].(2007-04-17)[2021-05-09].http://www.ccyl.org.cn/695/gqt_tuanshi/gqt_ghlc/his_wx/his_wx_1960_1969/200704/t20070417_19084.htm.

故事研究儿童的道德发展,在亲社会两难情境中,助人者的个人利益与接受帮助者的利益之间往往存在着不可调和的矛盾,比如向他人提供粮食帮助自己就要面临饥饿的情景,儿童如果能在这样的情景中习得移情和同情,将会成为促进亲社会行为发生的核心动机性因素。①

从学雷锋的案例中同样可以看到,只有不断丰富学生的各种道德情感体验,增强学生的移情能力,引导学生在具体的道德情境中设身处地、站在他人角度体验思考问题,才能推动儿童道德推理的发展,并激发他们的道德行为。

在共青团抚顺高中委员会《关于深入开展学习雷锋教育活动的经验》报告中,高中生们还提出了这样的问题:雷锋为什么能够成为英雄模范?是不是阶级出身决定的?小事值不值得学习?怎样向雷锋学习?报告中认为:"这些都反映了同学们在思想认识上对雷锋是怎样成为无产阶级革命战士的、向雷锋学习什么、怎样学习等问题没有解决。"所采用的解决方法则是:

> 我们普遍组织同学学习了论述学习雷锋的一些文章和雷锋的日记。通过学习讨论,使同学们透过雷锋的光辉事迹,深入地了解了雷锋的思想品质,认识到雷锋成为英雄模范不是偶然的。
>
> 围绕这种看法,高三一班举行了"雷锋的进步,是不是阶级出身决定的"班会。会上有针锋相对的两种意见……经过反复讨论,一致认为阶级出身好固然对一个人的进步起重要作用,但是,他不能决定一个人成为天然的革命者。起决定作用的还是主观努力,不断改造思想,提高阶级觉悟。雷锋正是这样做的。
>
> 为了帮助同学进一步理解这个问题,我们还组织对这个问题认识比较清楚的高三四班学生周文正,向全体团员谈了自己的体会。
>
> 还有一部分同学认为:雷锋做的都是些日常生活中的小事,没什么值得学习的,黄继光、董存瑞才伟大哩!一些班级针对这种反映,通过反复学习雷锋日记、专题讨论等办法,引导同学认识到雷锋所做的事情是平凡的,但又是伟大的,没有全心全意做人民勤务员的崇高精神,是不可能始终如一做到的。有的班举行了"雷锋的行为表现了怎样的品质"等讨论会。
>
> ……
>
> 随着雷锋事迹的广泛宣传和深入学习,广大同学的政治热情越来越高,都表示要像雷锋那样生活,向雷锋同志学习。但是怎么向雷锋学习,有些人还不清楚。有人把学习雷锋简单地理解为只是帮助别人、做好事,说:"整天在学校,也碰不着那么些好事呀!"为此,我们就强调学习雷锋,首先就是要把学习

---

① Eisenberg, N., Fabes, R. A., & Spinrad, T. L. Prosocial development [C]//N. Eisenberg, W. Damon, & R. M. Lerner (Ed.). Handbook of child psychology (Vol. 3): Social, emotional, and personality development. Hoboken, NJ, US: John Wiley & Sons Inc, 2006: 646-718.

搞好。班级里也注意教育同学,要以雷锋那种对待自己任务的高度责任感和刻苦顽强的学习精神,对待自己的学习,争取好成绩……在引导同学学习的同时,高三三班还组织同学学习了毛主席的《纪念白求恩》《为人民服务》和雷锋日记中永远做个不生锈的螺丝钉、甘愿做傻子等有关内容的篇章,有意识地教育学生把学习同党和国家的需要联系起来,学习雷锋那种哪里需要就到哪里,做什么工作都做出成绩来的高贵品质,做好升学和参加劳动的两种思想准备。①

当代道德教育有一股潮流,即强调以建构主义理论为基础,以学生为中心,注重学习的过程,强调帮助学生理解"为什么""怎么做"而不是"做什么",促进学生掌握技能,通过行动与反思深化价值观。以上抚顺高中开展学雷锋活动中所使用的叙述法、讨论法、反思和对话策略等,正是侧重道德学习过程所常用的教学方法和策略。针对学生提出的实际问题设计相应的学习、辩论活动,教师或鼓励学生之间的交流,或综合与拓展学生的观点,逐步引导学生辨识自己的想法、信念和价值观,并能付诸实践。由此可见,即便是在经济和科技发展水平尚不发达的 20 世纪 60 年代,我国中小学开展少先队活动的过程中已经运用了一些尚且"朴素""雏形"的"科学"经验和规律,这些活动经验和规律都值得今天的教育工作者去思考、归纳和深化。

---

① 共青团中央批转共青团抚顺高中委员会《关于深入开展学习雷锋教育活动的经验》[EB/OL]. (2007-04-17)[2021-05-09]. http://www.ccyl.org.cn/695/gqt_tuanshi/gqt_ghlc/his_wx/his_wx_1960_1969/200704/t20070417_19082.htm.

第四章 拨乱反正：少先队组织的动荡和复苏

"文化大革命"期间,少先队组织被称作"修正主义的全民队",继而被以"批判""战斗""造反"为主要任务的"红小兵"代替。"红小兵"影响了少先队的组织工作和优良传统,但正如1979年第六次全国少先队工作会议上的总结报告中所说的："对红小兵不能简单地用一两句话加以肯定或否定。"①在经历了十年动荡后,1978年10月27日,共青团十届一中全会通过了《关于恢复中国少年先锋队名称的决议》,正式启动了少先队的恢复工作。从恢复组织名称和队长、队委标志,修改队章、队歌及工作条例,到建立少先队工作学会,以及坚定不移地落实"全童入队"的组织方针,少先队组织开始逐步恢复和发展。1984年召开的中国少年先锋队队员和辅导员代表会议成为中国少先队历史上第一次代表会议,这次代表会议上诞生了少先队的全国领导机构——中国少年先锋队全国工作委员会。全国代表会议的召开,少先队全国工作委员会的建立对于少先队完善系统领导、健全组织机构具有极其重要的意义。1978年至1984年的"恢复时期"②,少先队围绕"五爱"展开一系列活动,为20世纪80年代中后期少先队教育内容的系统化和规范化积累了经验。

第一节 "红小兵"取代少先队

1966年,随着一系列发动"文化大革命"的指示和文件的公布,北京的一些大、中学校学生纷纷响应,学校正常教学秩序难以维持,发生了许多混乱现象。1967年11月,北京市宣武区香厂路小学在全校二至六年级的28个教学班中建立了一个名为"红小兵"的少年革命组织,"全校二至六年级有50%以上的学生600多人参加了红小兵团"③。同年12月22日,中共中央、中央文革发出《关于批转北京香厂

---

① 共青团中央书记处书记胡德华任第六次全国少先队工作会议上的总结[C]//中国青少年研究中心.全国少先队工作会议及代表大会概览.北京：中国青年出版社,2016：167.
② "1978年至1984年,这六年被称为少先队的恢复时期,这是中国少先队发展史上的一个重要时期。这一时期的少先队挣脱了'文化大革命'的沉重枷锁,经历了拨乱反正的认真思考,进行了社会主义建设新时期少先队工作的探索与实践,在组织振兴、队伍建设、活跃基层、开展活动、探讨理论等方面,展示出少年儿童组织的无限活力。"参见中国青少年研究中心.全国少先队工作会议及代表大会概览[C].北京：中国青年出版社,2016：190.
③ 中共中央、中央文革关于批转北京香厂路小学建立红小兵组织的通知(1967年12月22日)[G]//何东昌.中华人民共和国重要教育文献(1949—1975).海南：海南出版社,1998：1421.

路小学建立红小兵组织的通知》,文件的附件一"北京市香厂路小学取消少先队,建立红小兵团"中写有:

> 在教育革命的高潮中,香厂路小学在彻底批判修正主义教育制度和旧教学方法的同时,狠狠批判了刘邓组织路线在旧少先队中的流毒。他们认为,原来的少先队基本上是一个少年儿童全民性的组织,它抹煞了阶级和阶级斗争,根本不突出毛泽东思想,实际上已经丧失了先锋战斗作用。他们提出在小学取消原来的少先队,重新建立一支革命性、战斗性、无限忠于毛主席、无限忠于毛泽东思想、无限忠于毛主席革命路线的先进少年儿童组织,即红小兵团。①

北京的各大报纸随即刊登题为《红太阳哺育红小兵,红小兵心向红太阳》的长篇通讯,介绍和肯定了香厂路小学建立"红小兵"取代少先队的做法。1968年3月14日,北京市革命委员会文教组和北京卫戍区军训指挥部联合召开"北京市建立'红小兵'经验交流大会",推广香厂路小学的经验。此后,北京市各小学普遍建立了"红小兵",全国各地也迅速仿效。1972年10月14日,中共中央在转发中共上海市委《关于筹建共青团上海市委的请示报告》的批示中,要求"全国少年儿童组织统称红小兵"②。至此,少先队组织被"红小兵"取代。据1972年底的统计,北京市小学共有"红小兵"557305名,占全市小学生的42%;到了1975年底,全市"红小兵"数707678人,占全市小学生的52%。③

《关于批转北京香厂路小学建立红小兵组织的通知》的附件二《北京香厂路小学红小兵条例(草案,征求意见用)》可谓是当时"红小兵"组织最重要的纲领文件。首条是组织的性质,"红小兵是在中国共产党领导下的少年儿童革命组织",与所谓的"革命性""战斗性"一致,"红小兵"条例当中提出了"红小兵"的"战斗任务":

> 坚决斗垮党内走资本主义道路的当权派,彻底批判资产阶级,大力改革教育,改革一切不适应社会主义经济基础的上层建筑;大破一切剥削阶级的旧思想、旧文化、旧风俗、旧习惯,大立无产阶级的新思想、新文化、新风俗、新习惯,让毛泽东思想占领一切阵地;斗私批修,努力促进思想革命化,跟着毛主席在大风大浪中锻炼成长。④

如此"大破、大立、大批判"的活动显然没有顾及少年儿童的年龄特征和心理特点。对于组织如何发展成员,"红小兵"条例做出以下规定:

---

① 中共中央、中央文革关于批转北京香厂路小学建立红小兵组织的通知(1967年12月22日)[G]//何东昌.中华人民共和国重要教育文献(1949—1975).海南:海南出版社,1998:1421.
② 共青团上海市委员会,少先队上海市工作委员会.上海少先队发展史[M].上海:上海教育出版社,2009:180.
③ 团市委《北京志·青年组织志》编委会办公室.北京志·青年组织志(征求意见稿)[M].团市委《北京志·青年组织志》编委会办公室,2003:439.
④ 同①:1421.

第四章 拨乱反正：少先队组织的动荡和复苏

> 红小兵组织必须坚决地全面地贯彻党的阶级路线。红小兵必须以劳动人民家庭出身的革命学生为主体，非劳动人民家庭出身的学生，热爱毛主席、听毛主席的话，在无产阶级文化大革命中表现好的也可以参加。①

在组织建设上，"红小兵"实行所谓的阶级路线，强调少年儿童的家庭出身，禁止"黑五类"（地、富、反、坏、右）子女加入红卫兵，把大批少年儿童排斥在少儿组织的大门之外。这与少先队组织"把全体少年儿童组织起来"的发展方针相比，两者高下立现。组织机构上，"红小兵"条例规定：

> 全校设立红小兵团，按年级成立红小兵连，各教学班成立红小兵排，排下分班。②

这种团、连、排、班的军队式设置与"战斗任务"相适应，却放弃了少先队队章中反复修订而日趋科学合理的大队、中队、小队的组织形式。

"文化大革命"期间，林彪、"四人帮"把少先队的文化科技活动攻击为"智育第一"；把根据儿童年龄特点，开展丰富多彩的活动斥之为"儿童中心论""资产阶级趣味至上"；把努力学习、尊敬师长、遵守纪律的孩子，攻击为"小奴隶主义""五分加绵羊"。③ 在"阶级斗争为纲""斗私批修"等路线的影响下，"红小兵"的一些活动极为形式化和成人化：

> "红小兵"的活动除了同成人一样的批判会、讨论会、摆问题、查思想和内容空泛、形式单调的政治说教外，就是学工、学农、劳动。有些单位甚至以搞政审、查三代、小整风、斗私批修为名，在少年儿童中开展残酷斗争。④

"红小兵"是仓促成立的组织，其组织系统和活动开展都不统一。"所谓搞得好的少数学校，不过是在运动中紧跟形势，多搞几次大批判会。多数学校的教师、辅导员人人自危，更怕犯了趣味至上、抵制运动的错误，不敢组织少年儿童开展丰富多彩的教育活动。"⑤ 正如"文化大革命"期间在北京生活的一位作者回忆：

> 红卫兵的标志，最初是一面印着三个手书体字的战旗，后改成毛泽东手书字体的袖章，别在左胳膊的衣袖上，也有往右胳膊上别的。袖章大多是红底金字下印一行宋体小字：首都中学红代会。"文革"初期红卫兵派别林立，

---

① 中共中央、中央文革关于批转北京香厂路小学建立红小兵组织的通知（1967年12月22日）[C]//何东昌.中华人民共和国重要教育文献（1949—1975）.海南：海南出版社，1998：1421.
② 同①：1421.
③ 为培养朝气蓬勃的四化建设预备队而奋斗——共青团中央书记处第一书记韩英在第六次全国少先队工作会议上的工作报告[C]//中国青少年研究中心.全国少先队工作会议及代表大会概览.北京：中国青年出版社，2016：143.
④ 团市委《北京志·青年组织志》编委会办公室.北京志·青年组织志（征求意见稿）[M].团市委《北京志·青年组织志》编委会办公室，2003：463.
⑤ 同④：448-449.

大派诸如中学的四四派、四三派,高校的天派、地派等,袖章的尺寸和字的颜色并不统一。由高干子女组成的红卫兵"联动"(首都中等学校红卫兵联合行动委员会)组织,是一种三寸宽红绸子制的无字袖章。我家附近的一条街出现过这样一幕:一帮"联动"打扮的红卫兵——一色儿黄军装、武装带、光头无字袖章——飞车而过,却一路高呼"打倒联动!"的口号,令人称怪。复课以后,红卫兵成为全市统一的中学基层组织,学校设大队委员会,班级设中队,袖章化一制作。直到"文革"结束,红卫兵组织都以袖章为标志。70年代中期,我们上中学时,红卫兵袖章对孩子的诱惑力已呈渐衰的态势,不少孩子入了红卫兵,却不爱戴袖章,寒暑假更是如此。①

乌云难以长久蔽日。一些历史文献也显示,在林彪、"四人帮"横行的艰难条件下,仍有部分"红小兵"和"红小兵"辅导员继承少先队的一些好传统,借鉴少先队的教育内容和方法经验,对少年儿童进行积极正面的思想教育。如给少年儿童讲革命故事;组织到人民英雄纪念碑扫墓,进行革命传统教育;组织开展社会公益活动,学习雷锋的活动一直没有中断;还有地方"冒着风险恢复了红领巾、少先队队礼、队的呼号";甚至对"四人帮"做出了抵制和斗争,1976年"四五"运动期间,有辅导员带领着成千上万的"红小兵"悼念周恩来总理,反对"四人帮"。②

第二节 组织机构的恢复与健全

一、少先队组织的逐步恢复

1978年10月16日至26日,中国共产主义青年团第十次全国代表大会在北京召开。10月26日,共青团十大修改了《中国共产主义青年团章程》,将共青团同少先队的关系专门列为一章,明确了共青团政治带队、思想带队的指导思想,指明了少先队的培养目标和团组织维护少年儿童正当权益的责任。10月27日,共青团十届一中全会通过《关于恢复中国少年先锋队名称的决议》《关于中国少年先锋队队歌的决定》《中国少年先锋队队章》及《关于修改〈中国少年先锋队队章〉的几点说明》。这次会议还确定《我们是共产主义接班人》为新的少先队队歌。③ 在恢复少

---

① 刘仰东.北京孩子:六七十年代的集体自传[M].北京:中国青年出版社,2009:28-29.
② 共青团上海市委员会,少先队上海市工作委员会.上海少先队发展史[M].上海:上海教育出版社,2009:180.
③ 中国少年先锋队第一首队歌《中国少年儿童队队歌》创作于1950年2月,由文学家郭沫若作词,时任中央音乐学院院长马思聪作曲。1963年9月,郭沫若对歌词作了两处修改。1950年队歌的歌词参见中国新民主主义青年团河北省委员会少年儿童部.少年儿童队工作手册(第1辑)[M].石家庄:河北人民出版社,1952:34;1963年修改后的队歌歌词参见中国少年先锋队队歌[C]//曹成章.中国少年儿童歌曲集.石家庄:花山文艺出版社,1998:56.

先队的时候,凡是过去的"红小兵",以及14周岁以下的"红卫兵",都全部转入少先队。① 但当时的"红小兵"以出身情况及所谓的政治表现作为主要发展条件,人数较少,所以少先队恢复初期的队员数也很少。

1979年4月18日,共青团中央、教育部发出《关于学校少先队工作几个具体问题的规定》,强调了少先队工作是学校教育不可缺少的重要组成部分,对学校少先队工作和辅导员的选派等问题做出了相应的规定。② 是年7月,共青团中央在辽宁大连举办全国首届辅导员夏令营期间,中国少年先锋队工作学会在旅顺口成立,这是"中国第一个专门研究少先队工作的群众性的学术团体"③。之后,各省、自治区、直辖市也陆续建立了地方少先队学会。全国少先队工作学会与各地少先队学会一起推动着少先队理论研究工作的开展。

1979年10月10日至19日,第六次全国少先队工作会议在北京召开。会议总结少先队工作的历史经验和教训,解放思想,拨乱反正,确定了新时期少先队工作的总任务为"坚持德、智、体、美全面发展的方针,贯彻'五爱'教育,把全体少年儿童组织起来,把少先队工作活跃起来,为把少年儿童培养成为献身人民、热爱科学、具有民主精神和健壮体魄的新一代,为造就一支朝气蓬勃的四化建设预备队而奋斗。"④ 会议讨论并修改了《中国少先队工作条例(试行草案)》,首次提出了少先队教育系统化、制度化、阵地化⑤的基本目标。"这次会议标志着我国少年儿童运动进入了一个新阶段。"⑥

1965年共青团九届二中全会后,全国少先队组织一度取消了队长、队委标志。⑦ 自1978年共青团十届一中全会决定恢复少先队的名称以来,很多地方团委和少先队组织要求恢复队长、队委标志。"佩戴队长、队委标志,适合儿童组织的特点,有利于更好地开展少先队活动,可以使少先队积极分子更严格地要求自己,也

---

① 共青团中央书记处书记胡德华任第六次全国少先队工作会议上的总结[C]//中国青少年研究中心.全国少先队工作会议及代表大会概览.北京:中国青年出版社,2016:167.
② 中国青少年研究中心.全国少先队工作会议及代表大会概览[C].北京:中国青年出版社,2016:138-139.
③ 同②:140.
④ 为培养朝气蓬勃的四化建设预备队而奋斗——共青团中央书记处第一书记韩英在第六次全国少先队工作会议上的工作报告[C]//中国青少年研究中心.全国少先队工作会议及代表大会概览.北京:中国青年出版社,2016:144-145.
⑤ 所谓系统化,就是根据少先队的培养目标,从少先队的工作特点出发,让每个队员在少先队这所学校里,比较系统地学习一批革命英雄,培养一些品德和才能,丰富一些课外知识,获得一些技能;所谓制度化,就是建立和健全少先队工作的各种制度;所谓阵地化,就是少先队要建立一整套活动和工作阵地。参见为培养朝气蓬勃的四化建设预备队而奋斗——共青团中央书记处第一书记韩英在第六次全国少先队工作会议上的工作报告[C]//中国青少年研究中心.全国少先队工作会议及代表大会概览.北京:中国青年出版社,2016:148.
⑥ 同②:141.
⑦ 同②:130.

便于队员监督。"①1980年1月28日,共青团十届二中全会通过了《关于恢复少年先锋队队长、队委标志的决议》,少先队队长、队委的标志自此得以恢复。②

1981年8月15日,共青团十届三中全会通过《关于加强少先队工作的决议》,这份决议被称为"恢复时期"少先队工作的纲领性文件。③ 针对"队员在适龄少年儿童中的比例将近一半,农村有一些学校至今尚未建立少先队组织。这种状况远远不能适应形势发展的需要和少年儿童渴望戴上红领巾的迫切要求",决议再次强调"'把全体少年儿童组织起来'是少先队组织发展工作必须遵循的方针",提出"'吸收进来'是少先队进行教育的前提,'组织起来'是'活跃起来'的基础"。④ 会议还强调恢复全团带队的传统,切实加强共青团对少先队工作的领导,通过修改后的《中国少年先锋队队章》并公布实行。

自1978年开始,从少先队恢复组织名称和队长、队委标志,修改队章、队歌及工作条例,到建立各级少先队工作学会,以及坚定不移地落实"全童入队"的组织发展方针等举措,经历十年动荡的少先队组织开始逐步恢复和发展。到了1984年中国少年先锋队队员和辅导员代表会议开幕时,全国的少先队员人数已由原来的7000万发展到1.3亿人,占全国队龄儿童的85%⑤。

二、两次修订队章

1978年10月27日,共青团十届一中全会完成《中国少年先锋队队章》的修订工作;1981年8月15日,共青团十届三中全会对《中国少年先锋队队章》做出再次修订。短短的三年时间内修订队章两次,代表着共青团中央对于恢复和发展少先队工作的重视程度,也说明共青团作为少先队直接领导者对于少先队工作的不断思考和改进。

---

① 中国青少年研究中心.全国少先队工作会议及代表大会概览[C].北京:中国青年出版社,2016:184.

② 2005年发布的《中国少年先锋队队旗、队徽和红领巾、队干部标志制作和使用的若干规定》中第六条:"大队、中队委员会委员和小队长都要佩戴队干部标志。队干部标志由白底、红杠组成,长7厘米,宽6厘米。大队委标志中间是三条红杠,中队委标志中间是两条红杠,小队长标志中间是一条红杠。标志中红杠长4厘米,宽1厘米,条与条之间相隔1厘米,与白底边缘左右各相距1厘米。队干部标志可用布、塑料等材料制作。"官方文件中关于"队干部"的提法,使得"红杠"成为了一种政治身份符号。2011年,"五道杠少年"事件引发热议,全国少工委于5月7日下发《关于进一步规范少先队基层组织设置和少先队标志使用的通知》,强调"少先队作为一个覆盖广泛的全国性少年儿童群众组织,在基层组织设置和重要标志上必须严格执行《队章》和有关文件的明确规定,做到规范统一。各级少工委和队组织应对《队章》和有关规定的执行情况进行监督、检查,对于不符合规定的做法应及时改正。如在基本规定外有创新做法,需经省级少工委上报全国少工委研究同意后开展探索。"

③ 同①:177.

④ 关于加强少先队工作的决议[C]//中国青少年研究中心.全国少先队工作会议及代表大会概览.北京:中国青年出版社,2016:179-180.

⑤ 团中央少先队工作委员会,中国少年先锋队工作学会.中国少年儿童运动史话[M].北京:中国少年儿童出版社,1989:309.

第四章 拨乱反正：少先队组织的动荡和复苏

如表4-1所列，在条目和具体内容上，1978年版队章与20年之前即1958年版队章有着较明显的差异，首条"我们的队名"不变，对于第二条少先队的创立者和领导者做出更清晰的关系界定：

二、我们队的创立者和领导者：中国共产党。
十、我们的组织：受中国共产主义青年团的直接领导……

(1958年《中国少年先锋队队章》)

二、我们队的创立者和领导者：中国共产党。
党委托中国共产主义青年团直接领导我们队。

(1978年《中国少年先锋队队章》)

表4-1 少先队"恢复时期"队章修订简况①

时间	1958年6月28日	1978年10月27日	1981年8月15日
名称	《中国少年先锋队队章》	《中国少年先锋队队章》	《中国少年先锋队队章》
标题及次序	一、我们的队名	一、我们的队名	一、我们的队名
	二、我们队的创立者和领导者	二、我们队的创立者和领导者	二、我们队的创立者和领导者
	三、我们的目的	三、我们队的性质	三、我们队的性质
	四、我们的队旗	四、我们队的目的	四、我们队的目的
	五、我们的标志	五、我们的队旗	五、我们的队旗
	六、我们的队礼	六、我们的标志	六、我们的标志
	七、我们的呼号	七、我们的队礼	七、我们的队礼
	八、我们的作风	八、我们的呼号	八、我们的呼号
	九、我们的队员	九、我们的作风	九、我们的作风
	十、我们的组织	十、我们的队员	十、我们的队员
	十一、我们队的奖励和处分办法	十一、我们的组织	十一、我们的组织
	十二、我们的辅导员	十二、我们的活动	十二、我们的活动
		十三、我们队的奖励和处分办法	十三、我们的奖励和处分办法
		十四、我们的辅导员	十四、我们的辅导员

与1958年版队章将少先队的创立者和领导者以及共青团作为直接领导者分开阐述不同，1978年版队章中明确地界定少先队与其创立者和领导者即队—团—党三者之间的紧密联系，这一表述一直延续到2020年中国少年先锋队第八次全国代表大会审议通过的《中国少年先锋队章程（修正案）》当中。与之相呼应，在1979

---

① 著者整理，为便于读者阅读和下文比较，表格中还呈现了1958年共青团三届三中全会通过的《中国少年先锋队队章》。主要参考中国青少年研究中心.全国少先队工作会议及代表大会概览[C].北京：中国青年出版社,2016：84-85,136-137,181-182.

年发布的《中国少年先锋队工作条例（试行）》首条"队的性质任务"中，也强调了"党委托中国共产主义青年团领导少先队的工作。"

1978年版队章里增写了"我们队的性质：是中国少年儿童的群众组织，是学习共产主义的学校"一条，进一步明确少先队组织的群众性，正是与深入贯彻"把全体少年儿童组织起来"的少先队发展方针相一致，而"学习共产主义的学校"则与队章第四条"我们队的目的"中新加入的"做共产主义的接班人"以及共青团十届一中全会上确定的新队歌《我们是共产主义接班人》遥相呼应。

> 四、我们队的目的：团结教育少年儿童，高举毛主席的伟大旗帜，继承中国共产党的革命传统，热爱英明领袖华主席，努力学习，锻炼身体，爱祖国、爱人民、爱劳动、爱科学、爱护公共财物，立志为建设社会主义的现代化强国贡献力量，做共产主义的接班人。
>
> （1978年《中国少年先锋队队章》）

> 四、我们队的目的：团结教育少年儿童，听党的话，努力学习，锻炼身体，爱祖国、爱人民、爱劳动、爱科学、爱护公共财物，立志为建设社会主义的现代化强国贡献力量，做共产主义的接班人。
>
> （1981年《中国少年先锋队队章》）

对于1978年版队章"我们队的目的"的修改，《关于修改〈中国少年先锋队队章〉的几点说明》中写有："写上这个内容，是使广大少年儿童懂得，要把老一辈无产阶级革命家开创的革命事业进行到底，就要把毛主席的旗帜作为传家宝，世世代代传下去。"[①]在1981年版队章中，相关内容凝练成为"听党的话"四个字。另外，所增加的"立志为建设社会主义的现代化强国贡献力量，做共产主义的接班人"，说明了少先队工作要紧随、适应中国共产党在新时期开展社会主义现代化建设的要求，同时也进一步强化了培养共产主义接班人的主旋律。[②]

关于"我们的队员"一部分：

> 九、我们的队员：凡是九周岁到十五周岁的少年儿童，愿意参加少年先锋队，愿意遵守队章，可以向中队委员会提出申请，经过中队委员会讨论批准后，就成为队员。
>
> 新队员入队要种一棵树，或者做一件别的公益事情，要在入队仪式上举行宣誓，接受和佩戴红领巾。
>
> 每个队员在队里都有选举权和被选举权，可以对队的工作和队的活动提出意见和要求。

---

① 关于修改《中国少年先锋队队章》的几点说明（1978年10月27日）[C]//中国青少年研究中心.全国少先队工作会议及代表大会概览.北京：中国青年出版社，2016：137.

② 1978年、1981年、1990年版的队章是"做共产主义的接班人"，至1995年队章加入"事业"，改作"共产主义事业的接班人"。

第四章 拨乱反正：少先队组织的动荡和复苏

每个队员都要遵守纪律，积极参加队的活动，服从队的决议，做好队交给的工作，热心为大家服务。

队员由一个大队转到另一个大队，要带上队员登记表，到新的大队报到，过队的生活。

满十五周岁的队员应该离队。由大队举行离队仪式。

(1958年《中国少年先锋队队章》)

九、我们的队员：凡是七周岁到十四周岁的少年儿童，愿意参加少年先锋队，遵守队章，向中队委员会提出申请，经中队委员会讨论批准，就成为队员。

(1978年《中国少年先锋队队章》)

九、我们的队员：凡是七周岁到十四周岁的少年儿童，愿意参加少年先锋队，愿意遵守队章，向中队委员会提出申请，经中队委员会批准，就成为队员。

队员入队要为人民做一件好事，要举行入队仪式。

每个队员在队里都有选举权和被选举权，可以对队的工作和队的活动提出意见和要求。

每个队员都要遵守纪律，服从队的决议，积极参加队的活动，做好队交给的工作，热心为大家服务。

队员由一个大队转到另一个大队，要带上队员登记表，到新的大队报到，过队的生活。

满了十四周岁的队员应该离队。由大队举行离队仪式。

(1981年《中国少年先锋队队章》)

自1978年起，少先队员的年龄由原来的9周岁到15周岁，改为7周岁到14周岁。此是"根据我国少年儿童智力发育的情况和教育事业发展的需要，同时，考虑到与新团章规定的入团年龄相衔接。"[①]但1978年版队章对于少先队员入队、转队、离队的仪式手续上并未做出规定，或许这是少先队经历动荡之后处于恢复初期而做出"一切从简"的考虑？然而从少先队组织建设的角度考虑，对于这些重要环节的简化处理将不利于少先队员形成关于少先队的荣誉感、仪式感，从而影响到他们对于少先队的组织认同感。很快，1981年版队章加入了关于少先队员入队、转队、离队的具体要求。这一部分可再与1958年版队章"我们的队员"中的部分内容做一对比，除了队员入队之初的要求，即1958年版的"要种一棵树，或者做一件别的公益事情"，以及"要在入队仪式上举行宣誓，接受和佩戴红领巾"概括简化为"队员入队要为人民做一件好事，要举行入队仪式"之外，1978年版队章实际上是重新加入了二十年前队章中关于队员"权利和义务并举"的表述，进一步继承和发扬着少先队早在新民主主义革命时期就已形成的优良传统。

[①] 关于修改《中国少年先锋队队章》的几点说明(1978年10月27日)[C]//中国青少年研究中心.全国少先队工作会议及代表大会概览.北京：中国青年出版社,2016：137.

1949年的《中国少年儿童队章程草案》曾有关于"队的活动"的规定,1954年和1958年版队章则删去了这一规定,到了1978年版的队章中又重新加入一条"我们的活动",增加的原因在于"少先队组织主要是通过开展各种活动对少年儿童进行教育。为了充分发挥少先队组织的教育作用,恢复和发扬被林彪、'四人帮'破坏了的少先队工作的好传统,迅速把队的活动开展起来、活跃起来"[①]。活动的内容可以与1949年的《中国少年儿童队章程草案》进行对比:

> 五、队的活动:1. 努力学习;2. 参加劳动;3. 娱乐游戏;4. 体育卫生;5. 积极工作。
>
> (1949年《中国少年儿童队章程草案》)
>
> 十二、我们的活动:举行队会,组织参观、访问、野营、旅行、故事会,开展文化科学、娱乐游戏、军事体育等各种有意义有趣味的活动,以及参加力所能及的公益劳动和社会工作。
>
> (1978年《中国少年儿童队章程草案》;1981年《中国少年儿童队章程草案》)

《中国少年先锋队队章》最重要的阅读群体之一便是少先队辅导员,1978年和1981年版的队章中,对于"各种有意义有趣味的活动"的列举能够更好地指导少先队基层组织开展活动,尤其是对"积极工作"做出了较为清晰的界定:"参加力所能及的公益劳动和社会工作"。

关于"我们队的奖励和处分办法",1978年版队章采用了与其他组织如学校相应的处分名称,把原队章中"停止队籍"的处分改为"留队察看","可以使犯错误的队员留在队里参加活动、接受教育,便于改正错误",[②]反映了少先队是教育组织的性质;"讨论队员处分的中队会要有队员本人参加,并可申诉意见",是为了让少年儿童从小就懂得过民主生活。[③] 1981年版的队章则将标题删去一个"队"字,改作"我们的奖励和处分办法"。

关于少先队辅导员的担任资格,除了优秀团员之外,1978年版队章增加"或聘请思想进步、作风正派、热爱少年儿童的教师以及各条战线的先进人物来担任"[④]。这样的辅导员标准有利于少年儿童接触向先进人物学习;也便于社会各方面互相配合对少年儿童进行教育。

---

① 关于修改《中国少年先锋队队章》的几点说明(1978年10月27日)[C]//中国青少年研究中心.全国少先队工作会议及代表大会概览.北京:中国青年出版社,2016:138.

② 同①:138.

③ 1979年10月19日,第六次全国少先队工作会议讨论通过的《中国少年先锋队工作条例(试行)》的第十二条中提出:"要坚持正面启发、积极诱导、耐心说服的原则,要从大处着眼,小处着手,经过长期的熏陶感染,逐步培养和锻炼少年儿童,不能急于求成。对他们的缺点和错误要具体分析,不要采取简单粗暴的做法。"正是对于1978年版队章中关于"处分办法"所做修改的说明和印证。

④ 中国少年先锋队队章(1978年10月27日共青团十届一中全会通过)[C]//中国青少年研究中心.全国少先队工作会议及代表大会概览[C].北京:中国青年出版社,2016:137.

三、少代会与少工委

1984年,为增强少先队组织的社会影响力,加速推进少先队事业的发展,共青团中央决定以"代表会议"的形式取代以前的"工作会议",即将原定召开的第七次全国少先队工作会议改为规模更大、规格更高的中国少年先锋队队员和辅导员代表会议(以下简称少代会)。是年7月,共青团中央和教育部联合在北京召开了少代会,"会议的中心议题是在我国改革开放全面发展之际,研究新形势下的少年儿童工作,制定新的目标和任务,推动少年儿童运动与时代同步前进"①。

1995年,《共青团中央(报告)关于召开少先队全国代表大会的请示》中对"少代会的届期"做出请示:

> 在1984年召开的中国少年先锋队队员和辅导员代表会议上,正式成立了中国少年先锋队全国工作委员会。此次会议已具有代表大会的性质。1990年10月的会议正式称为中国少年先锋队全国代表大会。但少代会届次问题一直没有明确。为体现少先队所走过历程的连续性,形成完整的届次,我们拟定从所召开会议的实际状况出发,以1984年召开的中国少年先锋队队员和辅导员代表会议作为第一次少先队代表大会,1990年召开的中国少年先锋队全国代表大会为第二次少先队代表大会,今年召开的少代会可排序为中国少年先锋队第三次全国代表大会。以后顺此延续。②

据此,1984年召开的少代会成为中国少先队历史上第一次代表会议。"这次会议是中国少先队历史上第一次有少先队代表参加的大会,少先队员代表发挥了小主人的作用,给整个会议带来了蓬勃、活跃的气氛,凸显了代表大会的性质。"③首次少代会上还诞生了少先队的全国领导机构——中国少年先锋队全国工作委员会(以下简称全国少工委)。全国少工委的建立对于少先队完善系统领导、健全组织机构具有极其重要的意义,其主要职能是:

> 根据党中央和团中央的要求,提出每个时期少先队工作的任务,制定工作规划;负责少先队的组织发展工作;倡导并指导开展多种形式的少先队活动;指导少先队辅导员的配备、培训和表彰工作;指导队报队刊和少年宫(家)的工作;指导少先队的理论研究工作;反映少年儿童的状况,提出政策性建议;在"少代会"闭会期间,执行"少代会"的决议。④

---

① 中国青少年研究中心.全国少先队工作会议及代表大会概览[C].北京:中国青年出版社,2016:191.
② 共青团中央(报告)关于召开少先队全国代表大会的请示(中青书字〔1995〕03号)[EB/OL].(1995-02-05)[2021-05-07].http://61.gqt.org.cn/wjk/1995/zqf/200905/t20090509_237401.htm.
③ 同①:192.
④ 同①:192.

从全国少工委的工作职能可以看到,无论是少先队工作任务,还是少先队活动开展、少先队辅导员工作、少先队理论研究工作等,均有了系统的规划和领导。

首次少代会以后,各地纷纷召开地方少代会,成立地方少工委,使少先队地方领导机构得到了健全。"到1987年,绝大多数省、自治区、直辖市建成了少工委,城市中普遍建立少工委,地、县两级的少工委也纷纷建立;到1990年,省级少工委全部建成,县以上各级少先队工作专职干部配备率达80%以上。"[1]伴随着全国和地方各级少工委的建立,少先队系统的领导架构由原来的"共青团—大队—中队—小队"转化为"各级共青团通过少工委—大队—中队—小队",这使得少先队工作的组织指导更加具体完善,少先队组织作为少年儿童组织的性质更加突出。1988年,共青团中央恢复了少年部的建制,该部与全国少工委办公室合署办公。"这一措施使少先队工作部门具有了双重性质:作为少先队领导机构,可以对下级队组织实施系统领导;作为团委机关的职能部,可以在少年工作领域内指导下级团委。"[2]这些少先队领导机构的建设举措,进一步强化了少先队的系统领导,也增强了少先队工作部门的作用。

第三节 道德风尚能不能竞赛?

1978年至1984年,"恢复时期"的少先队组织继承光荣传统,配合社会主义建设开展了一系列教育活动,扩大了组织的影响力。如表4-2所列,这一时期的少先队活动主要围绕"五爱"即爱祖国、爱人民、爱劳动、爱科学、爱护公共财物为基本内容的思想品德教育展开,为20世纪80年代中后期少先队教育内容的系统化和规范化积累了经验。

表4-2 少先队"恢复时期"的主题活动[3]

年份	活动名称
1979年	"我们爱科学"活动
1980年	"人人争戴新风尚小红花"活动
1980年	"可爱的祖国"远足活动
1980年	"大种蓖麻、支援四化"活动
1980年	"红领巾为'六·五'做贡献"活动
1982年	"全国红领巾读书读报奖章活动"(简称"红读活动")

---

[1] 郑洸,吴芸红.中国少年儿童运动史[M].天津:天津人民出版社,1992:424-425.
[2] 同①:425.
[3] 著者依据若干队史书籍中的记录整理而成。

以上所列活动或延续着20世纪50年代少先队活动支援国家建设的优良传统；或运用了一些新的活动方式如竞赛、远足、实验制作激发少年儿童的参与兴趣，培养他们的动手实践能力。值得一提的是，奖章这一即时性评价方式在"红读活动"中的运用，调动了儿童参与活动的积极性，开启了20世纪90年代延续至今的"雏鹰争章活动"的先声。

关于这些活动的总结反思中，就"人人争戴新风尚小红花"活动延伸出"道德风尚能不能竞赛"的问题尤其值得今人思索。[①] 20世纪80年代初，根据党中央关于"转变社会风气要从少年儿童抓起"的指示精神，各地少先队组织普遍加强了共产主义道德教育。天津的少先队组织以爱学习、守纪律、懂礼貌、讲卫生、关心集体、艰苦朴素等六个方面为内容，在少年儿童中开展了"人人争戴新风尚小红花"的竞赛活动，掀起了"比谁进步快，比谁戴的红花多"的竞赛热潮。共青团中央在1980年7月总结推广了天津的经验，提出从少年儿童实际出发，采用多种形式，抓好少年儿童的共产主义道德教育的要求。自此，"人人争戴新风尚小红花"活动在全国各地开展。[②]

20世纪80年代，少先队工作者对于"道德风尚能不能竞赛"的思考和实践，可以与近年来国内德育研究者提出的"竞争性道德教育"[③]以及德育评价问题联系起来进行分析。就竞赛的形式而言，少年儿童善于模仿，进取心强，有主动精神，他们在该年龄阶段的特点是容易接纳比赛、竞赛的活动形式。合作和竞争都要在团体或集体中开展，两者相辅相成，都是促进个体社会性发展的方式。竞赛本身包含着积极向上、追求进步的教育作用，许多体育活动和游戏活动采用竞赛的形式，少先队的活动设计中也可以借鉴这一形式去调动少年儿童参与的积极性和主动性。就竞赛的内容而言，思想层面的评比，例如比赛谁更爱祖国或谁的思想最共产主义，既难以操作，也容易陷入形式主义。面向少年儿童设计的道德风尚竞赛，主要内容所指向的是礼貌、卫生、纪律等具体并外显的行为和生活习惯，可以纳入评比的范围。天津"人人争戴新风尚小红花"活动的六方面内容设计就使得面向少年儿童的道德教育更加具体化、形象化、生活化。

近年来，随着竞赛形式在少先队活动以及道德教育领域的广泛采用，有研究者指出，"在长期的道德教育实践中，以道德竞赛为代表的竞争性道德教育逐步形成了一套相对完善并富有特色的运行机制……学生之间各种各样的或显或隐的道德竞赛不可谓不激烈，而学生之间的合作往往被局限于以班级为基础的较小范围内，

---

① 《共青团中央书记处书记胡德华任第六次全国少先队工作会议上的总结》(1979年10月17日)第四部分"关于道德教育的评比竞赛问题"。参见中国青少年研究中心.全国少先队工作会议及代表大会概览[C].北京：中国青年出版社，2016：169.
② 郑洸，吴芸红.中国少年儿童运动史[M].天津：天津人民出版社，1992：398-399.
③ 尹伟.竞争性道德教育及其超越[J].高等教育研究，2015(6)：15-20.

且呈肤浅化和庸俗化之势。"①本章节并不对道德竞赛的发展趋势作出判断,主要从20世纪80年代"人人争戴新风尚小红花"活动所遵循的"六个不"原则中获得一些道德教育的启示:

> 不追动机,只要有进步的表现都欢迎;不搞"考验",一有进步就及时表扬、戴花;不强调一贯,周评就看这一周,月评就看这月,上半周、前半月做得不好,后半段进步了,也可以表扬;不强调全面,只要某一方面有进步,甚至只要有一点进步就肯定,就鼓励;不搞"一刀切",对基础不同的孩子,提出不同的要求,主要看本人在原有起点上的进步;不搞百分比限制,只要符合戴花条件,有多少评多少。②

以上呈现的竞赛原则,其设计意图绝非在少年儿童中区分名次或等级来表彰先进,而在于奖励多数儿童、激励个体进步,这为广泛参加活动的少年儿童营造了一个较为轻松的竞赛氛围,也向他们敞开了进步的大门:象征着进步、光荣的"小红花",不仅奖给少数优秀者,而且奖给大多数进步者,人人有希望获得表扬和鼓励。

随着活动在全国范围的推广,杭州市五星小学少先队大队在参照天津"六不"原则的同时,又基于儿童的立场增加了"自己与自己比""现在与过去比"的原则。③无论是道德竞赛还是道德评价,其应发挥的功能在于推动儿童的道德发展,而非仅就儿童道德品质进行甄别、鉴定。在此意义上,"人人争戴新风尚小红花"活动旨在鼓励少先队集体和少先队员的点滴进步,既彰显了少先队作为少儿组织应有的人文关怀,也相对合理地运用了道德竞赛这样的活动方式。

---

① 尹伟.竞争性道德教育及其超越[J].高等教育研究,2015(6):16.
② 郑洸,吴芸红.中国少年儿童运动史[M].天津:天津人民出版社,1992:398.
③ 同②:399.

第五章　继往开来：少先队组织的发展和改革

1978年以来，改革与发展成为中国社会政治经济生活的主旋律。早在1987年11月，全国少工委一届四次全委扩大会议曾探讨了少先队自身改革问题，全国少工委办公室提出了少先队改革的初步主张。自20世纪80年代末至今，《中国少年先锋队队章》更名为《中国少年先锋队章程》及"五有十率"的提出等，表明中国的少先队事业一直继续着组织建设和基础建设的步伐；少先队教育系统化的尝试、少先队体验教育的探索以及少先队活动作为必修活动课等举措，同样显示着少先队着力于发展，在发展中进行局部性改革的路径选择。2017年，《少先队改革方案》的印发，正式开启少先队全面改革的工作格局。近年来，与少先队改革相关的政策文件主要集中于改革领导体制、运行机制、组织建设三个方面。如何真正改革创新少先队教育和活动方式，以培养和加强少先队员的光荣感和组织归属感，增强少先队组织的吸引力、凝聚力和影响力，让少年儿童深刻理解"时刻准备着"的光荣内涵，或许是未来少先队改革亟待破解的难点。

第一节　少先队组织的持续建设

一、"队章"变"章程"

1989年12月，共青团十二届二中全会通过《关于少先队章程修改程序的决定》，首先强调"长期以来，中国共产主义青年团受中国共产党的委托领导少先队，并将一如既往地发挥领导作用"，继而说明本次和之后的少先队章程修改都将由每五年召开一次的少代会审议通过。自此，1990年、1995年、2000年、2005年、2020年的少先队章程都由每五年召开一次的少代会审议通过。

1990年10月，第二次少代会通过《关于〈中国少年先锋队队章修改方案〉的说明》，说明文件首先肯定1981年版队章对于少先队工作的恢复与发展起了重要作用，认为其"总体上仍然适用少先队教育和少先队自身建设的需要"，但随着中国经济体制改革的发展，特别是少先队的自身发展，"需要对队章的某些条文做进一步体现时代要求，体现少先队员的自主精神，并与团章关于队的性质的提法相一致的修改"①。因此，基于"多就少改和照顾少先队员理解能力"的原则，对队章的一些局部性条款做了修改，主要有六处：

第一是关于少先队队章名称的修改。如列宁所言："组织首先就是制定章程。"②章程作为组织的纲领，是对组织的目标、任务、基本行为规范等方面的约定，特定组织的章程是区别于其他组织的重要标志。少先队组织章程的名称由《中国少年先锋队队章》改为《中国少年先锋队章程》，这样的表述更加规范和科学。

第二是关于"队的性质"的修改。在队章第三条"我们队的性质：是中国少年儿童的群众组织，是学习共产主义的学校"之后增加了一句"是建设社会主义和共产主义的预备队"。这是为了与1982年12月共青团第十一次代表大会通过的《中国共产主义青年团章程》第七章"团同少年先锋队的关系"中"中国少年先锋队是中国少年儿童的群众组织，是学习共产主义的学校，是建设社会主义和共产主义的预备队"的提法保持一致。

第三是关于"队的目的"的修改。队章第四条"我们队的目的"改为"团结教育少年儿童，听党的话，爱祖国、爱人民、爱劳动、爱科学、爱护公共财物，努力学习，锻炼身体，培养能力，立志为建设社会主义的现代化强国贡献力量，做共产主义的接班人。维护少年儿童的正当权益"。"培养能力，立志为建设社会主义的现代化强国贡献力量""维护少年儿童的正当权益"是新增写的内容。社会的发展对少年儿童的培养提出了更为全面的要求，少先队要更好地担负起促进少年儿童健康成长和维护少年儿童正当权益的社会职能。

第四是在"我们的队旗"后增写了"我们的队徽"。从少先队建队到1990年10月之前都没有确定队徽。但在实践中，人们普遍把星星火炬作为少先队的一种标志来使用，装饰在队室和有关场合，还制作了星星火炬证章广泛佩戴使用，星星火炬实际上已成为人们普遍认可的少先队组织标志。因此，第五条"我们的队旗、队徽"中加上了"五角星加火炬和写有'中国少先队'的红色绶带组成我们的队徽"。《关于〈中国少年先锋队队章修改方案〉的说明》强调："队徽的使用应该庄重、严肃。队的各级代表大会，团委、少工委的会议室，队室、'六一'、建队日的活动场所以及有关少先队的外事场合等可以悬挂队徽。队和各级组织颁发的奖状、奖旗、奖章、证书、光荣簿和其他荣誉性文件、证件及队的报刊可以加印队徽。队徽证章的制作、颁发、佩戴等由全国少工委做出具体规定。"③将长期少先队活动实践中少年儿童和社会各界"眼"熟能详并广泛使用的少先队标志作为少先队队徽，写入少先队章程中，并对少先队队徽的使用做了详细的规定，这样的举措既是少先队文化建

---

① 中国青少年研究中心.全国少先队工作会议及代表大会概览[C].北京：中国青年出版社，2016：260.
② 中共中央马克思恩格斯列宁斯大林著作编译局.列宁全集（第八卷）[M].北京：人民出版社，1986：51.
③ 同①：261.

设的有效策略,也彰显少代会在推动少先队组织建设方面所发挥的重要作用。

第五是关于少先队员的补充。在队章第十条"我们的队员"中加入"队员是少先队组织的主人",意在加强培养少先队员的主人翁意识和自主精神。

第六是增写了第十五条:"全国和地方各级少先队工作委员会,是全国和地方少先队经常性工作的领导机构,由同级少先队代表大会选举产生。"①建立全国和地方各级少先队工作委员会是少先队组织建设的重要举措。如前所述,1984年的少代会,以"代表会议"的形式取代了以前的"工作会议";1990年的第二次少代会又以"代表大会"取代"代表会议"。少先队工作的领导机构是由少代会选举产生的,少代会可谓是少先队组织的"最高权力机构",其本身及召开都有着举足轻重的意义。

1995年6月,第三次少代会对少先队队章的个别条款再次作了修改、补充。关于少先队的性质:

> 三、我们队的性质:是中国少年儿童的群众组织,是学习共产主义的学校,是建设社会主义和共产主义的预备队。
>
> (1990年《中国少年先锋队章程》)

> 三、我们队的性质:是中国少年儿童的群众组织,是少年儿童学习共产主义的学校,是建设社会主义和共产主义的预备队。
>
> (1995年《中国少年先锋队章程》)

"学习共产主义的学校"之前增加主语"少年儿童",使文字表述更为完整,既与1993年共青团修改后的团章中关于少先队性质的界定相一致,更凸显少年儿童作为学习主体的地位。

关于少先队的目的:

> 四、我们队的目的:团结教育少年儿童,听党的话,爱祖国、爱人民、爱劳动、爱科学、爱护公共财物,努力学习,锻炼身体,培养能力,立志为建设社会主义的现代化强国贡献力量,做共产主义的接班人。维护少年儿童的正当权益。
>
> (1990年《中国少年先锋队章程》)

> 四、我们队的目的:团结教育少年儿童,听党的话,爱祖国、爱人民、爱劳动、爱科学、爱护公共财物,努力学习,锻炼身体,参与实践,培养能力,立志为建设有中国特色的社会主义现代化强国贡献力量,努力成长为社会主义现代化建设需要的合格人才,做共产主义事业的接班人。维护少年儿童的正当权益。
>
> (1995年《中国少年先锋队章程》)

---

① 中国青少年研究中心.全国少先队工作会议及代表大会概览[C].北京:中国青年出版社,2016:259.

联系当时正在进行的基础教育改革来看,由变应试教育为素质教育的背景下,知识如何更好地与实践紧密结合,是教育领域迫切需要解决的问题。"实践是少先队有别于其他教育形式的突出特点,是少先队组织的教育优势,也是少先队教育的主要特征。"①作为少儿组织,少先队重视少先队员的自我教育、自我管理,发挥队员自身的积极性、主动性,引导少年儿童在实践中学习和成长。1994年,"跨世纪中国少年雏鹰行动"中的"五自学习实践活动"即"自学、自理、自护、自强、自律"便是以实践为指导思想。为适应时代和教育改革的要求,进一步发挥少先队依托实践开展教育的优势,"参与实践"写进了1995年《中国少年先锋队章程》的第四条"我们队的目的"当中,并一直保留在2000年和2005年的《中国少年先锋队章程》中。

1992年10月,党的十四大确立了建设中国特色社会主义理论的指导地位。1993年,共青团修改团章,当中第九章"团同少年先锋队的关系"中提出:

> 第三十七条 中国少年先锋队是中国少年儿童的群众组织,是少年儿童学习共产主义的学校,是建设社会主义和共产主义的预备队。中国共产主义青年团受中国共产党的委托领导中国少年先锋队的工作。共青团要发扬"全团带队"的传统,保护和关心少年儿童的成长,坚持以社会主义思想和共产主义精神教育少年儿童,引导他们听党的话,好好学习,天天向上,爱祖国,爱人民,爱劳动,爱科学,爱护公共财物,锻炼身体,培养能力,努力成长为社会主义现代化建设需要的合格人才,做共产主义事业的接班人。
>
> 中学少先队组织可以推荐优秀少先队员作团的发展对象。②

与共青团团章相一致,1995年《中国少年先锋队章程》"我们队的目的"也进行了充实,明确提出"立志为建设有中国特色的社会主义现代化强国贡献力量,努力成长为社会主义现代化建设需要的合格人才,做共产主义事业的接班人",这体现了少先队以建设有中国特色的社会主义理论为指导,也使得少先队教育的目的更为完整、准确。1995年《中国少年先锋队章程》第十条"我们的队员"中还增加了"优秀的少先队员可以由队组织推荐作为共青团的发展对象"。既是对团章的贯彻落实,也是开展少先队组织建设,进行中学团、队衔接的重要举措。

二、少先队基层建设和校外教育

1986年11月15日至11月19日,全国少工委一届三次全委扩大会议在山东潍坊召开,会上提出"深化教育活动,加强基础建设,突破薄弱环节"③的少先队工

---

① 中国青少年研究中心.全国少先队工作会议及代表大会概览[C].北京:中国青年出版社,2016:295.
② 同①:265.
③ 同①:215.

作任务,由此形成少先队教育活动和基础建设并举的工作格局。1987年2月,全国少工委办公室发出《关于加强少先队"五有"建设的意见(草案)》,对少先队组织建设、工作队伍建设、教育活动等方面提出了"五有十率"的要求:"有组织——主要抓建队率和入队率;有辅导员——主要抓配备率和培训率;有活动——主要抓覆盖率和活跃率;有阵地——主要抓普及率和利用率;有制度——主要抓健全率和执行率"。① 并且强调:

> "五有"建设中的"十率"量化要求,是对质量与数量的辩证要求。我们应在确保质量的前提下,达到一定的数量,形成良好的少先队工作的规模效应。各地在执行中应根据当地实际情况,制定具体指标。②

尽管"质量与数量的辩证要求"在实践层面难以把握,但采用量化指标来考核基层工作,使"软任务"变成了"硬任务",诚然加快了少先队基层建设的步伐。由此,地方少先队组织根据这份"五有十率"文件提出的各项具体比率,广泛开展基层组织"达标创优"活动。

为了突破中学和农村这两个基层建设的薄弱环节,共青团中央、国家教委、全国少工委又于1987年2月联合印发《关于中学少先队工作的若干规定》;全国少工委组织经验交流会议,重点研究进一步加强农村少先队工作的问题。少先队的基层建设也通过直接调动少先队员的积极性来加以实现。各地通过"队长学校"等形式培训少先队小干部,使他们在大、中、小队中发挥更大作用。全国少工委与《中国少年报》社先后举办了"全国好队长评选"和"全国红领巾小建设竞赛",发动队长们带领小伙伴建设好基层集体,发动队员们献计出力,建设好大、中、小队的"小家务""小阵地"。

少年儿童的健康成长依赖于全社会的合力。20世纪80年代的后半期,少先队在加快基层建设步伐的同时,与之密切联系的校外教育工作也得到发展。1986年10月,国家教委、共青团中央、全国妇联在大庆市召开少年儿童校外工作会议,重点研究少年宫(家)的建设问题,明确办少年宫(家)之原则为"面向学校,面向少先队,面向全体少年儿童",要求少年宫(家)"成为基层少先队活动的资料、信息、咨询中心,成为基层少先队活动的示范、指导中心,成为少先队干部和骨干的培训中心,成为基层少先队组织的重要活动基层"。③ 多年来,少年宫(家)成为少先队校外实践教育活动开展的重要场所,也成为未成年人思想道德建设的重要阵地。

1987年8月,共青团中央、解放军原总政治部、国家教委联合召开解放军校外辅导工作经验交流会,表彰解放军优秀校外辅导员和先进校外辅导员单位,要求把校外辅导工作作为军民共建精神文明的重要内容。1988年1月,河南商丘驻军与

---

① 郑洸,吴芸红.中国少年儿童运动史[M].天津:天津人民出版社,1992:426.
② 成都少先队工作学会.少先队文化建设指导[M].成都:西南交通大学出版社,2006:20.
③ 同①:428.

团队组织联合创办"少年军校",对少年儿童集中进行爱国主义、革命传统和国防教育,让他们在军事化和集体生活中得到锻炼。浙江省随后涌现武警、消防、通讯、海军、空军等各种类型的"少年军(警)校"。全国少工委积极支持这些新生事物,倡导各地仿效。"少年军校"在各地的逐步推广,使少先队增加了一种校外教育的新形式。儿童在政治社会化过程中存在理想化特征,他们了解政治制度首先是通过对某些关键人物的了解和理想化,"儿童最初主要通过与他有接触的政府人物(警察)和遥远的政府角色的象征(总统)了解政治体系(政治化)"①。少先队在培养少先队员政治情感,对其进行政治启蒙的过程中便运用了这一规律。少先队组织对榜样人物或英雄人物的大力宣传,组织参观军队、警察机构和创办"少年军校"等活动,都意在促进儿童对本国的政治体系和政治制度形成初步的感知和认同。

三、少先队组织分层的尝试

20世纪50年代,共青团领导曾提出"一个主义三个团"的想法,即儿童团、少先队和共青团,"意在把少先队组织和教育分成两个阶段来进行,即儿童组织和少年组织有所区别"。② 1960年4月,第四次少年先锋队工作会议召开,与会代表讨论了少年儿童组织的分层问题,会议报告中提出,党中央在1949年1月建团决议中就曾指出,要建立儿童团和少先队。③ 当时考虑到建团初期,组织不宜过多,只建立了少年儿童队。但20世纪60年代初的形势和工作需要在于:

> 一方面考虑到六、七、八岁的儿童迫切需要组织起来;另一方面,少先队员的队龄从9岁到14岁,9岁前的儿童就入不了队。年龄跨度大带来了有些队的活动,小的喜欢,大的不愿意参加,大的感兴趣,小的跟不上。④

会议建议,根据少年儿童年龄的不同,分别建立少年组织和儿童组织。1960年5月11日,中共中央批转共青团中央《关于少年先锋队工作会议的报告》,并就少先队组织分层问题做出批复:

> 关于分别建立中国共产主义少年先锋队(吸收11岁到15岁少年参加)和中国共产主义儿童团(吸收6岁到10岁儿童参加)的问题,是一个关系到一亿六千多万名少年儿童的大事,牵涉很广。对于这个问题,中央暂不做决定。请各省、市、自治区党委指导共青团组织,先在一两个县(区)进行试验,并注意广泛听取学校、家长及有关方面的意见,认真加以研究和总结。然后再由共青团

---

① 鲁洁,王炳照,谈松华.中国教育大百科全书第3卷[M].上海:上海教育出版社,2012:2125.
② 赵武军.少先队事业的机制创新与发展[J].少年儿童研究(理论版),2009(20):49.
③ 1949年1月1日,中国共产党中央委员会在《关于建立中国新民主主义青年团的决议》中的第四条规定:"团要领导少年与儿童工作,吸收7—12岁的儿童参加儿童团,吸收13—17岁的少年参加少年先锋队。"
④ 中国青少年研究中心.全国少先队工作会议及代表大会概览[C].北京:中国青年出版社,2016:99.

中央综合提出意见,报告中央考虑。①

1965年,共青团曾决定:"为了把我国全体少年儿童组织起来,为了根据少年儿童的不同特点进行教育,按照中央指示,分别建立少年组织和儿童组织。7~12岁参加儿童团,12~15岁参加少先队,人口较少的村庄,可以合并组成一个组织。"②上海市闸北区中华新路小学等试点学校也一度开展儿童团的试点工作,不久开始的"文化大革命"使得这一尝试中断。

1978年11月,上海市少先队工作者进行了组织分层实验,并在少年儿童中进行深入调研,寻找少儿组织分层的依据:

> 儿童和少年有共同的特点,但他们之间的差异却是显而易见的。低年级儿童识字不多,思维以形象、直观为主,独立活动能力较弱,而章程中规定的内容太深,队礼、呼号的含义都比较抽象,他们理解不了;队歌内容太长,他们记不住;队旗太大,旗杆太高,与他们的身材不相称;队鼓太大、太重,他们背不动;队名是"少年先锋",也不符合他们的实际……③

设计面向低龄儿童的组织是国际儿童组织的普遍倾向和共同趋势。欧美国家的童子军运动兴起不久,不少国家面向7~11岁年龄段的儿童建立了幼童军组织。前文提到,早在20世纪20年代,苏联即面向小学一到三年级学生建立十月儿童团。"它附设于少先队的大队和中队下面,大队委员会设立'十月儿童'工作指挥部,负责十月儿童班工作。少先队中队是十月儿童的集体辅导员。十月儿童班经常在十月社会主义革命周年纪念时成立。十月儿童有区别于少先队的徽章、旗帜、守则和活动。"④

1986年,上海市面向小学低年级儿童进行组建小红星儿童团的尝试,小红星儿童团的章程规定了统一的名称、标志、团歌、团礼、呼号以及组织设置及活动等:

> 儿童团的名称:小红星儿童团。红星代表党,"小红星"表示儿童团组织是党的好孩子组织。
>
> 儿童团性质:儿童团是小学低年级(6~8岁)全体儿童的群众组织,它附属于少年先锋队,是少先队的预备队。少先队通过儿童团领导、团结与教育低年级弟弟妹妹,帮助他们接受队前教育,积极准备参加少先队。
>
> 儿童团的标志:呈苗苗状的绿领巾,表示儿童团员是祖国的小苗苗。
>
> 儿童团员:凡愿意遵守儿童团章程的低年级儿童,经申请、少先队大队委

---

① 中国青少年研究中心.全国少先队工作会议及代表大会概览[C].北京:中国青年出版社,2016:99.
② 共青团上海市委员会,少先队上海市工作委员会.上海少先队发展史[M].上海:上海教育出版社,2009:550.
③ 同②:549.
④ 此处引文称之为"十月儿童班"。参见赵国强.少先队管理学[M].上海:上海人民出版社,2014:82.

员会批准就可成为儿童团员。

儿童团的目标：爱红星、爱学习、爱师长、爱同学、爱劳动，准备参加少先队。

儿童团的团礼：右手五指并拢，敬于太阳穴，表示儿童团员时刻记住"五个爱"。

儿童团的呼号：（呼）时刻记住"五个爱"，（答）准备参加少先队。

儿童团的团歌：《共产儿童团歌》的一段。

儿童团的团旗："苗苗向着五角星"的三角红旗。

儿童团的组织机构：学校大队委员会附设儿童团团部，设正副团长若干名，儿童团团长由大队儿童委员兼任。儿童团部下设红星儿童中队，设正副中队长各一名，中队下设若干红星儿童小队，每队5～7人，设小队长一名。儿童团小干部由儿童团员民主选举产生，并由大队部授予白底绿杠的队长标志，以增强责任感与荣誉感。

儿童团的活动：游戏、唱歌、跳舞、演戏、画画、讲故事等。

儿童团的辅导员：少先队选派品学兼优的、热心为弟弟妹妹服务的少先队员担任"小辅导员"，聘请班主任担任中队辅导员。

儿童团的礼仪队：由一名旗手、两名护旗手和铃鼓队组成，人数一般为8—48人根据学校规模大小和仪式要求适当增减。出旗曲为《红星歌》。①

"党的好孩子组织""少先队预备队"的界定，首先明确了组织性质。小红星儿童团作为附属于少先队的"红领巾预备队"，它既是少先队团结刚入学的小学儿童，向他们进行队前教育的特殊组织形式，也是引领教育儿童创建团结友爱集体的良好组织形式。小红星儿童团章程的规定则贴近低年级儿童的身心特点：以《共产儿童团歌》的一段作为团歌，比少先队队歌《我们是共产主义接班人》短小、浅近，易于儿童歌唱；"将少先队的'五爱'替换为'小五爱'，寓爱国爱党于'红星'的形象中，把'爱人民'具体化为'爱师长、爱同学'，把'爱科学'改为'爱学习'，把'为共产主义事业而奋斗'的远大目标换成'准备参加少先队'的小目标，使孩子们在短时间内通过一定努力都能达到。"②尤其是"小辅导员"概念的提出和实践，显示着儿童工作者对于低龄儿童和少年儿童两类群体心理特征的尊重和适应。由少先队员担任"小辅导员"，低龄儿童易于和乐于接受这一"大带小"式的陪伴和引导，"提前"在儿童团中练习集体生活；少先队员则能锻炼和贡献才能，更自觉地开展自我教育，增进社会责任感。

---

① 共青团上海市委员会,少先队上海市工作委员会.上海少先队发展史[M].上海：上海教育出版社,2009：552-553.新版"上海市小红星儿童团章程"与少先队章程一样,采用了"我们的XX"表述,部分条目内容有所简化,增加了"我们的奖励",删减了"儿童团的礼仪队"。详见赵国强.少先队管理学[M].上海：上海人民出版社,2014：88-89.

② 赵国强.少先队管理学[M].上海：上海人民出版社,2014：79.

1986年12月4日，上海小红星儿童团正式成立。这一天原是上海少先队的建队纪念日，也成为上海小红星儿童团的"建团纪念日"。全市17万一年级小学生戴上"绿领巾"，欢庆第一个"小红星儿童节"。为更好地实现少先队对儿童团的领导，上海市少工委提出了"全队带童"的方针，即"少先队各级组织都负有带领指导儿童团的任务，每个少先队员都承担关心帮助儿童团弟弟妹妹的义务责任"①。在此方针下，上海市建立了有专职小辅导员、特邀小辅导员、特色小辅导员、结对性小辅导员、集体小辅导员这样多元化设置的小辅导员制度，广泛开展"大带小、低龄化、半自动"的儿童团活动，注重儿童团入团前教育，探索儿童团经常性制度性活动，开展"苗苗小能手""当代小先生"评选活动等，②让少先队员得到锻炼和提升能力的机会。

作为20世纪80年代中国少儿组织分层改革的成功案例，小红星儿童团的组织形式适合低龄儿童特点，让少先队在学校中更充分地发挥团结教育儿童的组织作用，调动不同年龄段少年儿童的积极性、主动性，也促进着少先队的自身建设，为提升未来少先队员和少先队中队的素质奠定基础。有趣的是，"把低龄儿童从少年组织中划出来，戴上绿领巾，在初中少先队员中产生了积极的心理效应。年龄大的少先队员由于生理、心理的发展变化，总希望别人'大看'自己，不愿别人再把他们当成'小孩'"③。这样的少先队分层改革尝试在适应低龄儿童身心特征的同时，还减轻了初中少先队员的心理负担，增进了他们对少先队组织的热爱和归属感。

第二节　少先队教育的系统探索

如前文所述，早在1979年第六次全国少先队工作会议上，就曾提出少先队教育系统化的基本目标，对于这一目标的具体阐述中已蕴含着《中国少年先锋队教育纲要》的设计轮廓："这就要求我们通过实践研究确定从七岁到十四岁每一年队龄期，少先队要向队员进行些什么教育，开展些什么活动，如学习哪一二个革命先锋，重点培养哪几项品德风尚，了解哪一二个优秀科学家的事迹，会制作什么样水平的科技作品，会唱哪几首儿童歌曲，等等。"④

1986年3月，全国少工委印发《关于在全国少先队员中进一步加强共产主义

---

① 共青团上海市委员会，少先队上海市工作委员会.上海少先队发展史[M].上海：上海教育出版社，2009：554.
② 同①：556-568.
③ 赵国强.少先队管理学[M].上海：上海人民出版社，2014：80.
④ 为培养朝气蓬勃的四化建设预备队而奋斗——共青团中央书记处第一书记韩英在第六次全国少先队工作会议上的工作报告（1979年10月10日）[C]//中国青少年研究中心.全国少先队工作会议及代表大会概览.北京：中国青年出版社，2016：148.

教育的意见》提出了"三个方面教育要相结合",即以爱国主义为起点的共产主义思想教育,以学英模为主要内容的革命传统教育,以"人民的利益高于一切"为最高准则的集体主义品德教育。① 同年 11 月,全国少工委一届三次全委扩大会议在山东潍坊召开,会议强调要进行具体、形象的理想教育,进行革命传统教育和学习英模的活动,进行集体主义的品德教育,还特别加入一项教育内容,即"针对大量独生子女的普遍弱点,当前应加强对少年儿童的劳动教育,培养他们热爱劳动、尊重劳动的良好习惯,提高自立、自理的生活能力,学习各种简易、有效的实用技能"②。1987 年 6 月,全国少工委发出《关于深化少先队教育活动的若干意见》,将"民主与法制教育"列入少先队教育内容当中,并强调了少先队教育内容的完整性和教育活动的连续性。③

1990 年 9 月 30 日,全国少工委下发《关于颁行中国少年先锋队教育纲要的通知》。《关于颁行中国少年先锋队教育纲要的通知》提出,为了贯彻党中央有关加强少年儿童思想品德教育的指示精神,为了使少先队教育逐步做到科学化、系统化、制度化,为了更好地配合学校德育工作的进行,为了使不断更新的少先队工作干部和辅导员有一个具体的工作依据,决定颁行《中国少年先锋队教育纲要》,这份文件将少先队教育的基本内容规范为六个方面:

热爱祖国,学习先锋;热爱人民,文明礼貌;

热爱组织,学当主人;热爱科学,努力学习;

强壮体魄,培养美感;热爱劳动,爱护公物。④

围绕以上六个方面,按照不同年龄段少年儿童的特点、知识水平、接受能力,这份纲要文件为各年级段设计出由浅入深、前后连贯的教育内容体系。

正是伴随着对少先队教育内容特别是如何面向少年儿童开展共产主义教育的讨论,以及少先队活动实践的展开和经验积累,《中国少年先锋队教育纲要》逐步成型。在这一文件的指导下,少先队工作者和辅导员有了开展教育活动的基本规范,少先队活动渐成体系。

一、"创造性活动"

1984 年,遵循"三个面向"即"教育要面向现代化、面向世界、面向未来"的重要指示,响应"三个创造"即"树立创造的志向,培养创造的才干,开展创造性的活动"的号召,全国少工委在全国范围内广泛开展了"创造性活动"——"这是一次由我国

---

① 中国青少年研究中心.全国少先队工作会议及代表大会概览[C].北京:中国青年出版社,2016:215.

② 同①:215.

③ 关于深化少先队教育活动的若干意见(中少字〔1987〕08 号)[EB/OL].(1987-06-16)[2021-05-10]. http://61.gqt.org.cn/wjk/1987/zsf/200905/t20090509_237503.htm.

④ 同①:222.

亿万少年儿童参加的,以时代性、实践性、自主性为特征,以'四有''五爱'为主要内容,以培养创造志向,创造精神和创造才干为目的,声势浩大的共产主义教育实践活动"①。

1984年11月,全国少工委《中国少年报》《辅导员》杂志社最早联合发起全国"创造杯"少先队活动竞赛,"创造杯"由全国统一主题,即"三个创造";统一原则即"时代性、实践性、自主性";具体的主题、内容和形式完全由基层少先队组织自行把握;活动评选则统一组织。各地少先队组织普遍参加了这一活动,有335000多个少先队集体参加了全国级的竞赛,评选出了10000个"创造杯奖",其中150个"最佳活动奖"。②

1985年10月,全国少工委召开会议,研究如何加强对少年儿童的思想品德教育和深入开展"创造性活动",并部署第二年的少先队工作。会议期间曾出现两种引人注目的观点:"一种观点认为,少先队教育的改革应加快进行,在教育中应迅速革除所谓'传统观念'的束缚,应强调现代意识、创造性和民主性,主张把'新兴的创造教育'的思想和方法引入少先队教育。另一种观点认为,应重视少年儿童中的思想道德问题,应从一些大学生闹事中引出反思,不应过分强调创造性和民主性,要继承少先队教育的优良传统,从小加强共产主义理想和共产主义道德教育。"③经过讨论后会议达成两点共识:第一,应加强对少年儿童的共产主义教育,这种教育只能是基础的,适合少年儿童理解能力的,不能过高要求;要突出思想品德教育,但又不能局限于思想道德教育,而应着眼于人的德、智、体、劳、美的全面发展。第二,"创造性活动"是实施基础的共产主义教育的有效方法,应广泛而深入地开展。教育仍要强调时代性、实践性和自主性。这样的共识推动着以共产主义教育为中心的"创造性活动"的广泛开展。

1986年,全国少工委在全国少先队工作部署中要求"以共产主义教育为中心的创造性活动",以"树理想、学创造、做主人"为主题,在方法上突出"创新、求实、激励",充分运用"创造杯"活动的成功经验。各地在"创造杯"活动后陆续自主部署、因地制宜地开展许多具有特色的"创造性活动"。根据少先队队史、少年运动史等文献的记载,可以看出,这些活动形式活泼,与儿童生活紧密结合:

> 北京崇文区一师附小开展的"寻星"活动,让队员走出校门,去寻找工作在各条战线上的英雄楷模。六(1)中队去北京市百货大楼进行调查,他们统计了这样的数字:平均日客流量14万人,每个售货员平均一分钟说10句话,每天要讲4800句,每分钟转身5次,一天达23400次。这些售货员在平凡的劳动

---

① 团中央少先队工作委员会,中国少年先锋队工作学会.中国少年儿童运动史话[M].北京:中国少年儿童出版社,1989:319.
② 同①:319-320.
③ 郑洸,吴芸红.中国少年儿童运动史[M].天津:天津人民出版社,1992:419-420.

中，为社会做出了很大的贡献，使队员们深受教育。①

  山东省青岛市人和路小学的队员为了应付繁重的作业，"发明"了许多秘密"武器"，有的让父母代写，有的故意丢三落四，还有的一手捏两支笔写字，一笔两行，穷于应付。他们开展了"秘密武器公开了"的活动，诉说了作业多负担重的苦恼，使校长和老师受到教育，改革了教学方法，减轻了学生负担。②

现实生活为少年儿童的思想教育提供广阔的课堂和丰富的教育素材。少先队员在参加这一主题教育活动的过程中鲜明地表现出对于社会的责任感，他们发挥"小主人"精神，在日常生活中发现问题，再基于想象力和创造力解决问题：

  武汉市吉庆街小学的队员们，看到市区路面扬尘严重，便在课余追踪调查，终于发现郊区车辆进城时带进大量泥沙，他们写信给市长做了汇报，市长立即责成有关部门修建了冲车台，群众称赞孩子们办了一件大好事。③

  1986年3月1日，北京市少先队组织开展了"让春风吹走首都街头错别字"的活动，拉开"小主人在行动"的序幕。半个月中，共查出街头广告、店牌、路标示意图、物价表、海报上的错别字和不规范用字268000多处，受到社会各界的热烈赞扬，使队员增强了关心首都精神文明建设的责任感和自豪感。④

"创造性活动"主要以少先队基层组织展开，少先队员们在合作活动中加强了集体主义观念，少先队组织成为培养优良品格的集体。同时，活动重视发挥个人特长，尊重个人爱好，鼓励"冒尖"，提倡用个人的聪明才智为集体服务，满足了儿童个性发展的需要，又增强了少先队集体的吸引力和凝聚力。到了1987年，全国少工委在工作部署中，就将以基础的共产主义教育为中心的"创造性活动"的主题进一步扩展为"树理想、爱集体、学创造、做主人"。

1986年，《辅导员》杂志社举办面向全国的"创造性活动征文竞赛"，让正在开展的地方主题活动中的优秀成果及时得到介绍和交流，持续推动活动的开展。1986年9月至1987年7月，《中国儿童报》举办了全国各族儿童"勤巧小队"友谊赛，活动主要以中低年级儿童为对象。比赛内容一是"勤"，即生活自理能力强，为家乡、为学校、家庭和他人服务得好；二是"巧"，即队活动中会动脑筋，出的主意好，劳动办法巧。1988年9月至年底，全国少工委办公室、团中央学校部、《中国少年报》社、《辅导员》杂志社等部门联合举办了中学少先队"创造性活动"竞赛。活动面向初中队组织，主要内容有"了解家乡新面貌"，进行爱国主义和改革开放政策的教育；"积极向往共青团"，进行团的知识教育；"动脑动手长才干"，进行创造性劳动的

---

  ① 团中央少先队工作委员会，中国少年先锋队工作学会.中国少年儿童运动史话[M].北京：中国少年儿童出版社，1989：320.
  ② 同①：320-321.
  ③ 郑洸，吴芸红.中国少年儿童运动史[M].天津：天津人民出版社，1992：412.
  ④ 同③：414-415.

教育。① 这些面向全国的"创造性活动"立足少年儿童生活,兼顾不同学段学生的年龄特征和能力范围,因而在小学中、低年级以及初中得到大规模的推广。此外,这一时期影响较大的主题活动如"学英雄,建丰碑"活动、"红领巾助残活动""红领巾安全行动"等也构成了"创造性活动"的一部分。

"创造性活动"在收到良好教育效果的同时,促进了少先队基础建设的发展,为社会主义建设新时期的少先队教育积累了经验。

首先,革新了少先队活动的形式内容。"创造性活动"强调时代性、实践性、自主性的,强调时代性,即具有时代内容、体现时代精神、密切联系现实生活;强调实践性即不满足于听和说,而是五官并用、动脑动手、身体力行,在校内参加强调各种实践,并且参加社会实践,在实践中受教育、长才干;强调自主性,即确定主题、设计方案、准备资料、组织实施、总结成果等各个活动环节均以队员为主,辅导员只起参谋、导向、帮助解决困难、提供活动保障的作用。从前文所列举的案例就可以看出,伴随着时代的进步和理念的更新,少先队活动的领域大为拓宽,题材更加丰富,形式上也趋向小型、分散和即兴,统一的集中性的活动大大减少,更好地让少年儿童发挥主动性和创造性。

其次,转变了少先队活动的指导方式。"创造性活动"改变了过去少先队活动"上面抠得死,下面切得齐"的状况,随着少先队活动重心下移到基层,少先队辅导员和少先队员更能放开手脚,在各种活动题材和领域中自由发挥、锻炼才干。尤其是在以少先队员为主体开展教育活动的过程中,辅导员真正发挥"亲密的朋友和指导者"的角色和功能。创造性活动从少先队员本身的意愿和爱好出发,涉及了许多新题材、新领域以及少先队员提出的大量新问题,使辅导员感到辅导难度大大增加,因而产生了再学习的紧迫感,促使了一些新的少先队辅导方法和技巧应运而生。

再次,更新了少先队活动的教育理念。"创造性活动"涉及"五育"范畴中的诸多方面,再次印证少儿组织及其开展的活动能够促进少年儿童的能力提升,尤其是思想品德的发展。"创造性活动"强调开拓和创新,"变被动受教育为主动受教育",在活动中,"许多'小调皮''小捣蛋'锋芒毕露,显示了他们的才干,而一些平时听话、斯文、分数高的队员却往往表现平平"②。这不仅促使人们反思和更新少先队活动的评价,也推动着人们教育观念的更新,更为重视培养少年儿童的创造能力。

二、少先队榜样教育

1989年,共青团中央和国家教委等部门授予抢救国家财产不幸牺牲的赖宁"英雄少年"称号,全国少工委发出《关于广泛开展"学赖宁、学'十佳',争做优秀少

---

① 郑洸,吴芸红.中国少年儿童运动史[M].天津:天津人民出版社,1992:417-418.
② 同①:413.

先队员"活动的通知》。自此,"学赖宁,做党和人民的好孩子"活动在全国展开。关于这场学赖宁活动的成效毋庸多论,这里更多关注的是对这场活动本身的理性思考:

> 在最初发动学赖宁活动的时候,曾经有一部分同志担忧开展全面性的学赖宁活动是否会影响少先队教育纲要所提出的教育内容的实施。而一年之后,越来越多的同志感到,学赖宁不仅没有使少先队的常规教育受到冲击,反而大大促进和推动了少先队的经常性教育,很多同志都说:学赖宁活动和贯彻纲要在教育效果上是一致的,完全可以有机结合成一体。这种认识上的变化是什么原因,其中有没有必然的道理,我认为其原因就在于从本质上来说,榜样教育是思想品德教育的人格化载体。
>
> ……
>
> 今天,我们组织全国的少先队员向赖宁学习,正是为了把少先队最基本最经常的教育内容,即"五爱"情感的教育,德智体全面发展的教育、中华民族和中国革命优良传统的教育,以及以"人民的利益高于一切"为标志的共产主义精神的教育,与实际生活中的人联系起来,把教育的内容人格化,顺应孩子们崇尚英雄的心理特点,使少先队教育纲要的要求比较自然地进入孩子们的心灵。①

以上内容反映出少先队工作者对于开展"全面性"的教育活动与《中国少年先锋队教育纲要》中教育内容两者之间的关系,"少先队最基本最经常的教育内容"的载体以及这种载体是否符合儿童心理特点等问题的思考。

结合学赖宁活动这一案例来讨论少先队的榜样教育,是基于这样的考虑:第一,少先队建队几十年来,学赖宁可谓是少年儿童特别是少先队员学习"同龄"榜样规模和影响力最大的一次活动。②"在全国近80万所中小学中,90%的城市学校、80%的农村学校都开展了丰富多彩的学赖宁活动。"③第二,依据对教育部、少工委等部门和机构发布文件的统计,自学赖宁活动之后,没有再出现以学习某一位少年儿童而命名的全国性的榜样教育活动。第三,少先队员学习赖宁的事迹,绝非学习他救火的行为,而是学习他"胸怀大志,从小做起;热爱科学,勇于实践;积极进取,

---

① 李源潮.论少先队员榜样教育——关于学赖宁的理性思考[C]//中国青少年研究中心.全国少先队工作会议及代表大会概览.北京:中国青年出版社,2016:217.

② 1959年"学习刘文学,做毛主席的好孩子"活动,以及学习1964年的"草原英雄小姐妹"、1978年的少年英雄何运ול、1983年牺牲的"舍己为人小英雄"韩余娟等榜样开展的教育活动,规模上不及"近年来少先队工作中一项最大的教育工程"——学赖宁活动。

③ 为培养社会主义事业接班人加紧工作——共青团中央书记处书记、全国少工委主任李源潮在中国少年先锋队全国代表大会上的工作报告(1990年10月13日)[C]//中国青少年研究中心.全国少先队工作会议及代表大会概览.北京:中国青年出版社,2016:236.

全面发展;热爱祖国,临危不惧"①的高素质和高追求,"这种做法是少年儿童榜样教育历史上从没有过的"②。20世纪90年代后期尤其是21世纪以来,以往的榜样人物往往成为一个个抽象的道德符号,新树立的榜样人物又难以引起当代少年儿童的共鸣,影视明星、企业家等公众人物甚至替代道德榜样成为青少年和儿童心目中的"偶像",这对少先队的榜样教育提出了挑战。据此,以学赖宁活动这样一个典型性的案例,并结合当代中国榜样教育的趋势和问题,可以进行一些反思。

首先是榜样教育的可行性。儿童对于社会、社会活动和社会思想的认识,往往是以直观的人的活动等感性认识为起点,思想道德的人格化顺应了儿童认知发展特征。从语义上理解,榜样必然是典型的正面形象,所谓的"正面""积极",更多的是指"道德上的榜样"。成年人以及很多社会热衷和重视为儿童提供榜样。榜样教育正是选择那些能集中体现出社会期待的思想品德或能力素质的典型人物,通过宣传教育的手段,在儿童群体当中形成崇尚榜样、效仿榜样的心理,甚至在整个社会掀起宣传榜样、学习榜样的风潮,最后形成思想道德、价值观念、行为准则的社会共识。榜样的选择至关重要,据《中国少年报》编的一份资料介绍,中华人民共和国成立以来涌现的少年儿童先进典型中,经中央和省一级表彰的有36人。这些榜样中,救人、救火、救牲畜、救火车及与坏人斗争的有33人,占91.6%,5名少数民族的少年儿童榜样,事迹都是与风雪搏斗保护牲畜。③ 学赖宁活动开展之后,社会各界曾就要不要引导成年人见义勇为展开争论,这种争议的出现已经是社会思想进步的体现,这种争论出现的原因又在于,社会大众逐渐对"儿童"的独特性以及对这种独特性的保护有了更深的认识。自1989年共青团中央、全国少工委、中央电视台联合举办第一届"全国十佳少先队员"评选活动后,这一评选延续至今。分析近年来的全国"十佳少先队员"名单可以发现,牺牲的少年儿童明显减少,当选者或热心公益、乐于助人,或具有热爱生活、自强自立的坚强意志,或热爱科学、善于思考、勇于创新,这显示了少先队遵循以儿童为本、贴近儿童生活实际的原则择取榜样人物,侧重引导少年儿童发扬顽强进取的品质,培养全面发展的素质。

其次是榜样教育的延续性。学先锋、学英雄是少先队的优良传统。刘胡兰、刘文学、雷锋历来是少先队教育中的榜样人物,赖宁则为少先队教育提供了更有时代特点,离孩子们的现实生活更接近的榜样。但在学赖宁的活动中,少工委特别强调不能用新的榜样取代传统的榜样,赖宁精神是雷锋精神在当代少年儿童中的体现,学赖宁活动是学雷锋活动的延续和发展。"人的思想具有统一性,我们不同时期的榜样教育以至整个思想教育也要有统一性,才能真正在人的脑子里做加法而不是

---

① 中国青少年研究中心.全国少先队工作会议及代表大会概览[C].北京:中国青年出版社,2016:224.

② 中国青少年研究中心.少先队组织与工作状况研究蓝皮书[M].北京:中国少年儿童出版社,2010:247.

③ 孙云晓.论少年儿童榜样教育的科学性[J].青年研究,1985(8):1.

减法,方能避免那种'江山代有人才出,各领风骚三五天'的宣传模式,造成人们无所适从的现象。"①少年儿童所接触的是整个社会,多元而复杂,少数的甚至孤立的榜样个体,所起到的教育作用必然单薄。面向少年儿童的榜样教育,不能只有一个赖宁。少先队榜样教育的延续性还体现在善于从儿童生活中发现更多的榜样,在各类榜样人物身上发现丰富的、多样的优秀道德品质,与雷锋、赖宁等典型榜样人物一起构成更加生动、丰富的榜样形象。

  再次是榜样教育的可操作性。学赖宁活动的具体形式上,面向少先队个体层面有"四个一"要求——"读一本介绍英雄的书籍;为国家和集体做一件好事;克服学习和生活中的一个困难和缺点;树立一个进步向上的具体目标"②,这四个要求简单易行,贴近儿童生活,符合儿童身心发展实际。少先队基层组织则开展"四层活动":了解赖宁事迹;领会赖宁的精神实质;学习赖宁见行动;争做学赖宁好少年。③ 这样的活动设计遵循个体道德品质的形成规律,让少年儿童了解榜样的行为并领会其中蕴含的道德品质,再效仿良好的行为习惯激发他们高尚的进步动机,期待能够形成稳定的道德品质。学习内容上,即学习榜样的什么行为或品质,不同的学习主体有着不同的认识和感悟,"许多老师觉得学生们学了赖宁会更关心集体,许多家长认为孩子们学了赖宁会更加用功,许多少先队员更希望像赖宁那样做一个杰出的人。"④成人在号召少年儿童学习赖宁的同时更要以身作则,为少年儿童创造一个良好的社会环境。

  需要注意的是,少先队开展的榜样教育及其他儿童教育中所使用的"形象化载体"中,所承载和传递的主要是积极向上的信息或价值观念。"如果完全提供正面的信息,可能会造成少年儿童缺乏对负面影响的分辨能力和抵抗能力。"⑤一位历经过"十七年教育"的学者曾这样忆述:"但这种在大公无私的道德境界中进行无'我'的教育,我称之为一种'玫瑰色教育',在培养单纯、善良的同时,却使我们对自己的生长、对社会和人生的真相一无所知。当我们猝不及防地被推入社会时,几乎无所适从。"⑥故而,号召少年儿童学习榜样的同时,同样应适度引导儿童对社会上存在的负面信息、"反榜样"现象进行辨别和分析,只有对不同的价值观念做出反思和抉择,才能真正让榜样成为儿童学习和模仿的对象,更好地发挥榜样的激励功能。

---

  ① 论少先队员榜样教育关于学赖宁的理性思考——李源潮同志在全国少工委第八次全委扩大会上的讲话(1990年9月15日)[C]//中国青少年研究中心.全国少先队工作会议及代表大会概览.北京:中国青年出版社,2016:217.
  ② 中国青少年研究中心.全国少先队工作会议及代表大会概览[C].北京:中国青年出版社,2016:237.
  ③ 同②:244.
  ④ 同②:223.
  ⑤ 谭传宝,等.少年儿童组织与思想意识教育基本理论[M].北京:教育科学出版社,2014:110.
  ⑥ 杨东平.反思当年的"接班人"教育[J].中小学管理,2012(3):45.

三、少先队劳动教育

马克思主义关于教育同生产劳动相结合的原理一直指导着中国的劳动教育。劳动能够促进人的德智体美劳全面发展,这一点得到了苏联教育学家马卡连柯、苏霍姆林斯基的高度重视和肯定。① 苏霍姆林斯基甚至这样定义劳动对于少儿组织的价值:"多年的实践经验使我确信,儿童和青少年的共产主义组织——少先队和共青团的思想基础就是他们的劳动生活。"②

如前所述,1949年以来,社会服务和生产劳动一直被作为少先队教育活动的重要内容。1990年全国少工委颁布的《中国少年先锋队教育纲要》中,再次强调坚持德、智、体、美、劳全面发展,教育与生产劳动相结合的方针,"热爱劳动,爱护公物"被作为少先队教育六项基本内容之一。

> 教育少先队员从小懂得劳动光荣,不劳动可耻;学习是为了准备参加劳动,做社会主义的劳动者;尊重各行各业的脑力和体力劳动者,学习他们的好品质。
>
> 配合学校劳动教育。建立少先队的劳动阵地和岗位,培养热爱劳动的良好习惯。引导少先队员参加自我服务劳动、家务劳动、力所能及的社会公益劳动和种植、饲养、编织、修理、采集等简单的生产劳动,把学习科学知识和劳动实践结合起来,掌握一定的劳动技能,培养勤巧双手。让高年级队员懂得一些生产和经营的初步知识,培养队员的时间观念、效益观念、信息观念。
>
> 培养少先队员珍惜劳动成果,爱护公共财物,养成勤俭节约的习惯。③

1991年8月,全国少工委二届二次全委扩大会议在山西太原举行,会议提出"深化少先队工作指导思想,推进劳动实践活动"的工作思路。20世纪90年代初,中国少年儿童存在着自理和自立能力较差、劳动观念较淡薄,甚至有些存在"骄""娇"二气等弱点,通过劳动实践活动,可以增强他们的体质,培养少年儿童对劳动人民的感情,培养他们的毅力、耐力和勤俭节约的习惯。"这次会议成为少先队深化工作指导思想的一次重要会议,它既为劳动实践活动的广泛开展做了深刻的思想发动,也为后来的雏鹰行动等少先队素质教育活动奠定了思想基础。"④针对基层工作实际及少年儿童的实际,少工委于1992年提出《关于开展劳动实践活动的

---

① 相关研究参见 П·Г·雷谢恩柯.马卡连柯和苏霍姆林斯基论青年的劳动教育[J].外国教育动态. 1983,(1):9-11.胡君进,檀传宝.劳动、劳动集体与劳动教育——重思马卡连柯、苏霍姆林斯基劳动教育思想的内容与特点[J].国家教育行政学院学报.2018(12):40-45.

② 苏霍姆林斯基.培养集体的方法[M].安徽大学苏联问题研究所,译.合肥:安徽教育出版社,1979:102.

③ 关于颁行《中国少年先锋队教育纲要》的通知[EB/OL].(1990-06-30)[2021-05-10]http://zgsxd.k618.cn/wjk/wjk_80797/zqlf/201701/t20170120_10122221.html.

④ 中国青少年研究中心.全国少先队工作会议及代表大会概览[C].北京:中国青年出版社,2016:262.

意见》,在"活动的内容和形式"中将劳动实践活动划分为劳动观及人生观教育活动、日常生活劳动实践活动、社会公益劳动实践活动、生产性劳动实践活动、创造性劳动实践活动五类,并强调:

> 要通过劳动实践活动,有步骤、分层次地引导少年儿童树立劳动观念,增强劳动意识,培养劳动感情,形成劳动习惯,掌握劳动技能,要引导少年儿童在实践中理解脑力劳动与体力劳动的关系,认识科学技术在社会发展中的作用,增强爱科学、学科学、用科学的自觉意识。①

1992年,共青团中央、全国少工委还联合发出《关于开展"劳动实践小能手"系列活动的通知》,这一系列活动分四个方面的内容组织实施:

> 一是"露一手"表演活动。旨在引导少年儿童树立劳动观念,养成劳动习惯,刻苦学习劳动技能和生活技能,并根据自己的志向努力掌握一技之长。将在各地开展活动和推荐的基础上,选拔具有各种特长或"绝技"的少年儿童于1993年6月进京汇报表演。二是智力活动、游戏与玩具设计竞赛活动。发动少年儿童自己设计、组织活动或游戏,自己动手设计、制作玩教具,引导他们在玩中学,开发智力,培养动手动脑的能力和创造精神。三是争当"小小发明家"活动。通过有效的科普宣传以及小设计、小发明、小革新、小实验等,让少年儿童懂得科学就在身边,生活之中充满科学,产生对科学的兴趣,进而引导他们树立科学技术是第一生产力的观念和爱科学、学科学、用科学的自觉意识(此项活动与全国"青少年发明创造比赛"结合进行)。四是计算机基础知识及操作比赛。旨在贯彻"计算机技术要从娃娃抓起"的思想,通过多种方式的科普活动和知识竞赛、操作比赛,引导少年儿童了解信息时代科学技术的发展趋势,促使其掌握一定的计算机知识和操作技能,以促进我国计算机技术特别是中文电脑有关知识、技术的推广和普及。②

就四类活动的内容而言,活动涵盖了科研性劳动、技巧性劳动、工艺性劳动,如科技小发明、小设计、手工制作、生活技能、劳动技能等方面,内容可谓十分丰富,既能充分发挥广大少年儿童的聪明才智,展示少年儿童的多种技能,也对发展少年儿童的个性,倡导少年儿童动手、动脑能力的基本训练,引导少年儿童增强接触实践、树立劳动观念、培养科学创造意识的自觉性和自信心具有重要意义。正如1992年底,关于少先队劳动实践活动的情况通报中的总结:"少年儿童通过丰富多彩、各具特色的活动,通过参观、访问、考察、公益劳动、生产性劳动、创造性科技活动、自

---

① 全国少工委关于开展劳动实践活动的意见(中少发〔1992〕01号)[EB/OL].(2007-11-14)[2021-05-12]. http://61.gqt.org.cn/wjk/1992/zsf/200905/t20090509_237433.htm.
② 共青团中央,全国少工委.关于开展"劳动实践小能手"系列活动的通知(中青联发〔1992〕23号)[EB/OL].(1992-09-21)[2021-05-12]. http://zgsxd.k618.cn/wjk/wjk_80783/zqlf/201701/t20170120_10122191.html.

我服务等形式,直接接触工农业生产实际,接触现代化科学技术,接触社会生活,接触大自然,劳动观念、劳动习惯、劳动本领都在有意识的锻炼中得到提高。"①

从四类活动的内容设计维度来看,不免有侧重"创造性劳动实践活动"尤其是科研性劳动的倾向,对于劳动观及人生观教育活动、日常生活劳动实践活动、社会公益劳动实践活动、生产性劳动实践活动的关注不够。在活动成效方面,以全国首届"露一手"表演活动小能手评选的推荐情况为例,活动一共收到各地推荐的389名参赛者的材料,按照类型比例区分,其中艺术类191人,占比高达49%;技能技巧类152人,比例为39%;科技类46人,比例仅有11%。"这反映出有些组织者仍然受传统观念的束缚,将'露一手'活动局限于书、画、乐器、歌舞等方面,同时,反映出学校、家长引导少年儿童学习多项专长时的局限性。"②除了社会大众对于"一技之长"的理解局限和观念束缚,对于活动最重要的反思也是更值得重视之处在于,如何真正落实《关于开展劳动实践活动的意见》以及"露一手"活动的设计要旨中所强调的"引导少年儿童树立劳动观念,养成劳动习惯,刻苦学习劳动技能和生活技能"。"劳动是一种极为复杂的现象,它可以揭示人的思想、情感、智力、美感、心理状态、创造精神,揭示教育和自我教育的意义。人生育人,而劳动则把人造就成真正的人。"③苏霍姆林斯基曾指出,苏联学校实施劳动教育曾有这样的误区:"在对劳动的心理、道德培养上,学生的基本注意力被引向成为干哪一行的人,而不是被引向成为怎样的人的问题"④。劳动教育不止于让学生学习生活技能,培养职业能力,更要引导他们深刻认识劳动的价值所在,并思考和践行"成为怎样的人"。"成为怎样的人"实际上蕴含着共产主义劳动教育的两个本质,其一是劳动教育应该也能够承担着促进人的全面发展的功能和使命,其二是劳动教育的核心目标在于帮助少年儿童形成正确的劳动价值观。这也应成为少先队开展劳动实践活动、实施劳动教育的要旨所在。

四、少先队体验教育

我们小队到电信局开展体验活动,可没想到却是拧螺丝。"拧螺丝?让我们中学生大材小用!"可等到真正干起活儿来,我们才知道拧螺丝也不简单。首先,它得经过卸螺母、下垫片、把弹簧拿掉、把螺母和垫片装到机器上四道工序。我们刚拧了几个,手指就红了,皮也磨破了……我们了解到拧100个螺丝才赚5分钱,只有5分钱!我心里粗粗一算,在麦当劳喝杯咖啡的钱得拧

---

① 少先队劳动实践活动情况通报(中少发〔1992〕12号)[EB/OL].(1992-12-30)[2021-05-12]. http://zgsxd.k618.cn/wjk/wjk_80783/zsf/201701/t20170120_10122199.html.
② 少先队劳动实践活动情况通报(三)——全国首届少年儿童"露一手"表演活动情况总结(中少发〔1993〕05号)[EB/OL].(1993-06-01)[2021-05-12]. http://zgsxd.k618.cn/wjk/wjk_80776/zsf/201701/t20170120_10122530.html.
③ 蔡汀,王义高,祖晶.苏霍姆林斯基选集(第1卷)[M].北京:教育科学出版社,2017:624.
④ 同③:12.

*900 个螺丝才赚得来！我平时常埋怨妈妈给的零花钱太少,现在才理解,挣钱实在不容易！*①

以上是 2001 年春天,扬州市梅岭中学一位少先队员写作的日记,当中记载了他在体验教育活动中受到的思想震动。21 世纪以来,少先队在开展教育活动中进行体验教育的探索和尝试,并将之归纳为"少先队教育的基本途径"。体验教育是近年来少先队教育乃至道德教育界关注和强调的教育途径,本节将结合与之相关的理论、政策和实践,对这一教育途径做出一些分析。

20 世纪以来,不少哲学家和心理学家都论述了"体验"对于儿童学习的意义和价值。杜威强调"从做中学",主张从儿童的现实社会生活经验出发来进行学习,提出了包含刺激、比较、经验、目标四个要素的学习过程。② 皮亚杰进一步提出,中小学生认知发展一般要经历前运算阶段、具体运算阶段和形式运算阶段,对于 7 到 10 岁左右的少年儿童来说,其认知和思维发展水平基本处于具体运算阶段:"在十岁或十一岁以前,儿童不能有任何类型的形式推理;这就是说,不能只根据假定的论据而不根据观察到的事实去进行推理。"③ 这一阶段儿童进行学习一般需要借助具体形象的实物或者在亲身参与的实践中才能完成。20 世纪 80 年代,美国社会心理学家大卫·库伯在总结杜威、皮亚杰等经验学习模式的基础上构建"体验学习圈",提出学习过程是由具体体验、反思观察、抽象概括、主动应用四个学习阶段构成的环形结构,而重视被教育者的"体验"是进行有效学习的开始。④

情感和体验也一直是道德教育中常被提及的重要命题。休谟在《人性论》中提到,道德活动属于实践范畴,会对个体的行为以及内心情感产生影响,因此,道德的根源在情感上,理性无法产生这种情感的影响。⑤ 苏霍姆林斯基认为:"一个人思想的丰富性来源于他的各种想法、情感、内心体验和行动的和谐统一。"⑥ 自 20 世纪 90 年代末,体验教育、体验式教育、道德体验、体验学习等词语陆续出现在中国教育界尤其是德育研究者及少先队工作者的研究和论述当中。鲁洁在《德育新论》中提到"人对道德价值的学习以情感—体验型为重要的学习方式。"⑦ 刘惊铎的研究从个体和社会两个层面阐述了"道德体验"的意义,强调"21 世纪是一个凸显体验的时代",每个学生都应该从体验中获得对道德情感的认识。⑧ 一言以蔽之,道德体验被视作道德内化的有效方式,道德教育的基础和核心在于情感—态度—价值观念的形成并付诸具体行动。

---

① 华耀国.体验教育——少先队教育的新境界[J].少年儿童研究(理论版).2009(7):18.
② 约翰·杜威.民主·经验·教育[M].彭正梅,译.上海:上海人民出版社,2005:69.
③ 让·皮亚杰.教育科学与儿童心理学[M].傅统先,译.北京:文化教育出版社,1981:166.
④ 大卫·库伯.体验学习[M].王灿明,朱水萍,译.上海:华东师范大学出版社,2008:36.
⑤ 大卫·休谟.人性论(下)[M].关文运,译.北京:商务印书馆,1980:365-388.
⑥ 蔡汀,王义高,祖晶.苏霍姆林斯基选集(第 1 卷)[M].北京:教育科学出版社,2001:791.
⑦ 鲁洁,王逢贤.德育新论[M].南京:江苏教育出版社,2000:93-94.
⑧ 刘惊铎.道德体验论[D].南京:南京师范大学,2002:1.

2000年,第四次少代会的工作报告中提及,"在新形势下切实加强少年儿童思想品德教育和创新精神与实践能力的培养,必须坚持把实践作为少先队教育的基本途径,并针对少年儿童的特点,充分发挥少先队组织的优势,着重组织少年儿童在实践中体验"①。随后召开的全国少工委四届一次全委会正式提出,"把组织少年儿童在实践中体验作为今后一个时期少先队工作的战略重点"②。2001年10月23日,共青团中央、全国少工委颁发《关于动员和组织少先队员在实践中体验的实施意见》,建议充分认识动员和组织少先队员在实践中体验的重要意义,提出要按照在实践中体验的思想开展和深化少先队的各项教育活动,并鼓励和提倡少先队组织、少先队员积极探索形式多样的体验活动。"注重突出和强调体验的环节,使少先队教育活动的目标在少先队员的主动参与下,潜移默化为自身的道德品质和创新精神与实践能力。"《关于动员和组织少先队员在实践中体验的实施意见》中重点部署了"新世纪我能行"体验活动,这一活动的基本内容是通过开展符合少年儿童身心发展规律的具有少年儿童情趣和时代气息的实践活动,帮助少年儿童从家庭生活、学校生活、社会生活和大自然等各个方面,寻找一个"岗位",扮演一个角色,获得一种感受,明白一个道理,养成一种品质,学会一种本领,从而提高自己的全面素质。③

2002年,由少先队工作者编纂的《体验教育》一书出版,当中论述体验教育的提出、内涵和实施,并在实施部分介绍体验教育的内容、形式、目标、主题、活动。2002年3月6日,为深入贯彻落实《公民道德建设实施纲要》精神,探索少先队开展思想道德教育的有效方式,团中央、全国少工委联合制定下发《关于加强少年儿童思想道德教育深入开展体验教育的意见》,当中阐述体验教育的指导思想、实施目标、实施原则、实施内容和实施方式。依据这两份材料,可以对少先队体验教育的概念、内容、形式、方法、目标等进行归纳和分析。

在《体验教育》一书以及相关文件、文献中,体验教育被界定为一种教育思想、教育过程、教育手段④,又可以被视为教育理念、教育模式、德育载体⑤。"从少先队

---

① 中国青少年研究中心.全国少先队工作会议及代表大会概览[C].北京:中国青年出版社,2016:333.
② 同①:347.
③ 关于动员和组织少先队员在实践中体验的实施意见[EB/OL].(2007-04-18)[2021-05-11].http://www.ccyl.org.cn/zhuanti/695/gqt_tuanshi/gqt_ghlc/his_wx/his_wx_1990_2002/200704/t20070418_19765.htm.
④ 参见赵勇.体验教育[M].北京:中国青年出版社,2002:147-148.中共中央国务院于2004年2月颁布的《关于进一步加强和改进未成年人思想道德建设若干意见》中提出:"要按照实践育人的要求,以体验教育为基本途径,区分不同层次未成年人的特点,精心设计和组织开展内容鲜活、形式新颖、吸引力强的道德实践活动。"2005年,第五次少代会颁发《少先队辅导员工作纲要(试行)》,当中将"体验教育是少先队教育的基本途径"作为少先队工作的基本理念之一,同时也将"体验教育"列为少先队的第一"品牌活动",还将之作为一种教育"理念":"第三部分'分年级工作内容'中,涉及的活动都要按照体验教育的理念开展,检验活动效果的标准就是在活动过程中,少年儿童是否身心参与,是否有了亲身感受,是否有了新的收获。"中少发〔2005〕14号关于印发《少先队辅导员工作纲要(试行)》的通知[EB/OL].(2005-12-16)[2021-05-15].http://61.gqt.org.cn/wjk/2005/zsf/200905/t20090509_236887.htm.
⑤ 未成年人思想道德建设大家谈:我体验我成长[N].人民日报,2004-10-13(5).

的角度,'体验教育'的概念是组织和引导少年儿童在亲身实践中,把做人做事的基本道理内化为健康的心理品格,转化为良好的行为习惯的过程。"①如图 5-1 所示,少先队体验教育的实施可以概括为这样一个步骤:

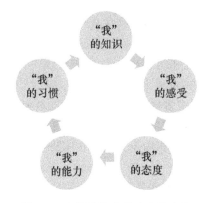

图 5-1　少先队体验教育实施步骤

关于"我"的知识,《关于加强少年儿童思想道德教育深入开展体验教育的意见》尤其强调不是一般性的关于人类、社会、自然、自我等方面的知识,因为这些知识主要从课堂上和书本上学习,而是少年儿童作为主体"我",通过体验能够感知到的,与他的学习、生活密切联系的,有关"我"与他人、"我"与社会、"我"与自然、"我"与自身的"关系"方面的知识。②

少先队体验教育的内容体系、形式、方法及目标被归纳为:

> 以人与人、人与社会、人与自然、人与自我的四大关系为基本结构,在家庭生活、学校生活、社会生活和大自然的四大环境中,通过扮演不同角色和进入特定的事件与情景,体验感知 17 个知道,通过 14 种感受形成 14 种态度,在知道和感悟的基础上锻炼 18 种能力,通过反复的实践体验培养 17 个基本行为习惯,为养成社会公德、职业道德和家庭美德奠定基础。③

《关于加强少年儿童思想道德教育深入开展体验教育的意见》中对于这些"知道""感受""态度""能力""习惯"做了详细的描述。如表 5-1 所列,下文将以小学一至三年级在"人与人的关系"维度实施体验教育的内容和要求为例做一分析。

---

① 傅忠道.少先队基础知识问答[M].北京:中国青年出版社,2003:106.
② 关于印发《关于加强少年儿童思想道德教育深入开展体验教育的意见》的通知[EB/OL].(2002-03-06)[2021-05-11].http://zgsxd.k618.cn/wjk/wjk_80713/zqlf/201701/t20170120_10122007.html.
③ 华耀国.体验教育——少先队教育的新境界[J].少年儿童研究(理论版).2009(7):19.

表 5-1 "人与人的关系"维度实施体验教育的内容和要求(小学一至三年级)①

内容和要求	人与人的关系
"四个知道"	• 知道我家庭主要成员的角色、权利和责任。 • 知道我学习过程中的老师、同学与我的关系。 • 认识伙伴、街坊邻里和日常生活中所接触到的人。 • 了解工人、农民、战士、科技工作者、文艺工作者等各行各业的劳动者对我的生活所做的贡献
通过"四种感受"形成"四种态度"	• 感受父母含辛茹苦的养育,形成孝敬父母的态度。 • 感受老师呕心沥血的培养,形成应该尊敬老师的态度。 • 感受同学伙伴、街坊邻里的友情和帮助,形成同学伙伴要相互尊重,对比自己年龄小的要谦让,街坊邻里要友好相处的态度。 • 感受普通劳动者为自己生活付出的默默无闻的劳动,形成崇敬普通劳动者的态度
锻炼和掌握"五种能力"	• 学会与师长沟通。 • 学会与他人交往与合作。 • 学会原谅别人的过失。 • 学会结交朋友。 • 能够感觉别人的存在
反复实践养成"五种习惯"	• 说话有礼貌,对师长用尊称。说了就要做,对朋友要真诚。 • 不给别人添麻烦,对别人的请求给予力所能及的帮助,及时感谢别人的帮助。不做破坏别人劳动成果的事。 • 做事情想到与别人合作。 • 高年级的少年儿童还可以养成扶助弱小,帮助残疾人的习惯。 • 初中阶段的少年儿童还可以养成时刻准备帮助别人的习惯

一至三年级是小学的初始阶段,面向这一年龄阶段的儿童开展"人与人的关系"即侧重社会性的教育,以及其他维度的教育,一般都应基于日常生活的各种细节和相关人物展开。结合前文呈现的"少先队体验教育实施步骤"来看,少先队体验教育乃至许多德育活动的设计和开展都遵循着将品德视为"由道德认知、道德情感、道德行为构成的综合体"②的原则,与将品德的构成要素理解为"知情行"三要素相承接,体验教育的内容和要求包括了促进道德认知发展("四个知道")、陶冶道德情感(通过"四种感受"形成"四种态度")、培养道德行为习惯(锻炼和掌握"五种能力"、反复实践养成"五种习惯")。具体到在"人与人的关系"维度实施体验教育,先是让儿童掌握与自身关系密切的人物乃至社会各行各业劳动者相关的知识,并通过接触这些人物的生活获得正面积极的感受,形成正确的待人接物的态度,掌握社会交往的能力,最后反复实践养成具体的道德行为习惯,以促进其道德认知水平

---

① 关于印发《关于加强少年儿童思想道德教育深入开展体验教育的意见》的通知[EB/OL].(2002-03-06)[2021-05-11]. http://zgsxd.k618.cn/wjk/wjk_80713/zqlf/201701/t20170120_10122007.html.
② 黄向阳.德育原理[M].上海:华东师范大学出版社,2000:108.

以及社会性的发展。但在现实层面的活动设计中,如何让儿童知道并理解什么是"角色、权利和责任",什么是"破坏别人劳动成果",以及锻炼人与人之间的"沟通""交往和合作",都有待对这些内容和要求的生活化、具体化和细节化。在《体验教育》一书中,可以看到就四个维度说列举出的几个活动案例。① 此外,教育是渗透于日常生活的,德智体美劳"五育"也是相互融合的,在少先队教育活动当中,如何发掘、拓展和深化儿童在活动当中相对短暂的感受、体验或思想上的震动,这也对教育者尤其是少先队辅导员提出了更高的要求。例如,在论述少先队体验教育之初所呈现的案例,少先队员拧螺丝发出"挣钱实在不容易"的感叹,少先队辅导员可以引导学生从直接的对于生活艰辛的感慨上升到对劳动者的尊重以及对于劳动价值的认识。对于劳动形成正确的认识和理解,是接班人所应必备的价值观念。

如表 5-2 所列,学界对于体验教育的形式与方法也有较细致的划分,其形式强调在特定的事件或环境中亲身体验和换位体验,其方法主要是实地考察、实际操作、模拟情境等。

表 5-2 体验教育的形式与方法②

体验教育的形式	体验教育的方法
从自己的身份、自己的视角去体验	实地考察、实际操作
以他人的身份、他人的视角去体验	模拟和换位
进入特定的事件和特定的环境中去体验	实际情境、模拟情境、情境想象

自体验教育理念提出以后,近年来的多项少先队活动都强调着对于体验教育的运用或渗透:

> "红领巾心向党"活动,引导队员在现实生活中感受在党的领导下所取得的伟大成就,体验共产党人崇高的思想境界;"手拉手,话小康"活动,重在感受生活的变化,体验手拉手小伙伴的真情实感;"民族精神代代传"活动的中心环节是做一件自己认为最能体现民族精神的事,感受民族精神的丰富内涵和巨大力量;"争奖章,做准备"使少年儿童在提高技能的同时强化体验环节,获得真实感受;"中华少年小甲 A 足球活动"则是"体验足球,快乐成长",使少年儿童在开展足球活动的过程中体会做人做事的道理。③

体验教育的提出具有合理性和适切性。21 世纪之初,少先队教育对于实践和体验的重视,显然是对少先队教育乃至道德教育中"重说教、轻引导,重形式、

---

① 赵勇.体验教育[M].北京:中国青年出版社,2002:228,239,249,259.
② 同①:176-187.
③ 华耀国.体验教育——少先队教育的新境界[J].少年儿童研究(理论版).2009(7):20-21.

轻效果"①以及"听听好感动、看看好激动、迟迟没行动"②问题做出的反思和调整。少年儿童的认知发展较多地依赖外部的刺激,注重观察、实践和想象,这与体验教育倡导的实地观察、角色扮演等形式相互匹配。体验教育重视少年儿童亲身参与实践,让他们在亲身参与实践的过程中获得真实的感受,这对少年儿童的健康成长具有重要的意义。"体验是主体内在的历时性的知、情、意、行的经历、体认和验证。"③道德教育对于知、情、意、行四者的强调使得体验教育成为一种重要的教育途径。

就少先队体验教育而言,尽管其形成了内容体系、途径、方法、目标、评价以及实践体验活动的基本模式,④但随着时代的发展和相关研究的深入,体验教育作为"少先队教育的基本途径"存在着需要改进之处,首先是如何促进少先队体验教育的"内化"和"转化"。正如少先队体验教育的概念界定中提及,"把做人做事的基本道理内化为健康的心理品格,转化为良好的行为习惯的过程",道德内化和行为转化实际上是最为关键也最为复杂的过程。少先队体验教育中对于少年儿童所要体验的知识、感受、态度、能力、习惯体现了螺旋式上升的设计思路,然而依赖少先队活动各年级每周一两个课时⑤的开展频率显然无法完成这样的过程。学校层面的德育课程、其他学科课程在运用体验式学习方法的同时⑥,应与少先队的体验教育活动共同形成教育的合力,成为促进少年儿童道德内化和行为转化的重要动力。

其次是关注和强化少先队体验教育过程中的"表达"环节。少先队体验教育活动总结阶段往往采用了"体验征文比赛""我谈体验演讲会""体验活动成果展示会"

---

① 赵书栋.大学生社会主义核心价值观体验式教育的路径探索[J].内蒙古师范大学学报(教育科学版).2018(1):40.

② 华耀国.体验教育——少先队教育的新境界[J].少年儿童研究(理论版).2009(7):18.

③ 大卫·库伯.体验学习[M].王灿明,朱水萍,译.上海:华东师范大学出版社,2008:10.

④ "星星河"实践体验活动的基本模式有两种,一种为"农户型——快乐农庄":以北京平谷区大华山星星河快乐农庄为代表,主要活动包括吃农家饭、睡农家炕、交农家朋友、干农家活、玩农家游戏、认识农作物和农具、饲养家禽家畜,了解农村发展变化历史等。另一种为"营地型——快乐营地":以广东番禺"星星河"原野快乐营地为代表,主要活动包括野营训练、生存能力训练、能力拓展训练、环保游戏、亲子交流会等。关于加强少先队体验教育基地建设,推介"星星河"模式的通知[EB/OL].(2002-12-12)[2021-05-11].http://zg-sxd.k618.cn/wjk/wjk_80713/zsf/201701/t20170120_10122429.html.

⑤ 共青团中央、教育部于1978年共同下发《关于小学少先队工作几个具体问题的补充规定》,当中提及,"为了更好地在学校教育中发挥少先队组织的作用,全日制六年制的少先队活动在班队活动时间中统筹安排,每年级每周应安排一课时。"参见中国青少年研究中心.全国少先队工作会议及代表大会概览[C].北京:中国青年出版社,2016:187。2000年5月,共青团中央、教育部联合颁发《关于进一步加强少先队工作的意见》,当中提出学校党组织和行政部门要把少先队工作列入重要议事日程,大力支持少先队开展各种活动,保证每周至少两个课时的少先队活动时间。参见中国青少年研究中心.全国少先队工作会议及代表大会概览[C].北京:中国青年出版社,2016:317.

⑥ 黄衍.体验式教育的原理与应用研究[D].上海:上海师范大学,2014:43-90.

"体验活动成果师生汇报会"等形式交流深化队员们的体验感受。① 但基于"相互表达的过程实际上就是道德体验发生的过程","表达的道德体验价值"更值得关注。表达具有诱发和唤醒道德体验,并使体验清晰化的功能;表达于教育者具有道德的自我认同价值;道德体验的表达不仅具有道德教育的意义,而且具有个体生存的意义;表达能够使个体人的生存实践中蕴含的道德体验价值得以外显。② 在此意义上,少先队体验教育应更着力于为少年儿童构建表达体验的情境和氛围,完善道德体验表达的形式和内容,使之更加个性化和多样化。

最后是少先队体验教育过程本身的延伸和完善。尽管《关于加强少年儿童思想道德教育深入开展体验教育的意见》的"实施目标"提及"通过真实的感受形成正确的道德判断",但以往少先队体验教育的进程主要停留在"行为习惯"即践行的维度,几乎没有涉及如何培养少年儿童的道德推理、反思和批判能力及价值观的辨析、选择能力。引导少年儿童的"反思"也应成为"转化"进程中的重点。如前提及,建构主义理论关注学生的学习过程,强调帮助学生理解"为什么"及"怎么做",而不是"做什么",即学生掌握技能、开展行动的同时还要进一步反思行动,深化价值观。少先队开展体验活动的同时,应辅之以相应的策略方法如辩论、对话、价值澄清等,引导少年儿童对自身的感受、态度、行为习惯等进行反思。

第三节 少先队改革的全面启动

一、以改革促进发展

早在 1987 年 11 月,全国少工委一届四次全委扩大会议在南京召开,会议探讨了少先队自身改革问题,全国少工委办公室提出少先队改革的初步主张,"包括理顺少先队和各方面的关系;建立健全各级少代会制度;建立少先队员常设议事机构;代表和维护少年儿童的利益;保证少先队工作队伍的相对稳定;实现少先队工作的科学化;实现组织上的年龄分层;扩大少先队的经费来源等"③。1988 年 7 月,在内蒙古召开的全国少工委第五次全体会议上,全国少工委主任李源潮发表题为《关于少先队的系统发展与系统改革》的讲话,主张把改革与发展结合起来,通过改革解决发展中的问题,并把改革的结构分为"指导思想、工作方针的变革与发展""组织体制上的改革与完善""活动方式上的转变与创新"这三个互相结合的部

---

① 华耀国.体验教育——少先队教育的新境界[J].少年儿童研究(理论版).2009(7):20.
② 刘惊铎.道德体验论[D].南京:南京师范大学,2002:171-174.
③ 郑洸,吴芸红.中国少年儿童运动史[M].天津:天津人民出版社,1992:431.

分。① 之后,全国少工委办公室曾草拟《中国少先队改革与发展的初步设想》,一是完善领导体系;二是扩大队内民主;三是使工作队伍专业化;四是调整组织机构;五是实现少先队教育系统化;六是促进工作渠道的社会化;七是加强理论工作;八是发展与各地区、各国少儿组织间的交往;九是扩大经费来源,实行少先队专用品的专营。②

尽管 20 世纪 80 年代末就有少先队改革的设想,但纵观 20 世纪 90 年代以来的中国少先队事业,仍以发展为主旋律,主要致力于组织建设、基础建设以及少先队活动的探索和完善。2017 年 2 月 22 日,共青团中央、教育部、全国少工委联合印发《少先队改革方案》,标志着少先队全面改革的正式启动。

以改革促发展是许多社会组织做出的路径选择。2017 年《少先队改革方案》的"主要目标"中提出"与学校教育的特色差异化发展"。这一表述至少可以延伸出两点思考:

一是少先队与学校之间的联系。当代中国少先队主要依托学校、班级为单位建设基层组织、开展活动,少先队改革必然要与学校教育联系起来统筹考虑。以往的少先队工作文件曾采用"少先队要配合学校教育"③"与学校教育有机融合"④"与学校教育、家庭教育和社会教育紧密结合"⑤等表述。在当代中国,无论是学校还是少先队,都是以立德树人为根本任务,在此,少先队教育与学校教育理应是相互配合、有机融合的关系。

二是少先队教育相较于学校教育的特色差异何在? 政治性被作为少先队最本质的组织属性,培养共产主义接班人是少先队教育的根本目的所在。苏霍姆林斯基认为"少先队是儿童和少年的公民生活、社会政治生活最重要的组织形式";克鲁普斯卡娅在论述少先队运动时提到,"当学校的工作重点转向教学时,少先队运动的重点也就同时转向了教育"。与学校教育承担学科教学任务,贯彻落实"素质教育""学生发展核心素养"等目标不同,开展共产主义教育是少先队的任务所在。如果从组织功能上加以辨别,学校教育功能可以分为个体个性化(个体一般个性化、个体特殊个性化)和个体社会化(个体一般社会化、个体特殊社会化)两种类型四种情况,少先队的教育功能则主要聚焦于个体特殊社会化中的政治社会化。"少先队

---

① 中国青少年研究中心.全国少先队工作会议及代表大会概览[C].北京:中国青年出版社,2016:216.
② 同①:216.
③ 中国少年先锋队工作条例(试行)(1979 年 10 月 19 日发布)[C]//中国青少年研究中心.全国少先队工作会议及代表大会概览,北京:中国青年出版社,2016:160.
④ 准备着为实现中国梦的美好未来接力奋斗——中共中央政治局委员、国家副主席李源潮在中国少年先锋队第七次全国代表大会上的祝词(2015 年 6 月 1 日)[C]//中国青少年研究中心.全国少先队工作会议及代表大会概览,北京:中国青年出版社,2016:421.
⑤ 教育部部长袁贵仁在中国少年先锋队第七次全国代表大会上的致辞(2015 年 6 月 1 日)[C]//中国青少年研究中心.全国少先队工作会议及代表大会概览,北京:中国青年出版社,2016:426.

组织的根本特性就是少先队的组织教育,是以培养队员的组织观念,即责任感、使命感和荣誉感为目的,以灌输培养广大少年儿童情感认同和政治认同为核心,以队章所规定的教育内容来进行的教育。这是少先队独有的,是其他教育系统所不能替代的,也是少先队组织的意义所在。"①

《少先队改革方案》中指出,少先队存在的主要问题是"少先队员的光荣感和组织归属感不强,辅导员队伍专业化程度不够,少先队组织的吸引力、凝聚力和影响力不够"。具体表现在:

  少先队领导体制和运行机制不完善,基层基础工作和组织活力不足;少先队教育内容、形式、载体与少年儿童成长需求和时代要求不够适应,组织教育不够系统、少先队员自主性发挥不充分、实践活动不足,特色不突出,活动存在成人化、形式化、课堂化现象;少先队教育与国民教育有机融合度不够,与学校工作协调不够,与家庭、社会生活衔接不够紧密,维护队员权益不足,服务队员成长的项目较少;少先队工作队伍专业性不够,少先队工作的政策支持和保障不完善、不充分等。②

为克服解决这些问题,《少先队改革方案》当中提出改革少先队领导体制和运行机制、加强少先队基层组织建设、改革创新少先队教育和活动方式、努力提升少先队服务能力、强化少先队工作专业支持、优化完善少先队工作支持保障这六项改革措施。

截至 2020 年底,依据对全国少工委文件库中"中少发""中少联发""中少办发""中少办联发""中青联发""中青办联发"文件的统计,文件主题和内容主要集中在少先队领导体制、运行机制、组织建设三个方面。除却改革少先队领导体制和运行机制,加强少先队组织文化建设和基层组织建设等,如何将学校的少先队活动课落到实处,也是少先队改革亟待破解的难点之一。

二、少先队活动的"课程化"

少先队活动的"课程化"有着一个相对漫长的过程。1955 年,教育部颁布《"关于小学课外活动的规定"的通知》,这是从国家政策层面对课外活动进行规范的重要文件。该文件将课外活动分为两类:一是课间操和清洁检查(每天 15 分钟);二是课外集体活动,包括校会、班会、少先队活动、体育锻炼、生产劳动、学习小组和社会活动(社会公益活动和参加少年宫、少年之家等校外机关的活动)等。③ 由这份文件可以分析出两个信息:其一,社会活动与少先队活动分开列举,而社会活动中

---

① 陆士桢,蔡鲁南.研究儿童政治社会化规律落实少先队的根本任务[J].少年儿童研究,2013(2):4.
② 共青团中央,教育部,全国少工委.少先队改革方案[A].北京:全国少工委,2017:6.
③ 中华人民共和国教育部"关于小学课外活动的规定"的通知[C]//瞿葆奎.教育学文集:课外校外活动.北京:人民教育出版社,1991:198.

所列举的活动主要是今人理解的"校外教育活动";其二,少先队活动、社会活动都纳入课外集体活动的范围当中,少先队活动包含在"课外活动"当中。

1992年,国家教委发布《九年义务教育全日制小学、初级中学课程计划(试行)》,首次将"活动"纳入学校课程的范畴,"班团队活动"正在"活动"条目之下:"本课程计划设置晨会(夕会)、班团队活动、体育活动、科技文体活动、社会实践活动和校传统活动等。"1996年的《九年义务教育活动课程指导纲要(试行)》中,"校班团队会"被作为义务教育阶段活动课程的组织形式。据此,我们可以梳理出20世纪下半期里,少先队活动在义务教育阶段课程体系里的定位:课外活动(1955年)—活动(1992年)—活动课程(1996年)。

20世纪末,第八次基础教育课程改革正式启动。2001年6月,教育部颁发《基础教育课程改革纲要(试行)》,在九年一贯的义务教育课程设置中,"综合实践活动"替代"活动课程"出现在小学中高年级和初中阶段的课程结构当中:"从小学至高中设置综合实践活动并作为必修课程,其内容主要包括信息技术教育、研究性学习、社区服务与社会实践以及劳动与技术教育。"在此,少先队活动并未被纳入基础教育课程体系当中。11月,教育部颁布《义务教育课程设置实验方案》,在"义务教育课程设置的有关说明"中提及:"晨会、班队会、科技文体活动等,由学校自主安排。"①

21世纪初,少先队活动在学校教育活动中的定位较为模糊,少先队活动开展的时间和频率往往由学校自主安排,这使得共青团中央、教育部、全国少工委等部门为加强少先队工作出了许多努力和尝试:2000年5月30日,共青团中央、教育部联合颁发《关于进一步加强少先队工作的意见》,对于学校层面的少先队活动,这份文件提出,"学校党组织和行政部门要把少先队工作列入重要议事日程,大力支持少先队开展各种活动,保证每周至少两个课时的少先队活动时间和开展活动必要的经费支持,要把少先队基础建设作为学校整体发展规划的一部分,加强硬件建设,建设好校内活动阵地"②。2004年2月,中共中央国务院印发《关于进一步加强和改进未成年人思想道德建设的若干意见》,当中提出要"充分发挥共青团和少先队在未成年人思想道德建设中的重要作用"。同年12月召开的全国少工委四届六次全委会上提出了少先队工作"全队抓基层,全队抓落实"③的

---

① 教育部关于印发《义务教育课程设置实验方案》的通知[EB/OL].(2001-11-19)[2021-05-12].http://old.moe.gov.cn/publicfiles/business/htmlfiles/moe/moe_711/201006/xxgk_88602.html.
② 中国青少年研究中心.全国少先队工作会议及代表大会概览[C].北京:中国青年出版社,2016:317.
③ "全队抓基层,全队抓落实"的工作内容是:"把未成年人思想道德建设的主要任务转化为基层少先队组织可操作的具体要求;把体现少先队教育理念的品牌活动在基层少先队组织中普遍开展;把少先队的文化理念推广到少先队基层组织的建设中。"参见中国青少年研究中心.全国少先队工作会议及代表大会概览[C].北京:中国青年出版社,2016:351.

工作思路。2005年5月20日,共青团中央、教育部等部门联合下发《关于进一步加强少先队工作的意见》,要求把少先队工作纳入基础教育发展的总体格局,纳入学校德育工作的督导评估范畴,作为学校综合性督导评估的具体内容,并再次强调学校每周应有相当于两个课时的少先队活动时间。是年7月3日,全国少工委下发《少先队辅导员工作纲要(试行)》,对少先队基层组织的日常工作和活动做出基本规范。

然而,有研究者面向全国内陆31个省(含自治区、直辖市)调研少先队活动课程的开展状况,仅在少先队活动的课时维度,调查结果显示只有46.9%的学校每周能开展一次少先队活动,19.1%的学校隔周能开展一次,不少学校课程表中根本没有安排少先队活动时间,还有极少数学校从不开展活动。[①] 在共青团中央和教育部反复颁发"进一步加强少先队工作"主题文件,强调学校每周开展少先队活动的背景下,许多学校开展少先队活动的课时仍旧难以保证。

2010年,《国家中长期教育改革和发展规划纲要(2010—2020年)》发布,"重大项目和改革试点"中提及要"重视学校共青团、少先队工作"。[②] 2012年9月,教育部发布《关于加强中小学少先队活动的通知》,要求确保少先队活动课的时间:"少先队活动要作为国家规定的必修的活动课,小学1年级至初中2年级每周安排1课时。其中,小学1—2年级少先队活动课时可在地方课程与学校课程中安排,小学3年级至初中2年级少先队活动课时可在综合实践活动中安排。"[③]2015年,全国少工委印发《少先队活动课程指导纲要(试行)》,详细规定少先队活动课的性质、目标与内容、途径、实施方式、评价激励、实施要求。[④] 2017年9月,《中小学综合实践活动课程指导纲要》中,少先队活动、班团队活动成为实现小学、初中学段"价值体认"目标的方式之一。

综上所述,21世纪的第一个十年,在基础教育课程改革的大背景中,少先队活动在学校教育活动中的定位模糊不清;直到第二个十年里,少先队活动确立了其在学校教育活动以及中小学课程体系中必修的"综合实践活动课"的地位。伴随着少先队活动在政策文本中的"课程化",在具体的学校教学实践中,少先队活动课至少需要明确两个问题:

其一,少先队活动与综合实践活动课程之间的课时分配。在2017年教育部印发的《中小学综合实践活动课程指导纲要》中,"课程实施"的"课时安排"中提出:

---

① 冯新瑞.少先队活动问题诊断报告[J].中国德育,2011(6):26.
② 国家中长期教育改革和发展规划纲要(2010—2020年)[EB/OL].(2010-07-29)[2021-04-25].http://www.moe.gov.cn/srcsite/A01/s7048/201007/t20100729_171904.html.
③ 教育部关于加强中小学少先队活动的通知[EB/OL].(2012-09-03)[2021-05-15].http://old.moe.gov.cn/publicfiles/business/htmlfiles/moe/s7054/201406/xxgk_170642.html.
④ 关于印发《少先队活动课程指导纲要(试行)》的通知[EB/OL].(2015-09-22)[2021-05-15].http://61.gqt.org.cn/wjk/2015/zsf/201509/t20150930_747964.htm.

"对于小学一至二年级,平均每周不少于 1 课时;小学三至六年级和初中,平均每周不少于 2 课时,高中执行课程方案相关要求,完成规定学分。"①与 2012 年的《关于加强中小学少先队活动的通知》中"少先队活动要作为国家规定的必修的活动课,小学一年级至初中二年级每周安排 1 课时"的规定相互参照,则可以这样理解:首先,小学一至二年级每周须有 1 课时的少先队活动课时安排,也有"平均每周不少于 1 课时"的综合实践活动安排,这 1 课时的少先队活动直接等同于综合实践活动安排,抑或在地方课程与学校课程中另觅课时安排?如果完全等同于综合实践活动课,两者在"性质、目标、内容、实施途径、手段和评价等"维度上需要进一步厘清联系和区别。其次,从小学三年级至初中二年级,综合实践活动课平均每周不少于 2 课时的安排中,这 2 个课时中需要分配出 1 课时给少先队活动课,才能真切落实《关于加强中小学少先队活动的通知》的要求。

其二,少先队活动能否作为综合实践活动课程的一部分。在《中小学综合实践活动课程指导纲要》附件的"中小学综合实践活动推荐主题汇总"中,中小学综合实践活动被划分为考察探究活动、社会服务活动、设计制作活动、职业体验及其他活动四类,尽管附件说明中提出"所推荐的活动主题分别是以某一种活动方式为主来呈现的。这些活动方式不是孤立的,一个主题活动往往包含多种活动方式,在主题实施过程中需要学生经历不同的活动方式,才能使活动更加深入和完善"。但如表 5-3 所示,少先队最重要的仪式活动如入队仪式、大队建队仪式、少代会等被列入了"职业体验及其他活动"的类别当中。依据"职业体验及其他活动"中其他活动主题分析,少先队活动应是属于"其他活动"类别,这里就衍生出疑问,少先队活动为何没有作为一个独立的活动类别出现在中小学综合实践活动的推荐主题当中?

表 5-3 中小学综合实践活动之"职业体验及其他活动"推荐主题汇总②

学段	职业体验及其他活动
一至二年级	① 队前准备 ② 入队仪式 ③ 少代会 ④ 红领巾心向党

---

① 教育部印发《中小学综合实践活动课程指导纲要》[EB/OL].(2017-10-30)[2021-05-15].http://www.gov.cn/xinwen/2017-10/30/content_5235316.htm.
② 同①。

续表

学段	职业体验及其他活动
三至六年级	① 今天我当家 ② 校园文化活动我参与 ③ 走进博物馆、纪念馆、名人故居、农业基地 ④ 我是小小养殖员 ⑤ 创建我们自己的"银行"（如阅读、道德、环保） ⑥ 找个岗位去体验 ⑦ 走进爱国主义教育基地、国防教育场所 ⑧ 过我们 10 岁的生日 ⑨ 红领巾相约中国梦 ⑩ 来之不易的粮食 ⑪ 走进立法、司法机关 ⑫ 我喜爱的植物栽培技术
七至九年级	① 举行大队建队仪式 ② 策划校园文化活动 ③ 举办我们的 315 晚会 ④ 民族节日联欢会 ⑤ 中西方餐饮文化对比 ⑥ 少年团校 ⑦ 举行建团仪式（14 岁生日） ⑧ 职业调查与体验 ⑨ 毕业年级感恩活动 ⑩ 制定我们的班规班约 ⑪ 军事技能演练 ⑫ "信息社会责任"大辩论 ⑬ 走近现代农业技术

有研究者提出，应将少先队活动作为"一门独立的活动类课程"与综合实践活动加以区分：

> 与综合实践活动课程相比，少先队活动的自主性、开放性、实践性和综合实践活动一样，都可视为活动类课程，但其鲜明的政治属性和以少先队为组织形式的特点却和综合实践活动有着明显的不同。少先队活动具备了一门课程的主要要素：独特的性质、目标、内容、实施途径、手段和评价等，是其他课程所无法取代的。因此，它应该作为一门独立的活动类课程来开设。①

还有研究者对少先队教育与学校教育活动之间的复杂关系提出担忧：

> 它与学生的班级生活、品德教育、综合实践活动课程以及品德与社会科课程等相近或相邻领域的关系相互纠缠，常常有以其他活动替代或淹没少先队

---

① 冯新瑞.少先队活动问题诊断报告[J].中国德育.2011(6):28.

教育的危险。①

关于少先队改革在中小学的开展,曾有这样的观点,"中小学校是少先队改革的基本责任主体。改革任务在中小学落地生根,才是真正打通了改革的'最后一公里'"②。或许,对少先队活动课程进行沟通理论和实践的深入研究,并在政策层面作出进一步完善,将能有效地促进少先队改革任务在中小学的落实。

---

① 卜玉华."少年儿童组织与思想意识教育"学科建设的进展、挑战与发展思路[J].少先队研究.2016(1):16.
② 傅振邦.整装再出发坚决将少先队改革进行到底——在2018年少先队改革座谈会上的讲话[EB/OL].(2018-04-08)[2021-05-08].http://zgsxd.k618.cn/wjk/pdf/201804/P020180412369946279506.pdf.

结语 儿童教育的另一种制度化设计

19世纪下半叶以来,救亡图存的时势让儿童被彻底"发现",儿童也被赋予许多崇高的身份和使命。少年儿童究竟要承担怎样的身份和使命?历史已经给出了答案。自20世纪上半叶至今,越来越多的少年儿童佩戴上红领巾,担负起"时刻准备着"的光荣使命;尤其是在当代中国,大部分儿童在达到学龄后开启学校生活,达到"队龄"后又会在学校里加入少先队体验"红领巾生活"。如果要对中国少儿组织的整体历程进行归纳,对中国少儿组织进行"历史定位",笔者认为,由社会走向学校,中国的少儿组织与学校教育密不可分,可以称作是儿童教育的另一种制度化设计,这也是近现代中国由"儿童的发现"到"儿童的组织"中所呈现出的独特轨迹。

"专门化的学校教育是以教育为主导建立的专业领域,从内容、方法到目标、人员构成都充分体现出精心设计的特点。"[1]1949年前的红色少儿组织是让共产主义深入童心并"进行不同程度军事与政治训练的'学校'"[2],当代中国少先队作为"中国少年儿童的群团组织""少年儿童学习中国特色社会主义和共产主义的学校""建设社会主义和共产主义的预备队"[3],其组织和教育更呈现出精心设计的特点和趋势。1949年以来,学校和班级一直是少先队开展组织建设的重要场所,2012年起,教育部更将少先队活动列为"国家规定的必修的活动课"。可以说,学校生活与"红领巾生活"构成当代中国少年儿童生活的重要组成部分,少先队与学校这一制度化设计并驾齐驱,已然成为儿童教育的另一种制度化设计。前文曾追溯中国红色少儿组织的发展历程,详细说明了当代中国少先队组织的红色基因和光荣谱系。以下将从组织结构、组织文化、组织活动这三个维度对当代中国少先队组织本身进行探讨,最后就少先队改革特别是少先队教育如何与学校教育共同培养接班人提出一条"远景路线"。

一、接班人的身份赋予

组织结构规定了纵向层面上不同机构的层级关系,也体现出横向层面上不同机构的相互作用关系。秩序井然的组织结构能够保证组织的正常运作,还可以赋予个体以相应的身份。当我们基于一个组织的结构来论及身份时,又至少涉及两层含义:一是组织内所有个体作为一个群体,其区别于组织外其他群体的"共同"

---

[1] 余清臣.教育实践的哲学[M].北京:北京师范大学出版社,2018:182.
[2] 陈桂生.中国革命根据地教育史(上)[M].上海:华东师范大学出版社,2015:274.
[3] 中国少年先锋队章程[J].中国共青团,2020(15):20.

身份;二是个体在组织结构中的具体位置,可能区别于组织内其他个体的"个性"身份,如不同的职务及其所要承担的责任、义务等。第二层含义或许还意味着一种组织内的"分层"。

1932年1月,苏区共产主义青年团第一次代表大会即绘制出共产主义儿童运动系;同年5月的《苏维埃区域少年先锋队章程》中,则设计了从中央、省、县、区到乡(工厂或街道)各层级的苏维埃区域少年先锋队组织系统表。1949年发布的《中国少年儿童队章程草案》里,除了具有"理性组织"色彩的入队手续、"奖励与处分"等规定,第六部分"队的组织"明确了少先队的组织单位,小队、中队、大队的组织层级和人员编额,正副队长的设置,队部设置以及队部干事的分工合作。前文提到,在少先队的建设发展历程中,少先队章程曾多次修改。正是经由这些修改,少先队员的权责及入队、转队、离队的要求逐步明晰,中队委员会、大队委员会等组织构成,队长、副队长、旗手等组织成员名称,辅导员的职责等内容都陆续在章程中得到完善。这不仅意味着少先队组织结构的完善,也为少先队"学习队章""民主参与""岗位锻炼"等组织生活①的开展奠定了基础。此外,少先队还聚焦组织生活,建立了诸如队前教育、小队生活、值日中队、队干部选举、队干部例会和离队教育等一系列制度。从所涉及范围来看,这些制度将保证一个组织正常运转的基本要素和主要内容都囊括其中。经由这样的结构设计和组织生活设计,儿童逐步形成组织意识和组织归属感,还在一定程度上掌握社会组织运行的知识、技能。

少先队是中国共产党亲手创立并一直领导的少儿组织,具有极其鲜明的政治属性,这体现在党赋予这一组织的时间序列和独特地位上。"在前进的道路上,党是先锋队,团是突击队,少先队是预备队"②,少先队、共青团、中国共产党依次构成"党培养接班人的时序链条"③。少先队是接班人培养的起步阶段,儿童最早在这一组织中被赋予少先队员的政治身份。少先队区别于其他社会组织的特征在于"同级团委少先队工作部门"的全面领导和全方位管理。"全团带队"的实质正在于中国共产党对于少年儿童工作的政治领导,各级团组织对于少先队工作的具体领导:"党委托团领导队的战略安排,不仅保证了少先队——共青团——共产党这样一种稳固的政治上的联系,还突出了共青团助手和后备军的重要地位,突出了从预备队发展到突击队再到先锋队这种队伍发展的客观性和必然性。党领导团,团领导队,这不仅是一种组织领导关系,也是一种政治领导关系,是党领导少年儿童工作的体现和保证。"④

---

① 《少先队活动课程指导纲要(试行)》的附件2《少先队活动课程分年级实施参考》里,将"少先队活动课程"分为"组织生活"和"主题活动"两部分。参见关于印发《少先队活动课程指导纲要(试行)》的通知[EB/OL].(2005-09-22)[2021-05-12]. http://61.gqt.org.cn/wjk/2015/zsf/201509/t20150930_747964.htm.
② 共青团四川省委.四川青少年年鉴2012[M].成都:四川科学技术出版社,2014:30.
③ 王冬梅.推动学校少先队活动课常态化与有效化建设的实践与思考[C]//少先队上海市工作委员会.创新之路——上海少先队"十二五"课题成果集.上海:上海人民出版社,2015:212.
④ 共青团上海市委员会少先队上海市工作委员会.上海少先队发展史[M].上海:上海教育出版社,2009:590.

值得注意的是,2019年11月,共青团中央、教育部、全国少工委制定《关于构建阶梯式成长激励体系增强少先队员光荣感的指导意见》(以下简称《指导意见》),当中提到,要逐渐改变以往"全童同时入队"的方式,"发展少年儿童加入少先队要经过充分的队前教育,达到'六知''六会''一做'基本标准",这是为了"从源头上培养少先队员的光荣感和组织归属感"。政治身份不是以直接赋予或被动赋予的方式,而要经过积极的争取和充分的教育,这更能体现少先队组织的先进性。在之后的少先队生活乃至社会生活中,儿童还将不断学习和践行与少先队员这一政治身份对应的行为规范,循序渐进地接受着政治启蒙和价值观塑造,经历政治社会化的过程。

2020年通过的《中国少年先锋队章程(修正案)》里,"我们的组织"规定,大队和中队委员会根据工作需要设立队长、副队长、旗手和学习、劳动、文娱、体育、组织、宣传等委员。"社会成员的身份标识越多,社会结构就越紧密而稳固。"[①]少先队组织内部的设计也是如此,组织内部的细致分工和组织成员的各司其职不仅会让组织结构紧密稳固,组织运行秩序井然,也可以让组织成员的能力得到展现和锻炼,达到各尽其能的成效。然而,"在同一政治群体中,某些身份又比其他身份更优越"[②]。最鲜明的表现就是,大多儿童在入队后,往往都期待通过队员选举获得"一道杠""二道杠""三道杠"的身份标识。"杠"代表的是队龄、少先队岗位等组织内的"个性"身份特征,能够"在赋予儿童政治身份过程中成为一种引人注意的强势力量"[③]。但这股强势力量若不加以正确引导,极有可能传递"竞争的价值"[④]而非政治的信仰和榜样的力量。组织内相对稀有的"个性"身份及其所蕴涵的"优越",理应是思想道德层面或者是政治社会化进程中的"优越",而非成人社会的晋升意识和等级观念在儿童世界中的复制。因此,少先队改革正式启动后,2019年《指导意见》的"岗位激励"中提出,"每学年进行大队委、中队委、小队长改选,定期进行服务岗位轮换,为'人人能服务、个个都成长'创造更多机会"。这既是为了更好地培养少先队员的服务意识,更是希望通过完善少先队的组织设计,为每一位少先队员提供"成长激励"和"内生动力",让儿童能在少先队组织中深刻理解接班人的内涵并逐步建构起身份认同。

二、光荣感的持续激发

从少先队建队至今,由"队章"到"章程",队旗、队徽、队歌、标志、队礼、呼号等少先队组织标志虽有些许修改,但一直为少年儿童以及社会民众耳熟能详。2017年9月,共青团中央、全国少工委专门印发《中国少年先锋队标志礼仪基本规范》,

---

① 陆学艺.社会学[M].北京:知识出版社,1996:175.
② 傅金兰.儿童政治身份的赋予——对一所小学少先队的田野考察[D].南京:南京师范大学,2016:5.
③ 同②:161.
④ 相关研究参见尹伟.竞争性道德教育及其超越[J].高等教育研究,2015(6):15-20;高德胜.竞争的德性及其在教育中的扩张[J].华东师范大学学报(教育科学版).2016(1):14-23;高德胜."道德的勇敢"与道德勇气——兼论道德勇气的培育[J].教育研究与实验.2020(1):1-10.

以进一步规范少先队组织文化建设,加强对少先队员的组织教育,增强少先队员光荣感。2018年1月,共青团中央、教育部、全国少工委联合制定《中国少年先锋队组织工作条例(试行)》,当中"少先队组织文化标识"一章明确列举出少先队组织的各类文化标识,如表6-1所示。

表6-1 少先队组织文化标识分类①

组织文化构成	组织文化标识
少先队组织特有的标志	红领巾、队旗、队徽、队委(队长)标志
少先队的基本礼仪	队礼、呼号、入队宣誓、队歌、队会、仪式等
少先队组织文化的特有组成部分	少先队鼓号队(小型、中型和大型)
少先队仪式	队会仪式、入队仪式、初中建队仪式、离队仪式和升旗仪式、队委(队长)轮换仪式、颁章仪式、祭奠先烈仪式、检阅仪式等
少先队组织在学校的基本阵地	少先队队室、鼓号队、红领巾广播站(电视台)、宣传栏、中队阵地等

有学者对政治象征进行了分类,依据"象征物载体的生成方式"分为"自然象征物"与"人造象征物";根据"象征载体的存续方式"分为可以大量复制的"种类象征物"与独一无二的"特定象征物"。② 按照这一分类方式,可以对少先队组织标志做些分析。

如表6-2所示,少先队组织标志本属于神圣性相对较弱的"人造象征物"和"种类象征物",但当这些"人造的""可大量复制的"组织标志陆续被写入少先队章程当中,并保持着相互承接的文本排列位置时,就预示着它们将有可能获得神圣地位和特殊意义。"一旦对象被选定,无论这种对象是否平庸,都将具有独一无二的特性。由此而来,一块破布也会获得神圣性,一片残纸也可能变得弥足珍贵。"③不仅在制度文本中,队旗、队徽、队歌、队礼、呼号等少先队组织标志在队日庆典、建队仪式、入队仪式等重要场合都拥有特殊的时空位置,持续地贯穿在少先队组织生活的"礼仪感染"活动中。仪式本身具有实现社会整合的功能,"通过举行仪式,群体可以周期性地更新其自身的和统一体的情感;与此同时,个体的社会本性也得到了增强"④。少先队组织标志合成为一套富有教育意义的符号系统,在少先队组织生活中不可或缺,于少先队仪式等场合中唤起儿童的庄严感和神圣感,传递着政治情感和政治教育内容,还在广泛的社会生活中作为共产主义的政治象征。

---

① 依据《中国少年先锋队组织工作条例(试行)》第五章"少先队组织文化标识"整理,参见共青团中央,教育部,全国少工委.中国少年先锋队组织工作条例(试行)[A]北京:全国少工委,2018:15.
② 马敏.政治象征[M].北京:中央编译出版社,2012:95-103.
③ 涂尔干.社会学与哲学[M].梁栋,译.上海:上海人民出版社,2002:102.
④ 涂尔干.宗教生活的基本形式[M].渠东,汲喆,译.上海:上海人民出版社,2006:358.

结语 儿童教育的另一种制度化设计

表 6-2 少先队组织标志的象征类型①

自然象征物	人造象征物		种类象征物	特定象征物
/	队旗：五角星加火炬的红旗		/	/
	队徽：五角星加火炬和写有"中国少先队"的红色绶带			
	队歌：《我们是共产主义接班人》			
	标志：红领巾			
	队礼：右手五指并拢，高举头上			
	呼号："准备着！为共产主义事业而奋斗！" 回答："时刻准备着！"			

1949 年以来，经由对红色基因的传承，通过庆典、仪式和活动以及大量的宣传，少先队组织特别是积极向上的"红领巾"形象更为频繁地出现在教科书、课外读物、新闻报道以及公众视野当中，延续和增强着光荣感，也塑造着社会群体的记忆和思维习惯。于儿童，佩戴上红领巾意味着权利、责任和光荣；于民众，对于"红领巾"的印象和期待是"诚实、勇敢、活泼、团结"的少先队员；于社会，"红领巾"应该是"社会主义现代化建设需要的合格人才"；于政党，"红领巾"则意味着政党延续的重要力量——"我们是共产主义接班人"。

三、能动性的若隐若现

成人基于时代和社会需要构建某种少儿组织形式，希望促进儿童的社会化尤其是政治社会化过程，儿童在当中难免会"被动"地接受组织者的教化和影响。需要注意的是，"行动者具有影响社会世界的能力"，制度理论关注到个体行动者会采取行动来"创造、维持和变革制度"。② "新童年社会学"的代表人物科萨罗也持有相同观点，"儿童与成人、儿童和儿童之间都有协商、分享和文化创造的过程"③。科萨罗甚至提出以"阐释性再构"来替代"社会化"术语，用"阐释性"来强调"儿童参与社会活动过程中表现出来的创新性、创造性方面的特征"。④ 制度的重要载体之一是活动。⑤ "从某种意义上说，少先队的历史就是一部儿童活动的历史，唯有适应儿童的发展特征，适应儿童的认知特点，被儿童接受和欢迎的活动，才是少先队

---

① 依据中国少年先锋队第八次全国代表大会部分修改，2020 年 7 月 24 日通过的《中国少年先锋队章程（修正案）》整理。参见中国少年先锋队章程[J].中国共青团，2020(15)：20-21.
② W.理查德.斯科特.制度与组织：思想观念、利益偏好与身份认同[M].4 版.姚伟，译.中国人民大学出版社，2020：95-96.
③ WILLIAM A. CORSARO. The Sociology of Childhood[M]. California：Pine Forge Press，2005：18.
④ WILLIAM A. CORSARO. Collective Action and Agency in Young Children's Peer Cultures[C]// JENS QVORTRUP. Studies in Modern Childhood：Society，Agency，Culture. New York：PALGRAVE MACMILLAN，2005：232.
⑤ 同②：98.

蓬勃生命力的源头。"①少先队活动是"红领巾生活"的组成部分,也涉及儿童自身能否发挥能动性以及发挥能动性的方式、限度等"微观"问题②。

前文曾择取不同历史时期具有代表性的少先队活动进行分析。中华人民共和国成立后的"十七年"时期,少先队活动的组织和开展明显受到了政治格局、社会发展尤其是经济建设的影响,号召儿童积极参加各项抗美援朝活动、"小五年计划",开展"三面红旗万万岁"活动就是典型的例子。少先队组织的"恢复时期",少先队活动主要围绕"五爱"即爱祖国、爱人民、爱劳动、爱科学、爱护公共财物为基本内容的思想品德教育展开。

改革开放以来,1990 年 9 月颁行的《中国少年先锋队教育纲要》,依据小学一二年级、小学三四年级、小学五六年级、初中一二年级这四个年级段提出少先队教育的基本内容和要求;2005 年公布的《少先队辅导员工作纲要(试行)》中涉及少先队分年级工作内容和活动建议;2015 年印发的《少先队活动课程指导纲要(试行)》中,附件《少先队活动课程分年级实施参考》按照组织生活和主题活动两类提供了相应的活动主题、活动目标、活动内容和活动建议,并结合"雏鹰争章"活动设计了少先队活动的评价激励。供各年级参考的主题活动计有以下 14 类:

"红领巾心向党"活动

"红领巾相约中国梦"活动

"祖国发展我成长"活动

"核心价值观记心中"活动

"争当美德小达人"

"优秀传统文化在我身边"

"民族团结代代传"活动

"手拉手"活动

"劳动实践"活动

"少年科学院"活动

"少年军校"活动

"我与运动交朋友"活动

"平安行动"

"说优点、讲不足,手拉手、同进步"活动③

以上活动的主题和内容涉及政治启蒙、价值观教育、道德教育、科学教育、安全

---

① 陆士桢.论中国少年先锋队的属性与根本任务[J].青年探索,2013(3):55.

② 王瑞贤,王慧兰.训规的客体/神宠的诗人:投射成人矛盾的儿童论述[C]//张盈堃.儿童/童年研究的理论与实务.台北:学富文化事业有限公司,2009:14.

③ 关于印发《少先队活动课程指导纲要(试行)》的通知[EB/OL].(2015-09-22)[2021-05-21].http://61.gqt.org.cn/wjk/2015/zsf/201509/t20150930_747964.htm.

教育、体育训练等诸多方面,一直被称为"少先队品牌活动"加以宣传推广。然而,少先队活动或者说少先队教育内容虽包罗甚广,却延伸出理论探讨和实践操作的难题。正如中国的"大德育"传统一样,广义的德育相对于美育、智育而划分,包括培养学生的思想品质、政治品质和道德品质,甚至包括了法制教育、心理教育、环境教育、安全教育等内容。早有研究者指出:"品德的发展、世界观人生观的形成、政治觉悟的提高,各属于不同层面的问题,其过程与机制相差甚大,不能以一样的手段、方法,通过一样的途径,遵循一样的原则,实施政治教育、思想教育、道德教育。"①

除了以上主题活动,全国少工委每年也会发文在全国范围内开展若干主题活动。热闹丰富、推陈出新的主题活动有助于吸引儿童的参与和社会的关注,却也可能让少先队基层工作者应接不暇,让民众目不暇接,让儿童浅尝辄止,难以培养少先队员的创新性和创造性,也难以聚焦到政治社会化的核心功能。《少先队改革方案》中就有这样的反思:"少先队教育内容、形式、载体与少年儿童成长需求和时代要求不够适应,组织教育不够系统、少先队员自主性发挥不充分、实践活动不足,特色不突出,活动存在成人化、形式化、课堂化现象。"②

活动的日益丰富却不能切实提升少先队教育的影响力,原因之一是"少先队员自主性发挥不充分"。早有研究指出,"学生'团''队'逐渐丧失'自主管理、自我教育组织'的特征",而这种"消极"现象的出现也可以视为儿童能动性的表达——"既然学生组织游离了学生,学生也就游离他们的组织"③。另一原因在于少先队活动的"泛化"。改革开放以前,形式多样的少先队活动能够吸引少年儿童,丰富学校生活。但随着时代的变迁,尤其是物质生活的富足,学校组织中不乏各类课程、社团、活动来体现以往少先队活动所涉及的主题和内容。"红领巾生活"是接班人共同的情感和记忆,更是共产主义教育深入人心的重要基础。于新时代而言,于少先队而言,于少年儿童而言,至关重要也难能可贵的是理想信念的培育。

2021年1月31日,中共中央印发《关于全面加强新时代少先队工作的意见》,这份文件的出台充分体现党中央对少先队工作的高度重视,彰显少先队在接班人培养上的重要地位。文件当中提出,"少先队教育与学校教育、家庭教育、社会教育相互配合、相得益彰"。作为儿童教育乃至儿童生活中极为重要的制度化设计,少先队组织和学校组织在形式、功能等维度有所差异,但培养接班人的最终目的又使得两者相辅而行。中小学以班级授课制为主要教学组织形式,少先队一般在学校建立大队,在班级建立中队,班级成员再组成小队。"集体的前提是一个安排得很妥帖的组织。"④理论层面上,少先队中队与班级都作为"集体"而存在,既是教育的

---

① 黄向阳.德育原理[M].上海:华东师范大学出版社,2000:9.
② 共青团中央,教育部,全国少工委.少先队改革方案[A].北京:全国少工委,2017:6.
③ 陈桂生.普通教育学纲要[M].上海:华东师范大学出版社,2009:317-318.
④ 克鲁普斯卡雅.克鲁普斯卡雅教育文选(下卷)[M].卫道治,译.北京:人民教育出版社,2006:72.

对象,更是教育的主体;实践层面上,小学班主任经常兼任中队辅导员的角色,少先队活动自2012年以来被作为中小学必修课,这些都为集体教育的开展提供了便利。但从20世纪80年代开始,中小学"存在着一种忽视通过集体进行教育的倾向"①。

克鲁普斯卡娅在论述少先队运动时深信,"在这个组织里,儿童可以培养集体主义的感情,学会集体行动并且服从集体的意志。"②服从集体的意志绝不同于服从权威人物的意志,服从集体的意志绝不意味着失却个性或自由。"共产主义教育所采用的方法是与资产阶级大相径庭的。"③就培养目标来看,接班人必然是集体主义者,而非"我"字当头的个人主义者,更非人人为己的利己主义者;就培养手段来看,"儿童的个性只有在集体之中才可以得到充分而又全面的发展"④。为了使"集体"保持活力和其对于组织成员的吸引力,马卡连柯曾提出"一条有趣的路线"——"从最简单的原始的满足到最深刻的责任感"。⑤

当代中国的少先队改革也是如此。从前文对少先队组织建设的回顾可以看到,少先队的制度设计已经相对完备,在此基础上要增强少先队组织的吸引力和凝聚力,提升其教育成效,重点在于深入践行集体教育理论,让儿童在少先队集体特别是少先队集体生活中逐步理解和养成"最深刻的责任感",成长为共产主义接班人。在班、队集体当中,践行和发扬集体教育理论,儿童可以在集体中把个人兴趣与集体提出的目标相互结合;儿童在成长为一个集体主义者的过程中,将不止于获得诸多自主的权利,表现出更多的能动性,更会树立起最坚定的共产主义理想。

成人基于时代和社会需要构建了某种少儿组织形式,少年儿童通过这一"中介"接受特定的教化和影响,促进自身的社会化尤其是政治社会化过程。"各种社会制度的国家,各个国家的各个社会阶级、阶层和集团,总是用自己的思想、按照自己的理想模式影响、塑造少年儿童一代"⑥。政治社会化是个体社会化过程的一个组成部分,是一个人从"自然人"转变为"社会人",从而获得"政治人格"的过程。⑦学校教育和少先队教育,理应在个体由"自然人"转变为"社会人"最后成为共产主义接班人的过程中"相互配合、相得益彰"。在教育尤其是政治教育和少年儿童之间,少先队改革应当更为关注"自下而上""由浅入深"的路径。

一是"自下而上"地发挥主体力量,激发少年儿童的自主性和能动性。在班队

---

① 江苏省教育理论讨论会秘书组.探索青少年思想政治教育过程的规律[C]//瞿葆奎.教育学文集:德育.北京:人民教育出版社,1989:247.
② 克鲁普斯卡雅.克鲁普斯卡雅教育文选(上卷)[M].卫道治,译.北京:人民教育出版社,2006:408.
③ 克鲁普斯卡雅.克鲁普斯卡雅论教育(上)[M].卫道治,译.北京:人民教育出版社,2017:507.
④ 同③:507.
⑤ 马卡连柯.教育过程的组织方法[C]//吴式颖.马卡连柯教育文集(上卷).北京:人民教育出版社,2005:305.
⑥ 魏兆鹏.加强对团的少年儿童工作历史的研究[J].中国青年研究,1994(3):16.
⑦ 顾明远.教育大辞典(下)[M].增订合编本.上海:上海教育出版社,1998:2013.

集体当中，哪怕是多一些自己组织的活动，"即使是很小的快乐，都能使集体变得更巩固、更和睦、更富有朝气"①。"儿童和童年都不应只是为未来预做准备，儿童应被视为是具备能力的社会参与者，能主动地去维护、再生产和创造社会。儿童能够透过互动，尤其是他们本身的文化，产生创造并改革。"②2017年《少先队改革方案》提出的"维护队员权益""努力提升少先队服务能力"等，即是少先队依据时代的进步和社会的变迁而做出的调适和补充。少先队组织中的"儿童"，无论是作为复数的群体还是作为单个的个体，都可以也理应依托少儿组织进行社会实践，表达愿望、维护权益，影响儿童政策的制定与实施，甚至推动着社会的进步。

二是"由浅入深"地运用朴素方式，讲好故事、树立榜样、埋下种子，让儿童在日常生活中形成政治信仰。儿童生活与成人生活的分离是社会发展的趋势，成人对于儿童教育的相关制度设计不可谓不精心。但教育者早已意识到，现代学校作为一种独特的制度化设计，"可能阻碍了儿童获得生活的'真经验'"③。生活与教育密不可分。少儿组织作为儿童教育的另一种制度化设计，要切实融入"生活的日常"④当中，让儿童在少先队集体生活乃至日常生活中逐步、切实地理解和认同"时刻准备着"的丰富内涵，最终让共产主义理想信念引导生活。毕竟，马克思早已揭示生活对意识的决定作用，"社会结构和国家总是从一定的个人的生活过程中产生的"⑤。

---

① 吴式颖.马卡连柯教育文集（上卷）[C].北京：人民教育出版社，2005：309.
② 王瑞贤，王慧兰.训规的客体/神宠的诗人：投射成人矛盾的儿童论述[C]//张盈堃.儿童/童年研究的理论与实务.台北：学富文化事业有限公司，2009：14.
③ 丁道勇.儿童观与教育[J].教育发展研究，2015(15-16)：29.
④ 赵冬梅.人间烟火：掩埋在历史里的日常与人生[M].北京：中信出版社，2021：3.
⑤ 中共中央马克思恩格斯列宁斯大林著作编译局.马克思恩格斯选集（第1卷）[M].北京：人民出版社，1995：71.

参 考 文 献

一、著作

齐武.一个革命根据地的成长——抗日战争和解放战争时期的晋冀鲁豫边区概况[M].北京：人民出版社,1957.

埃德加·斯诺.西行漫记[M].董乐山,译.上海：生活·读书·新知三联书店,1979.

莫里斯·迪韦尔热.政治社会学——政治学要素[M].杨祖功,王大东,译.北京：华夏出版社,1987.

团中央少先队工作委员会,中国少年先锋队工作学会.中国少年儿童运动史话[M].北京：中国少年儿童出版社,1989.

吴广川,韩振东,陈凌云.少先队工作辞典[M].长春：吉林人民出版社,1989.

郑洸,吴芸红.中国少年儿童运动史[M].天津：天津人民出版社,1992.

《少先队辞典》编委会.少先队辞典[M].北京：中国广播电视出版社,1992.

杜成宪,王伦信.中国幼儿教育史[M].上海：上海教育出版社,1998.

熊秉真.安恙：近世中国儿童的疾病与健康[M].台北：联经出版公司,1999.

吴芸红,赵武军.二十世纪中国少年儿童运动史中国少年先锋队队史[M].北京：中国文联出版社,1999.

中国少年先锋队甘肃工作委员会.在党旗下成长：甘肃少年儿童运动史[M].兰州：甘肃少年儿童出版社,2000.

中国少年先锋队《时刻准备着》丛书编辑委员会.中国少年儿童运动史[M].北京：海洋出版社,2001.

陈映芳.在角色与非角色之间：中国的青年文化[M].南京：江苏人民出版社,2002.

周雪光.组织社会学十讲[M].北京：社会科学文献出版社,2003.

陈映芳.图像中的孩子——社会学的分析[M].济南：山东画报出版社,2003.

柯林·黑伍德.孩子的历史：从中世纪到现代的儿童与童年[M].黄煜文,译.台北：麦田出版,2004.

黄金麟.政体与身体：苏维埃的革命与身体,1928—1937[M].台北：联经出版公司,2005.

黄金麟.历史、身体、国家——近代中国的身体形成(1895—1937)[M].北京：

新星出版社,2006.

陈映芳."青年"与中国的社会变迁[M].北京:社会科学文献出版社,2007.

熊秉真.童年忆往:中国孩子的历史[M].桂林:广西师范大学出版社,2008.

段镇.少先队学[M].上海:上海人民出版社,2008.

程天君."接班人"的诞生:学校中的政治仪式考察[M].南京:南京师范大学出版社,2008.

陈桂生.普通教育学纲要[M].上海:华东师范大学出版社,2009.

共青团上海市委员会,少先队上海市工作委员会.上海少先队发展史[M].上海:上海教育出版社,2009.

乔恩·萨维奇.青春无羁:狂飙时代的社会运动(1875—1945)[M].章艳,魏哲,徐梦迪,等译.长春:吉林出版集团有限责任公司,2010.

徐兰君,安德鲁·琼斯.儿童的发现:现代中国文学及文化中的儿童问题[M].北京:北京大学出版社,2011.

瓦尔特·本雅明.本雅明论教育:儿童·青春·教育[M].徐维东,译.长春:吉林出版集团有限责任公司,2011.

黄道炫.张力与限界:中央苏区的革命(1933~1934)[M].北京:社会科学文献出版社,2011.

赵鼎新.社会与政治运动讲义[M].2版.北京:社会科学文献出版社,2012.

陈桂生.教育原理[M].3版.上海:华东师范大学出版社,2012.

张倩仪.再见童年——消逝的人文世界最后回眸[M].北京:世界图书出版公司,2012.

王浩.新文化运动中"儿童的发现"[M].北京:中国社会科学出版社,2012.

孙剑艺.二十世纪中国社会变迁与社会称谓分期研究——社会语言学新探[M].北京:商务印书馆,2013.

菲力浦·阿利埃斯.儿童的世纪:旧制度下的儿童和家庭生活[M].沈坚,朱晓罕,译.北京:北京大学出版社,2013.

艾莉森·詹姆斯,克里斯·简克斯,艾伦·普劳特.童年论[M].何芳,译.上海:上海社会科学院出版社,2014.

陈桂生.中国革命根据地教育史(上)[M].上海:华东师范大学出版社,2015.

陈桂生.中国革命根据地教育史(中)[M].上海:华东师范大学出版社,2015.

陈桂生.中国革命根据地教育史(下)[M].上海:华东师范大学出版社,2015.

徐兰君.儿童与战争:国族、教育及大众文化[M].北京:北京大学出版社,2015.

陆克俭.发现与解放——中国近代进步儿童观研究[M].武汉:华中科技大学出版社,2015.

檀传宝.少年儿童组织与思想意识教育基本理论[M].北京:教育科学出版

社,2015.

姜金栋.少年儿童组织认同研究[M].成都：西南财经大学出版社,2016.

威廉·A.科萨罗.童年社会学[M].4版.张蓝予,译.哈尔滨：黑龙江教育出版社,2016.

艾格勒·贝奇,多米尼克·朱利亚.西方儿童史（上卷：从古代到17世纪）[M].申华明,译.北京：商务印书馆,2016.

艾格勒·贝奇,多米尼克·朱利亚.西方儿童史（下卷：自18世纪迄今）[M].卞晓平,申华明,译.北京：商务印书馆,2016.

谭元亨.中国儿童文学：天赋身份的背离[M].广州：广东高等教育出版社,2017.

高振宇.儿童史学论：中国近代儿童的学校生活研究（1902—1949）[M].济南：山东教育出版社,2017.

王子今.秦汉儿童的世界[M].北京：中华书局,2018.

维维安娜·泽利泽.给无价的孩子定价：变迁中的儿童社会价值[M].王水雄,等译.上海：华东师范大学出版社,2018.

余清臣.教育实践的哲学[M].北京：北京师范大学出版社,2018.

胡献忠.中国青年运动纪事长编第一卷（1919—1949）[M].北京：中国青年出版社,2019.

谷安林.中国共产党历史组织机构辞典[M].北京：中共党史出版社,2019.

李宏伟.少年儿童组织与思想意识教育概论[M].北京：首都师范大学出版社,2019.

北本正章.儿童观的社会史——近代英国的共同体、家庭和儿童[M].方明生,译.上海：上海教育出版社,2020.

二、文集

北京大众出版社.不要忘记他们是孩子：小丽入队问题讨论集[C].北京：北京大众出版社,1955.

张爱萍,肖华,等.青年运动回忆录（第一集）[C].北京：中国青年出版社,1978.

本社.老解放区教育工作回忆录[C].上海：上海教育出版社,1979.

共青团中央青运史研究室,中国社会科学院现代史研究室.青年共产国际与中国青年运动[C].北京：中国青年出版社,1985.

共青团中央青运史研究室,团陕西省委青运史研究室,团吉林省委青运史研究室,团四川省委青运史研究室.抗日战争时期青年运动专题论文集[C].长春：延边大学出版社,1988.

瞿葆奎.教育学文集：德育[C].北京：人民教育出版社,1989.

瞿葆奎.教育学文集：课外校外活动[C].北京：人民教育出版社,1991.

叶伟才,吴克强,黎昭佶.抗日小勇士的足迹——抗日战争中著名抗日儿童团体的故事[C].北京：中国少年儿童出版社,2002.

吴式颖.马卡连柯教育文集(上卷)[C].北京：人民教育出版社,2005.

吴式颖.马卡连柯教育文集(下卷)[C].北京：人民教育出版社,2005.

克鲁普斯卡雅.克鲁普斯卡雅教育文选(上下卷)[M].卫道治,译.北京：人民教育出版社,2006.

张盈堃.儿童/童年研究的理论与实务[C].台北：学富文化事业有限公司,2009.

中国青少年研究中心.少先队组织与工作状况研究蓝皮书[C].北京：中国少年儿童出版社,2010.

少先队上海市工作委员会,上海市少先队工作学会,上海市少年儿童研究中心.创新之路——上海少先队"十二五"课题成果集[C].上海：上海人民出版社,2015.

中国青少年研究中心.全国少先队工作会议及代表大会概览[C].北京：中国青年出版社,2016.

三、期刊论文

金希民.陕甘边区儿童团的体育游戏[J].体育文史,1985(6)：30-31.

谷世权.中央苏区时期列宁小学、儿童团和少先队的体育[J].体育文史,1986(6)：28-30.

魏兆鹏.劳动童子团运动的兴起及其特点[J].中国青年政治学院学报,1991(2)：37-39.

魏兆鹏.从劳动童子团向共产儿童团的转变[J].中国青年政治学院学报,1992(3)：31-34.

魏兆鹏.中国少年儿童运动史上限的认定[J].中国青年政治学院学报,1993(3)：22-24.

魏兆鹏.加强对团的少年儿童工作历史的研究[J].中国青年政治学院学报,1994(3)：16-20.

邵雍.苏区少年先锋队述略[J].江西师范大学学报(哲学社会科学版),2007(4)：80-87.

王海英.20世纪中国儿童观研究的反思[J].华东师范大学学报(教育科学版),2008(2)：16-24.

吴小玮.少儿组织的政治社会化功能——以中国少年先锋队为例[J].少年儿童研究,2011(9)：4-7.

张宏卿,肖文燕."边缘化战略"：中共动员与中央苏区民众的基本利益、社会感情[J].开放时代,2011(8)：36-56.

申国昌.抗战时期晋察冀边区小学教育研究[J].抗日战争研究,2012(3):107-121.

陆士桢.论中国少年先锋队的属性和根本任务[J].青年探索,2013(3):54-60.

娄瑞丽,周景春.中央苏区时期儿童教育的特点及启示[J].党史文苑,2014(4):17-19.

张放.中国少先队荣誉文化形成的历史考察(1949—1955)[J].中共党史研究,2014(11):24-34.

王星慧.抗日根据地之贫童教育探析(1937—1945)[J].东北师大学报(哲学社会科学版),2015(1):171-176.

陈卫东.共青团与少先队关系的历史发展[J].中国青年研究,2016(3):18-23.

吴小玮.中国红色儿童组织诞生考论[J].理论界,2016(8):73-78.

翟菁.集体化下的童年:"大跃进"时期农村幼儿园研究[J].妇女研究论丛,2017(3):36-49.

王星慧.华北抗日根据地的儿童抗战游戏[J].河北学刊,2017(3):219-225.

王传富.中国土地革命时期的儿童团[J].信阳师范学院学报(哲学社会科学版),2018(1):131-140.

侯怀银,郭建斌.民国时期教育学教材中的"儿童"研究[J].河北师范大学学报(教育科学版),2018(6):21-27.

冯兵,罗情情.抗战时期中共动员儿童团的依据、实效与经验[J].历史教学问题 2020(1):46-54.

耿殿龙.娱乐、动员与教化:略论中央苏区的儿童游戏(1933—1934)[J].苏区研究,2020(2):38-49.

刘一博.塑造革命者:中央苏区社会改造中的青少年动员[J].苏区研究,2020(2):26-37.

刘佳.青年组织化的逻辑——中国共青团组织形态的百年变革与现代建构[J].中国青年研究,2020(9):46-53.

刘长江,刘欣琛.川陕苏区时期的儿童团与儿童政治动员研究[J].重庆师范大学学报(社会科学版).2021(1):87-95.

陈杰.音乐与教化:革命歌曲在鄂豫皖苏区教育中的运用及成效[J].苏区研究,2021(2):75-87.

毕金泽,郭振,刘波.中国共产党的"红色体育"实践及其历史意义[J].首都体育学院学报,2021(2):133-139.

四、资料汇编

中国新民主主义青年团中央委员会办公厅.中国青年运动历史资料 1915—1924 [G].内部发行,1957.

中国新民主主义青年团中央委员会办公厅.中国青年运动历史资料1925[G].内部发行,1957.

中国新民主主义青年团中央委员会办公厅.中国青年运动历史资料1926—1927[G].内部发行,1957.

中国新民主主义青年团中央委员会办公厅.中国青年运动历史资料1928[G].内部发行,1957.

中国新民主主义青年团中央委员会办公厅.中国青年运动历史资料1929(1月—6月)[G].内部发行,1958.

中国共产主义青年团中央委员会办公厅.中国青年运动历史资料1929(7月—12月)[G].内部发行,1958.

中国共产主义青年团中央委员会办公厅.中国青年运动历史资料1930(1月—6月)[G].内部发行,1959.

中国共产主义青年团中央委员会办公厅.中国青年运动历史资料1930(7月—12月)[G].内部发行,1960.

中国共产主义青年团中央委员会办公厅.中国青年运动历史资料1931[G].内部发行,1960.

中国共产主义青年团中央委员会办公厅.中国青年运动历史资料1932(1月—5月)[G].内部发行,1960.

江西省档案馆,中共江西省委党校党史教研室.中央革命根据地史料选编(上册)[G].南昌:江西人民出版社,1982.

江西省档案馆,中共江西省委党校党史教研室.中央革命根据地史料选编(中册)[G].南昌:江西人民出版社,1982.

江西省档案馆,中共江西省委党校党史教研室.中央革命根据地史料选编(下册)[G].南昌:江西人民出版社,1982.

汪木兰,邓家琪.苏区文艺运动资料[G].上海:上海文艺出版社,1985.

共青团中央青运史研究室,中央档案馆.中国青年运动历史资料1932.6—12[G].北京:中共党史资料出版社,1988.

共青团中央青运史研究室,中央档案馆.中国青年运动历史资料(1933—1934)[G].北京:中共党史资料出版社,1989.

中共萍乡市委《安源路矿工人运动》编纂组.安源路矿工人运动(上)[G].北京:中共党史资料出版社,1991.

中共萍乡市委《安源路矿工人运动》编纂组.安源路矿工人运动(下)[G].北京:中共党史资料出版社,1991.

广东省档案馆,广东青运史研究委员会,广东省教育厅体卫处.广东青少年军体教育历史资料(1919-1949)[G].广州:广东省供销学校印刷厂,1994.

共青团中央青运史工作指导委员会,中国青少年研究中心,中央档案馆利用部.中国青年运动历史资料 1935—1937[G].北京:中国青年出版社,1996.

《中国学前教育史》编写组.中国学前教育史资料选[G].2版.北京:人民教育出版社,2002.

共青团中央青运史工作指导委员会,中国青少年研究中心,中央档案馆利用部.中国青年运动历史资料 1938—1940.5[G].北京:中国青年出版社,2002.

共青团中央青运史工作指导委员会,中国青少年研究中心,中央档案馆利用部.中国青年运动历史资料 1940.6—1941[G].北京:中国青年出版社,2002.

共青团中央青运史工作指导委员会,中国青少年研究中心,中央档案馆利用部.中国青年运动历史资料 1942—1946[G].北京:中国青年出版社,2002.

共青团中央青运史工作指导委员会,中国青少年研究中心,中央档案馆利用部.中国青年运动历史资料 1947.1—1948.2[G].北京:中国青年出版社,2002.

共青团中央青运史工作指导委员会,中国青少年研究中心,中央档案馆利用部.中国青年运动历史资料 1948.4—1948.11[G].北京:中国青年出版社,2002.

共青团中央青运史工作指导委员会,中国青少年研究中心,中央档案馆利用部.中国青年运动历史资料 1948.11—1949.9[G].北京:中国青年出版社,2002.

张挚,张玉龙.中央苏区教育史料汇编(上册)[G].南京:南京大学出版社,2016.

张挚,张玉龙.中央苏区教育史料汇编(下册)[G].南京:南京大学出版社,2016.

五、学位论文

郑长忠.组织资本与政党延续——中国共青团政治功能的一个考察视角[D].上海:复旦大学,2005.

吴嫒嫒.红星照耀童年——1927—1949中国共产党领导下的儿童运动研究[D].南京:南京师范大学,2014.

王星慧.山西抗日根据地儿童生活探究[D].太原:山西大学,2016.

傅金兰.儿童政治身份的赋予——对一所小学少先队的田野考察[D].南京:南京师范大学,2016.

徐天兰.中央苏区共青团工作研究[D].南昌:南昌大学,2020.

后　　记

这本书的付梓,颇有些曲折,所幸还是"按时"完成了。写这篇后记的时候,已不仅仅是对于这本书的回顾、关于这本书的致谢,也是对于自己这整整八年的整体生活做一个小结和反思。

紧邻办公室书桌的书架上,有一排专门存放我的老师、同学或同事的著作,让我印象深刻的是一位师兄的后记。他在后记里描写过由专职科研人员到"一身多能的老师"这一身份转换的过程。相似也不同的是,我在工作上的身份转换相对顺利一些,但在整体生活上却也经历过相对漫长的"分身乏术"。我指的是,女性在成为母亲后兼顾工作和育儿的生活过程。

感谢我的工作单位,上海师范大学教育学院,正是这里的环境和人事让我经历了相对顺利的身份转换过程——从学生到教师。在这八年的生活当中,无论是自己的教学、研究,还是刚成为一位母亲时,都曾经历过迷茫和不自信。感谢家人的陪伴和付出,让我逐渐适应着"身兼多职"的生活,开始深入地去理解自己的研究、自己的身份以及我们的生活。

感谢北京大学出版社的姚成龙老师和周丹老师。姚老师让我对出版行业有了进一步的认识,这样的认识激励我在今后的写作中更加严谨和专业。我和周老师的相遇是两个母亲的相遇。周老师在编辑加工我这份书稿时曾说:"自己工作要抓紧点,因为不知道什么时候会'卸货'。"我看到这句话时,非常之感动。

感谢遇见过的人和事,哪怕是挫折,也让我更好地理解"生活",不断寻找和坚定自己的方向。

吴小玮
2021 年 7 月